移动互联网安全丛书

移动电子商务

安全技术与应用实践

Mobile e-Commerce

Security Technology and Application Practice

张　滨/冯运波/吴秦建/江为强
乔　喆/王馨裕/杨　明/何　鹏　编著

人民邮电出版社
北　京

图书在版编目（CIP）数据

移动电子商务安全技术与应用实践 / 张滨等编著
. -- 北京 : 人民邮电出版社, 2016.1（2018.1 重印）
（移动互联网安全丛书）
ISBN 978-7-115-40791-7

Ⅰ. ①移… Ⅱ. ①张… Ⅲ. ①电子商务－安全技术－研究 Ⅳ. ①F713.36

中国版本图书馆CIP数据核字(2015)第251196号

内容提要

本书是探索和研究移动互联网环境下移动电子商务安全的基础指南。由浅入深、循序渐进地从终端、传输、平台以及支付等多个方面阐述了当前移动电子商务所面临的安全问题，并对移动电子商务所涉及的基本安全技术进行介绍。在此基础上，从电子支付安全、电子交易支付安全、手机支付安全、第三方支付安全、网上金融安全以及移动电子商务平台安全等多个方面详细介绍了不同方式电子商务的基本特点、交易流程以及安全防护措施等内容。

本书主要面向移动互联网服务运营商、应用开发商、咨询机构、高校、科研院所及其他对移动互联网服务感兴趣的读者，适合大专及以上学历读者阅读。

◆ 编　著　张　滨　冯运波　吴秦建　江为强　乔　喆
王馨裕　杨　明　何　鹏
责任编辑　代晓丽
责任印制　彭志环
◆ 人民邮电出版社出版发行　北京市丰台区成寿寺路 11 号
邮编　100164　电子邮件　315@ptpress.com.cn
网址　http://www.ptpress.com.cn
北京京华虎彩印刷有限公司印刷
◆ 开本：700×1000　1/16
印张：14.5　2016 年 1 月第 1 版
字数：284 千字　2018 年 1 月北京第 4 次印刷

定价：68.00 元

读者服务热线：(010)81055488　印装质量热线：(010)81055316
反盗版热线：(010)81055315

前　　言

随着移动互联网的快速发展，移动电子商务以其灵活、简单、方便的特点，逐渐成为人们进行商务活动的新模式。移动电子商务技术的推广，是对传统电子商务技术的改进和完善，在引入新技术、新环境的同时，也较好地满足了不同用户的个性化需求，增强了用户体验。然而，在移动电子商务技术得到广大用户青睐的同时，也吸引了黑客的注意力。较传统电子商务而言，无线移动设备自身内存的限制、无线网络的开放性，使得移动电子商务存在更为突出的安全隐患。上述安全隐患若不得到较好的解决，很有可能成为移动电子商务业务发展的瓶颈。

鉴于此，本书在分析移动电子商务业务特点、业务流程及潜在安全威胁的基础上，着重研究移动电子商务的安全机制与安全防护措施。

本书可分为四大部分，具体内容介绍如下。

第一部分包括前 3 章，主要内容是移动电子商务安全基础。

第 1 章是移动电子商务的概述，介绍了移动电子商务的背景、定义、特征、种类以及发展概况等内容。

第 2 章详细介绍了移动电子商务潜在的安全威胁，具体从终端、传输、平台以及支付等方面进行分析。其中，传输具体包括 GSM、GPRS、WCDMA 以及 WLAN 等方面，平台包括 WAP 平台与短消息平台。

第 3 章主要讲述了移动电子商务所涉及的安全技术，包括加密技术、数字签名技术、公钥基础设施（PKI）、无线公钥基础设施（WPKI）、身份认证技术等。

第二部分包括 3 章（第 4～6 章），主要内容是电子支付安全、手机支付安全以及基于 WAP 和 App 的移动电子商务安全。

第 4 章先对电子支付的方式、特点、系统组成等内容进行介绍，之后讲述了电子支付的重要媒介——电子货币，在此基础上，对 SSL 安全协议、安全电子交易协议（SET）、WTLS 安全协议进行分析。

第 5 章详细阐述了手机支付对终端的安全需求，并对手机支付的几种重要方式（RFID、NFC、手机钱包）分别予以介绍。

第 6 章分别讲述了基于 WAP 和 App 的移动电子商务安全，在简要分析安全现状的基础上，详细介绍了基于 WAP、App 的移动电子商务安全方案以及安全应用等。

第三部分包括 4 章（第 7～10 章），主要介绍了第三方支付安全、网上金融安全、移动电子商务平台安全以及电子商务反诈骗等内容。

第 7 章介绍第三方支付安全。首先，介绍了第三方支付平台、支付流程以及运营模式；之后，对第三方支付面临的安全风险进行说明；最后，详细介绍并列举了典型的第三方支付产品及其安全机制，包括支付宝、财付通、微信支付、贝宝以及和包等。

第 8 章具体介绍了网上金融安全，包括网上银行安全、网上证券安全、网上保险安全以及互联网金融安全所面临的安全问题，可采取的安全策略等内容。

第 9 章介绍移动电子商务平台安全，先简要介绍了移动电子商务平台的特征、提供的服务、技术架构以及安全威胁等内容，之后依托平台的安全需求，提出平台总体的安全架构。接着，着重详述移动电子商务平台安全防护技术、网络安全域边界防护举措等内容。

第 10 章介绍了电子商务反诈骗的相关内容，在列举典型电子商务诈骗案例的基础上，针对各类型诈骗案例提出相应的防范措施。

第四部分为第 11 章，对移动电子商务的发展前景进行展望。

本书作者所在的团队在移动电子商务安全方面有着丰富的研究经验和成果积累，从事过移动电子商务领域的安全课题研究、安全热点分析工作。本书理论结合实践，对该领域有着较为独到的指导意义。我们希望能够帮助读者由浅入深地了解移动电子商务安全领域的关键技术，并为相关企业加强移动电子商务安全提供帮助。

由于作者水平有限，书中不当之处恐难避免，敬请广大读者批评指正。

作　者

2015 年 9 月

目　　录

第 1 章 绪论

移动电子商务是典型的互联网与移动技术相结合的产物，凭借其方便、快捷的巨大优势，占据的市场份额及参与的消费主体逐年大幅上升，有着异常广阔的发展前景和发展空间。移动电子商务技术的推广，是对传统电子商务技术的改进和完善，在引入新技术、新环境的同时，也较好地满足了不同用户的个性化需求，提升了用户体验。

1.1 移动电子商务安全的背景

近年来，移动互联网的迅猛发展在给人们的生活带来极大便捷的同时，也逐渐改变着大家的生活方式。传统购物的费时费力，使得移动电子商务技术在诞生之初便受到了广泛好评和欢迎。人们可以在家里、咖啡厅及其他提供无线上网服务的场所，利用智能手机、平板电脑等移动设备进行商品信息的查询和交易，交易能够即时完成，大大提高了购物效率。

然而，在移动电子商务技术得到广大用户青睐的同时，也吸引了黑客的注意。由于无线移动设备自身内存的限制，不易部署和安装杀毒软件、防火墙、入侵检测设备等防范措施，同时，无线网络自身的开放性也使得移动电子商务技术相较传统的电子商务，有着更多的安全隐患，例如机密消息被窃听、被篡改以及认证绕过等安全问题。

移动商务技术要想得到进一步的普及和发展，须保证交易信息和客户信息等重要数据的机密性、完整性、可用性及不可否认性，进而确保移动服务的安全性。无线环境自身的开放性，使得用户在无线条件下的移动商务交易中更为谨慎。只有当移动商务技术能够确保交易平台的安全，自身机密信息能够得到有效保护，交易过程中每一阶段的安全且均受到法律保护时，移动商务技术才能获得更大的发展空间。

与传统电子商务相比，移动电子商务在终端处理能力、传输能力等方面均有着较大的差异，因此，传统领域适用的安全技术并不能完全适用于移动电子商务领域。

鉴于研究移动电子商务面临的安全风险、安全威胁，移动电子商务应用的安全技术、安全防范措施的实施变得刻不容缓。本书将对移动电子商务面临的安全问题、涉及的关键安全技术进行全面阐述，在此基础上，进一步研究电子支付安全、手机支付安全、基于 WAP 和 App 的移动电子商务安全、第三方支付安全等内容，并对移动电子商务未来的应用和发展进行展望。

1.2 移动电子商务的定义

电子商务[1]指利用计算机技术、网络技术和远程通信技术，实现整个商务（买卖）过程中的电子化、数字化和网络化。

美国学者瑞维·卡拉抖塔和安德鲁·B·惠斯顿在他们的专著《电子商务的前沿》中提出：“广义地讲，电子商务是一种现代商业方法，这种方法通过改善产品和服务质量，提高服务传递速度来满足政府组织、厂商和消费者降低成本的需求。这一概念也用于通过计算机网络寻找信息以支持决策。一般来讲，今天的电子商务是通过计算机网络将买方和卖方的信息、产品和服务器联系起来。”

移动电子商务的概念是以电子商务为基础提出的，是指利用移动终端或者其他移动互联网接入设备，完成 Internet 上电子商务交易的新型电子商务模式。这是以新技术和新市场环境为基础，诞生的新型电子商务形态。同时，这也是由移动终端、掌上电脑、笔记本等移动通信设备和无线上网技术相结合所构成的电子商务体系，能够为用户提供丰富多彩的移动数据业务，具体包括：个人信息管理（Personal Information Management，PIM）、银行业务、基于位置的服务、购物娱乐等。

1.3 移动电子商务的特征和种类

移动电子商务可以视为移动通信技术与电子商务技术的结合，有着广阔的发展前景。移动电子商务不仅具备电子商务的特点，还兼具了移动通信的特点。

1.3.1 移动电子商务的基本特征

总体来说，移动电子商务的基本特征可概括为 6 个方面[2]。

（1）安全性

安全性是移动电子商务中至关重要的核心问题，它要求为移动电子商务的各参与方提供可靠的安全保障，涉及的安全技术包括加密技术、数字签名技术、身份认证、访问控制等。

同时，移动终端自身已具备非常强大的内置认证特征，其内部的 SIM 卡上存储着用户的关键认证信息，能够唯一确定用户身份，是实现安全认证的基础。因此，与互联网相比，它更适合做电子商务的载体。

（2）便捷性

移动电子商务环境中，人们不再受地域的限制，用户能以非常便捷的方式完成过去较为繁杂的商务活动，例如，通过网络银行随时随地存取资金账户、查询信息等，同时，企业对客户的服务质量得以大大提高。

（3）实时性

移动电子商务交易不论成功与否，都能迅速得到响应信息，还能对账户信息进行即时确认，极大地提高了工作效率。

（4）普遍性

移动电子商务作为一种新型的交易方式，将生产企业、流通企业以及消费者和银行带入了网络经济、数字化生存的新天地。

（5）协调性

商务活动本身是一种协调过程，它需要客户与公司内部、生产商、批发商、零售商间的协调，在移动电子商务环境中，它更要求银行、配送中心、通信部门、技术服务等多个部门的通力协作。

（6）个性化

移动电子商务能够为用户提供个性化的服务。消费者可以向商家提出个性化需求或个人喜好，包括设备的选择、提供服务与信息的方式都能由消费者自行选择。通过移动电子商务，用户能够随时随地获取所需的服务、应用、信息及娱乐。

在移动电子商务的诸多特性中，安全性起着关键的作用。虽然移动电子商务带来了不少商业活动与商业机会，但是也产生了新的风险。个人或企业会担心在网络上进行交易时，移动电子商务环境中与商业有关的信息，如文件、账款、商品等，只要是任何可以用电子形式在 Internet 上传达交换的，都有可能会被篡改、窃取、窃听、攻击或者是交易后否认、被冒名使用等，这往往会对数据的机密性、完整性以及身份鉴别、交易的授权与确认等电子交易活动的安全需求构成威胁。因此，安全问题是移动电子商务业务成败的一个关键因素。

1.3.2 移动电子商务的种类

移动电子商务的应用范围很广，不仅包括个人化的移动电子商务服务，还包括企业移动化应用解决方案。因此，移动电子商务的应用既可以面向需求个性化的个人用户，又可以面向需求多样化的企业用户。

我国移动电子商务更是与人民生活紧密相关，如移动金融、移动医疗等新兴行业。而移动第三方客户软件（简称 App）便是实现商务渗透的工具。在审视当下移动 App 应用现状问题基础上，如何利用 App 营销服务创造移动电子商务的价值，以带来市场竞争的力量和移动网络市场的内源动力，最终创造便捷、高效的经济生活，是今后研究的核心与重点。

目前，移动电子商务开展最为广泛的有以下一些业务[3]。

（1）移动 App

App 是英文 Application 的简称，即一种开放的第三方应用程序，其基本原理是以软件程序的面貌作为一种沟通界面，连接本地移动设备与互联网服务器，以此来提供全面适时的定制内容，传递相应的商业咨询，满足用户的信息寻求。移动 App 被使用到今天，无论是它精准的即时性，还是给商家带来满意的营销价值，都是现代信息经济发展的必然结果。虽然被多形式、多模式地利用，而保有人们移动生活的生命力和活力的实虚结合以及安全、实用、高效的后备支持才是移动电子商务长久存在并发展的根本原因。

（2）银行业务

移动电子商务使用户能随时随地在网上安全地进行个人财务管理，进一步完善 Internet 银行体系。用户可以使用其移动终端核查其账户、支付账单、进行转账以及接收付款通知等。

（3）移动支付

移动支付也称为手机支付，就是允许用户使用其移动终端（通常是手机）对所消费的商品或服务进行账务支付的一种服务方式。单位或个人通过移动设备、互联网或者近距离传感设备，直接或间接向银行金融机构发送支付指令，产生货币支付与资金转移行为，从而实现移动支付功能。移动支付将终端设备、互联网、应用提供商以及金融机构相融合，为用户提供货币支付、缴费等金融业务[4]。

（4）订票

通过 Internet 预定机票、车票或入场券已经发展成为一项主要业务，其规模还在继续扩大。Internet 有助于方便核查票证的有无，并进行购票和确认。移动电子商务使用户能在票价优惠或航班取消时立即得到通知，也可支付票费或在旅行途中临时更改航班或车次。借助移动设备，用户可以浏览电影剪辑、阅读评论，然后订购邻近电影院的电影票。

（5）购物

借助移动电子商务，用户能够通过其移动通信设备进行网上购物。即兴购物会是一大增长点，如订购鲜花、礼物、食品或快餐等。传统购物也可通过移动电子商务得到改进。例如，用户可以使用无线电子钱包等具有安全支付功能的移动设备在商店里或自动售货机上进行购物。

（6）娱乐

移动电子商务将带来一系列娱乐服务。用户不仅可以从他们的移动设备上收听音乐，还可以订购、下载或支付特定的曲目，并且可以在网上与朋友们玩交互式游戏，还可以付费进行快速、安全的竞技和游戏。

（7）无线医疗

医疗产业的显著特点是每一秒对病人都非常关键，这一行业十分适宜移动电子商务的开展。在紧急情况下，救护车可以作为治疗的场所，而借助无线技术，救护车还可以在移动的情况下同医疗中心和病人家属建立快速、动态、实时的数据交换，这对每一秒钟都很宝贵的紧急情况来说至关重要。在无线医疗的商业模式中，病人、医生、保险公司都可以获益，也会愿意为这项服务付费。这种服务是在时间紧迫的情形下，向专业医疗人员提供关键的医疗信息。由于医疗市场的空间非常巨大，并且提供这种服务的公司为社会创造了价值，同时，这项服务又非常容易扩展到全国乃至全世界，我们相信整个流程中存在着巨大的商机。

1.4 移动电子商务的发展概况

据权威部门统计，截至2015年6月，我国网民规模达6.68亿人，互联网普及率为48.8%，较2014年底提升0.9个百分点，整体网民规模增速继续放缓。2015年上半年新增网民1 894万人，其中，农村网民占48.0%，比整体网民中农村人口的占比高出20个百分点。农村地区新增网民中，使用手机上网的达69.2%。未来几年内，手机上网依然是带动农村地区网民增长的主要动力。随着网民规模的增长进入平台期，互联网对个人生活方式的影响进一步深化，从基于信息获取和沟通娱乐需求的个性化应用，发展到与医疗、教育、交通等公用服务深度融合的民生服务。与此同时，随着“互联网+”行动计划的出台，互联网将带动传统产业的变革和创新。未来，在云计算、物联网及大数据等应用的带动下，互联网将加速农业、现代制造业和生产服务业转型升级，形成以互联网为基础设施和实现工具的经济发展新形态。

截至2015年6月，我国手机网民规模达5.94亿人，较2014年12月增加3 679万人。网民中使用手机上网的人群占比由2014年12月的85.8%提升至88.9%。

对于我国移动电子商务而言，这是发展壮大的最佳时机。但在某种程度上，移动电子商务的发展受到部分因素的制约，如政策法规尚不完善、移动终端软硬件平台难以统一、移动电子商务安全手段不够完善、移动支付机制不够健全等[5]。

1．政策法规有待完善

移动电子商务作为新兴的商务模式，在交易过程中，不可避免地会出现经济纠纷或法律问题，例如抵赖已发生过的交易、网络购物欺诈等。虽然我国已出台移动电子商务领域的部分法律法规，但对于日益涌现的新问题尚未制定较为完善的解决方案。因此，我国应着力于制定完善的、有应用价值的移动电子商务法律法规，进而推动移动电子商务的进一步发展。

2. 移动终端软硬件平台尚未统一

伴随着移动终端的迅猛发展，移动智能设备不断涌现，不同类型的智能手机、平板电脑层出不穷，操作系统包含 Android、iOS、Windows 等，应用程序与系统软件的数量更是不计其数，这使得移动终端的软/硬件设备难以统一，对于移动商务平台的后续发展有一定的制约性。

3. 移动电子商务的安全问题仍然存在

安全性是移动电子商务技术得以发展的基础，只有真正解决了交易过程中的安全问题，才会被更多用户接受、认可。但我国移动电子商务在平台的安全防护、手机病毒的治理、移动终端的安全防护等方面暴露出了较大的安全隐患。这些安全问题得不到解决，将影响我国移动电子商务技术的长远发展。

4. 移动电子商务支付系统尚未健全

由于移动电子商务支付系统直接与资金流相关联，因此，受到了大家的广泛关注。支付环节一旦出现问题，将给用户带来严重的损失，后果难以想象。移动电子商务支付方式包括 3 种，分别是第三方支付平台、开通专属账户以及话费代收。我国主要采用基于第三方支付平台完成支付的方式，但我国的移动电子商务支付系统尚未健全，有待完善。

参考文献

[1] 姜清涛. 浅析网络安全技术在电子商务中的应用[J]. 今日科苑，2007.
[2] 杨莹莹，张梦瑶，侯婧妍. 移动电子商务的特点及发展展望[J]. 无线互联科技，2015.
[3] 范晓晖. 移动电子商务安全研究[D]. 北京邮电大学，2004.
[4] 顾朋生. 新型移动支付安全策略及技术研究[D]. 宁波大学，2012.
[5] 孙毅. 我国移动电子商务面临的机遇与挑战[J]. BSERVATION，2014, (1).

第2章 移动电子商务安全问题分析

2.1 移动电子商务的终端安全问题

移动终端作为移动电子商务的重要载体，其安全性的重要性不言而喻。下面重点分析当前移动终端面临的安全威胁。

1. 信息泄露

① 黑客通过在用户终端上安装恶意应用或木马软件，以窃取存储于移动终端或SIM/USIM卡上的个人信息，例如通讯录、通话记录、短消息等，甚至窃取用户移动支付的账号信息。

② 不法分子通过窃取用户的移动终端（包括SIM/USIM卡）以享用接入服务，或通过分析SIM/USIM卡得到用户的认证密钥信息。

③ 部分移动终端应用软件的安全性没有充足保障，与服务器的交互过程（例如登录、注册）均以明文传输消息。若被黑客获取，同样会造成重要信息的泄露。

2. 恶意欺骗

黑客伪装成合法用户以获取正常的接入服务，甚至尝试进行移动商务交易，包括如下行为。

- 复制SIM卡，即可达到恶意欺骗合法用户的目的；
- 伪造、篡改、劫持短信、彩信和邮件，以诱骗用户，达到不正当目的；
- 伪造、篡改通讯录、收藏夹和通信记录，以诱骗用户，达到不正当目的；
- 伪造、篡改、劫持用户文件，以诱骗用户，达到不正当目的；
- 伪造、篡改、劫持用户网络交易数据，以诱骗用户，达到不正当目的；
- 冒充国家机关、金融机构、手机厂商、运营商或其他机构和个人，以诱骗用户，达到不正当目的；

- 伪造事实，诱骗用户退出、关闭、卸载、禁用或限制使用其他合法产品或退订服务。

3. 信息蓄意修改

① 黑客利用部署于移动终端的恶意应用或木马软件获取终端的远程控制权后，会蓄意修改、删除存储于终端或SIM/USIM卡的应用软件及重要数据。

② 不法分子以偷窃的方式获取移动终端后，能够在本地修改、删除存储于终端或SIM/USIM卡的应用软件及重要数据。

③ 入侵者可能在SIM/USIM卡与终端的接口间修改、插入、重发或删除用户数据。

4. 认证绕过

① 不法分子利用盗用的终端和SIM/USIM卡，即可绕过网络对终端的认证，顺利接入网络，享用服务。

② 借用终端和SIM/USIM卡的人可能获得特权误用设备。

③ 用户可能在更改了IMEI（International Mobile Equipment Identity，国际移动设备识别码）的终端上使用合法的SIM/USIM。

5. 吸费、扣费

黑客利用恶意程序控制移动终端向服务提供商发送大量定制不同服务的短信，并拦截服务提供商回复的定制成功消息，进而在用户不知情的情况下，达到扣取话费的目的。

6. 远程控制

在用户不知情或未授权的情况下，能够接收远程控制端指令并进行相关操作，具有远程控制属性，包括由控制端主动发出指令进行远程控制的或由受控端主动向控制端请求指令等情况。

7. 恶意传播

自动通过复制、感染、投递、下载等方式将自身及衍生物或其他恶意代码进行扩散的行为，具有恶意传播属性，包括以下几个方面。

- 自动发送包含恶意代码链接的短信、彩信、邮件、WAP信息等；
- 自动发送包含恶意代码的彩信、邮件等；
- 自动利用蓝牙、红外和无线网络通信技术向其他设备发送恶意代码；
- 自动向存储卡等移动存储设备上复制恶意代码；
- 自动下载恶意代码；
- 自动感染其他文件。

8. 资费消耗

在用户不知情或未授权的情况下，通过自动拨打电话、发送短信、彩信、邮件、频繁连接网络等方式，导致用户资费损失，具有资费消耗属性。具体包括以下几个方面。

- 在用户不知情或未授权的情况下，自动拨打电话；
- 在用户不知情或未授权的情况下，自动发送短信；
- 在用户不知情或未授权的情况下，自动发送彩信；
- 在用户不知情或未授权的情况下，自动发送邮件；
- 在用户不知情或未授权的情况下，频繁连接网络，产生异常数据流量等行为。

9. 系统破坏

通过感染、劫持、篡改、删除、终止进程等手段导致移动终端或其他非恶意软件部分或全部功能、用户文件等无法正常使用，包括如下系统破坏行为。

- 导致移动终端硬件无法正常工作；
- 导致移动终端操作系统无法正常运行；
- 导致移动终端其他正常软件无法正常运行；
- 导致移动终端网络通信功能无法正常使用；
- 导致移动终端电池电量非正常消耗；
- 导致移动终端发射功率异常；
- 在用户不知情或未授权的情况下，对系统文件进行感染、劫持、篡改或删除；
- 在用户不知情或未授权的情况下，对其他正常软件进行感染、劫持、篡改、删除、卸载、终止进程或限制运行；
- 在用户不知情或未授权的情况下，对用户文件进行感染、劫持、篡改或删除。

10. 流氓行为

流氓行为指执行对系统没有直接损害，也不对用户隐私、资费造成侵害的恶意行为，包括以下几个方面。

- 强制驻留系统内存的；
- 额外大量占用移动终端中央处理器计算资源的；
- 在用户不知情或未授权的情况下，自动捆绑安装的；
- 在用户不知情或未授权的情况下，自动添加、修改、删除收藏夹、快捷方式的；
- 在用户未授权的情况下，弹出广告窗口的；
- 导致用户无法正常退出的；
- 导致用户无法正常卸载、删除的；
- 执行用户未授权的其他操作。

2.2　移动电子商务的传输安全问题

移动电子商务的一个显著特征就是通过无线上网来进行商务交易。针对不同的传输技术存在哪些传输安全问题，我们将在这个章节进行详细阐述。

2.2.1 移动电子商务的传输技术

针对电子商务的传输技术，目前的传输网络主要分为：无线个人网、无线局域网及无线城域网。

目前所用的无线上网技术主要有：无线局域网 IEEE 802.11x 系统标准、2G 的 GPRS、3G 的 HSDPA、4G 的 LTE 等技术。

作为全球公认的局域网权威，IEEE 802 工作组建立的标准在过去 20 年局域网领域独领风骚。这些协议包括 802.3 Ethernet 协议、802.5 Token Ring 协议、802.3z 100BASE-T 快速以太网协议。1997 年，经过 7 年的工作，IEEE 发布了 802.11 协议，这也是无线局域网领域内第一个国际上被认可的协议。在 1999 年 9 月，又提出了 802.11b High Rate 协议，对 802.11 协议进行了补充，802.11b 在 802.11 的 1 Mbit/s 和 2 Mbit/s 速率下又增加了 5.5 Mbit/s 和 11 Mbit/s 两个新的网络吞吐速率。利用 802.11b，移动用户能够获得同 Ethernet 一样的性能、网络吞吐率与可用性。这个基于标准的技术使管理员可以根据环境选择合适的局域网技术来构造自己的网络，满足商业用户和其他用户的需求。802.11 协议主要工作在 ISO 协议的最低两层上，并在物理层上做了一些改动，加入了高速数字传输的特性，并保证了连接的稳定性。

GPRS（General Packet Radio Service，通用分组无线服务）是利用分组交换（Packet Switch）的概念发展出的一套无线传输方式。所谓的分组交换，就是将数据封装成许多独立的分组，再将这些封装分组一个一个地传送出去，形式上有点类似寄包裹。采用分组交换的好处是只在有资料需要传送时才会占用频宽，而且可以以传输的资料量计价，这对用户来说比较合理。此外，在 GSM Phase 2+的标准里，GPRS 可以提供 4 种不同的编码方式，这些编码方式分别提供不同的错误保护（Error Protection）能力。GPRS 采用分组交换技术，它可以让多个用户共享某些固定的信道资源。GSM 空中接口的信道资源既可以被话音占用，也可以被 GPRS 数据业务占用。

3G（3rd Generation）是指第三代移动通信技术。相对第一代（1G）模拟制式手机和第二代（2G）GSM、TDMA 等数字手机，第三代手机是指将无线通信与国际互联网等多媒体通信结合的新一代移动通信系统。它能够处理图像、音乐、视频流等多种媒体形式，提供包括网页浏览、电话会议、电子商务等多种信息服务。为了提供这种服务，无线网络必须能够支持不同的数据传输速度，也就是说，在室内、室外和行车环境中能够分别支持至少 2 Mbit/s、384 kbit/s 以及 144 kbit/s 的传输速度。

3GPP 长期演进（Long Term Evolution，LTE）项目是近两年来 3GPP 启动的

新技术研发项目，这种以 OFDM/FDMA 为核心的技术可以被看作是准 4G 技术。3GPP LTE 项目的主要性能目标包括：在 20 MHz 频谱带宽内能够提供下行 100 Mbit/s、上行 50 Mbit/s 的峰值速率；改善小区边缘用户的性能；提高小区容量；降低系统时延，用户平面内部单向传输时延低于 5 ms，控制平面从睡眠状态到激活状态迁移时间小于 50 ms，从驻留状态到激活状态的迁移时间小于 100 ms；支持 100 km 半径的小区覆盖；能够为 350 km/h 高速移动用户提供时小于 100 kbit/s 的接入服务；支持成对或非成对频谱，并可灵活配置 1.25～20 MHz 多种带宽。

这些无线协议本身的安全直接关系到移动电子商务的安全问题。假如我们使用 802.11x 技术进行移动上网，那么就等于将无线登录入口公之于众，并鼓励所有拥有与之相匹配的网络适配卡的人登录，这时就需要使用 WEP（Wired Equivalent Privacy，有线同等保密）和虚拟专用网共同来保障其安全性。如果使用手机上网，就要注意数据传输过程中的加密问题，WAP（Wireless Application Protocol，无线应用通信协议）手机无法进行端到端的加密，因此使用的是 WAP 网关来保障数据的保密性。但 WAP 网关在使用过程中极易被黑客攻破，因此，要真正实现安全，通常要把无线传输层安全（Wireless Transport Layer Security，WTLS）协议和 WAP 网关配套使用，并针对窄带通信信道进行优化，从而实现以下功能。

① 数据完整性：确保终端和应用程序服务器之间传送数据的正确性。

② 私有性：确保在终端和应用程序服务器之间传送数据的私有性，任何中途试图截获数据流的设备均无法破译。

③ 签权：可以在终端和应用程序服务器之间建立签权机制。

④ 拒绝服务保护：可以检测和拒绝那些要求重传的数据或未成功检验的数据。

2.2.2 移动电子商务的传输安全

WTLS 使许多常见的拒绝服务攻击更难以实现，从而保护了上层协议。相比固定传输，无线传输更容易被黑客在未授权的情况下窃听，进而获取用户的敏感信息。若不采取切实可行的安全防护措施，后续移动电子商务交易活动令人堪忧。鉴于此，网络层面的系统安全问题也不容忽视。具体分析以下几个方面。

1. GSM 安全问题

GSM 移动通信系统作为承载着全球最大用户量的通信系统，采取了诸多安全措施以加强针对话音业务的安全防护，具体包括以下几方面[1]。

① 为了防止黑客在未授权的情况下接入网络，网络对用户进行鉴权。

② GSM 系统对传输过程进行了加密，有效保护数据的安全性。同时，加密

密钥存储于 SIM 卡中，避免了密钥在网络传输中被窃取的安全隐患。

③ GSM 系统在用户通话时，不断变更信道所占用的频率，有效避免了黑客窃听用户的通话内容。

④ 移动终端在与网络进行交互时，使用临时码 TMSI 替代唯一标识用户的 IMSI，该临时码会随着终端位置的变更或建立呼叫而更新，进而防止黑客利用无线信道跟踪用户。

2. GPRS 安全问题

GPRS 是 GSM 系统中针对分组数据定义的标准。GPRS 的业务安全特征主要包括：防止未授权的 GPRS 服务使用（认证和服务请求验证）；提供用户身份保密性（临时身份和加密）；提供信令数据和用户数据的保密性[2]。

GPRS 网络安全性在原有 GSM 安全机制的基础上有所加强，具体为加密的信令消息和数据的范围更广，有效减少了以明文方式传输的数据。但 GPRS 网络自身也存在一些 GSM 的固有安全缺陷，表现为下述几个方面[3]。

① 数据机密性的缺陷：与 GSM 相比，GPRS 的加密范围虽然更广，但仍无法提供端到端的加密保护，只能保证移动台到 SGSN 之间传输数据的机密性。

② 身份认证的缺陷：同样，GPRS 也是单向鉴权机制，网络会对用户的合法性进行认证，但缺少用户认证网络的安全机制。

③ SIM 卡的安全缺陷：SIM 卡中存储的私钥 Ki 是网络认证用户最关键的参数，Ki 的安全性也变得十分重要。

④ 其他安全：GPRS 骨干网基于 IP 网络的特点，使得 GPRS 网络含有 IP 网络中存在的所有安全隐患，面临来自内网的攻击、连接 GPRS 网络的所有外网的安全威胁。

3. WCDMA 安全问题

WCDMA 作为第三代移动通信系统的典型代表，在继承第二代移动通信系统功能优点及安全特性的基础上，对 2G 系统安全机制的缺陷和不足进行了补充和完善。与 2G 系统相比，WCDMA 的安全机制更全面、可靠，主要改进的安全特性有以下几个方面。

① 双向鉴权：在网络对接入用户进行鉴权的前提下，WCDMA 新增了用户对网络的鉴权功能，实现了网络与用户之间的双向鉴权，有效防范了黑客伪装成网络设备欺骗用户，例如伪基站攻击。

② 密钥协商：WCDMA 中新增了密钥协商机制，即密钥是通过网络和用户协商产生的，密钥更为灵活，大大增加了黑客破译的难度，保障了传输数据的安全性。

③ 消息认证码：WCDMA 新增消息认证码 MAC，以保证数据在传输过程中不被篡改，进而有效保障了数据的完整性。

④ 密钥长度增加：WCDMA 的密钥长度由 2G 系统的 64 bit 增加至 128 bit，安全性大大增强。

4. WLAN 安全问题

随着 Internet 与无线通信技术的快速发展，WLAN（无线局域网）应运而生。与有线网络相比，WLAN 不受地理位置限制、可移动、组网灵活、接入便捷的特点使其在诞生之初便受到广大用户的喜爱。用户可以在任何有无线热点的地方享用无线网络带来的快捷服务。可以说，WLAN 的迅猛发展对移动电子商务的普及起到了有力的推动和促进作用。但是，WLAN 在发展过程中也不可避免地暴露了若干安全问题，针对 WLAN 的安全机制及安全问题的研究异常重要，是现阶段亟需解决的问题。

WLAN 存在的安全问题主要表现在以下几个方面[4]。

（1）盗用网络

盗用网络的成功主要是由于认证过程存在安全缺陷，被黑客利用。认证用于防止未授权用户使用无线局域网。IEEE 802.11b 中规定了开放系统认证和共享密钥认证的认证方式。对于开放式系统认证而言，用户无需提供任何信息即可使用网络。WLAN 被盗用会带来诸多不良后果，包括造成用户访问网络的速度下降，影响用户体验；黑客盗用无线局域网后，可能进一步实施其他攻击行为，合法用户被攻击的概率大大增加；若黑客利用盗用的 WLAN 实施攻击行为，正常用户可能受牵连。

（2）窃听网络

窃听网络是指黑客在合法用户不知情的情况下，捕获网络中的通信消息，进而获取合法用户的通信内容，达到窃听的目的。因为局域网中的部分通信内容未经加密即在网络中传输，通过监听特定用户使用网络的流量并用抓包工具捕获加以分析，便可获取用户与网络交互的内容，如当前访问的网页，甚至能够获取用户的聊天消息。

由共享密钥认证协议的固有结构决定，随机询问是不同认证消息的唯一区别点，再加上 WEP 自身固有的安全缺陷，致使黑客能够成功绕过共享密钥认证协议，实施窃听攻击。

（3）钓鱼攻击

WLAN 钓鱼攻击是指黑客诱骗用户接入其设置的、带有钓鱼功能的无线网络接入点，一旦用户接入，即会遭遇黑客实施的入侵行为，部分用户的计算机系统甚至因感染木马而被黑客完全控制，黑客借此能够获取用户的机密信息，甚至控制多台计算机实施分布式拒绝服务攻击。

（4）拒绝服务攻击

拒绝服务攻击主要是利用服务器自身处理能力的有限性，当服务器接收到的连接请求数量大于其所能提供的会话数，服务器则会拒绝合法连接请求，即目标服务器或者目标无线局域网不能被合法用户访问。该攻击往往能使系统资源在短时间内消耗殆尽，乃至崩溃。这里的系统资源主要指 CPU 利用率、内存占用率和带宽。一些大型网站因遭遇拒绝服务攻击，致使无法提供正常服务，经济损失非常严重。

由于 WLAN 自身较强的开放性、脆弱性等特点，与有线网络相比，其遭受拒绝服务攻击的可能性更大。一旦遭遇拒绝服务攻击，严重时整个 WLAN 都有可能崩溃，会给移动电子商务交易活动带来极其严重的影响，甚至出现惨重的经济损失。再加上拒绝服务攻击的实施不是很困难，吸引了诸多不法分子以此为攻击手段以达到目的。

（5）越权控制无线网络接入点

黑客绕过无线局域网的访问控制，在未授权的情况下获取无线网络接入点的管理权限，即为越权控制无线 AP。黑客一旦接入并获取无线 AP 的控制权后，便能够访问无线网络接入点的管理界面。若该管理界面的口令为弱口令或能够被黑客破解，黑客即可登录无线 AP 的管理界面并查看或修改任意配置信息，具体包括断开合法用户的连接，影响用户访问；查看使用该无线局域网任意用户的账号信息。

上述安全问题都是由于 WLAN 安全机制中存在的部分缺陷造成，具体包含以下几个方面[5]。

（1）密钥管理的安全缺陷

由于 WEP 协议的密钥存储于适配卡的存储器中，任何获取该适配卡的用户即可获取访问网络的权限。这主要由于 WEP 缺少合理、有效的密钥管理机制而难以加强密钥的安全性。只要定期更新密钥，加强针对密钥的管理，便能解决该问题。

（2）访问控制的安全缺陷

虽然含有 SSID 的消息是由无线 AP 的开发商确定，但包含网络名称或 SSID 的管理消息在无线网络中会被广播，使得无线网络中的嗅探者能够获取该网络名称，进而得到共享密钥。该安全缺陷的根本原因是无线网络中会广播管理消息。

我们希望无线局域网对访问用户进行身份认证时能对该用户的访问权限进行合理判定。但事实上当前还未能实现，主要原因有：黑客在无线网络中以嗅探的方式较容易获取以太网的 MAC 地址，可以说该地址是暴露在外的；同时，大部分无线网卡的 MAC 地址是能够改变的，利用软件即可实现。基于此，黑客嗅探到有效 MAC 地址后，通过将该有效地址写入无线网卡，进而伪装成合法用户，绕过访问控制机制，即可实现访问无线局域网的目的。

（3）加密方式的安全缺陷

无线网络使用的加密方式主要包括 WEP 加密、WPA 加密及 WPA 2 加密 3 种。WEP 中使用同步流密码算法 RC4，由于该算法要求加密、解密过程同步，当攻击者获取两个用相同密钥流加密的密文后，通过进一步统计分析很可能解密密文获取明文，同时，破解该算法耗时较短。在 WEP 的基础上，WPA 和 WPA 2 加密方式的安全性得到大大提高，但也不能保证完全安全，尚存在被破解的可能性。

针对上述安全问题，建议采用的解决方案为：使用 IPSec 在移动节点和网关间建立安全通道。使用 IPSec 来保证无线局域网的安全有很多特定的特征。移动节点只与安全网关进行通信，由网关决定是否将封装分组前传。因此，实际上网络段的安全主要在于移动节点和安全网关的连接。

每一个移动节点与安全网关建立 IPSec 隧道，这必须在移动节点漫游到新的安全域之前完成。这意味着移动节点和安全网关的 IPSec 策略在新实体漫游到新的安全域时必须动态更新。隧道是移动节点认证协议的结果，移动节点和安全网关动态协商隧道的配置变量。协议有双重功能：移动节点和安全网关双向认证；产生会话 IPSec 与共享密钥以用于 IPSec 隧道。当移动节点与有线网络建立连接时，它需要通过 IPSec 隧道将封装分组发送给安全网关，由安全网关将封装分组路由出去。一个移动节点与无线局域网中的另一个移动节点通话时，它首先会将封装分组发送给安全网关（通过 IPSec 隧道），然后由网关将封装分组前传给另一个移动节点。这样，网络的暴露部分即无线连接也就得到了保护。

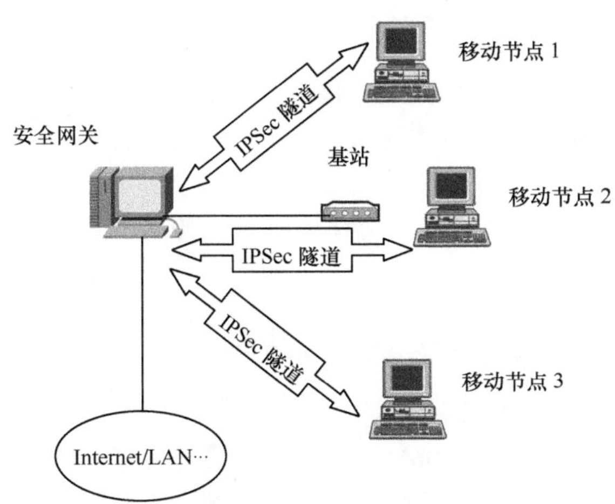

图 2-1　IPSec 建立安全通道结构图

移动节点只接收来自安全网关的封装分组（通过 IPSec 隧道）。通过这种方式可以防止未授权的实体访问它们：如果未授权的实体想直接与授权实体（经过正确配置的移动节点）通信，它们的封装分组将被合法实体阻塞；如果它们想与属于有线网络的实体或者安全网关通信，它们的封装分组也将被阻塞（除非它们是隧道协商协议数据）。但是两个未配置的移动节点还是可以使用无线局域网的带宽，因为 IPSec 并没有在基站实现访问控制。

5. 接入网安全问题

目前的接入网基本上都采用以广播为技术基础的以太网，任何两个节点之间的通信数据分组，不仅为这两个节点的网卡所接收，也同时被处在同一以太网上的任何一个节点的网卡所截取。因此，黑客只要接入以太网的任一节点进行侦听，就可以捕获发生在这个以太网上的所有数据分组，并对其进行解分组分析，从而窃取关键信息。接入网网络安全的关键手段可有效提升网络安全。接入网的安全主要体现在两个方面[6]。

① 网络分段：通常被认为是控制网络广播风暴的一种基本手段，但是其实也是保证网络安全的一项重要措施。其目的就是将非法用户与敏感的网络资源相互隔离，从而防止可能的非法侦听。

② 以交换式集线器代替共享式集线器：对接入网的中心交换机进行网络分段后，以太网侦听的可能性仍然存在。应该以交换式集线器代替共享式集线器，使单播分组仅在两个节点之间传送，从而防止非法侦听。

2.3 移动电子商务平台的安全问题

我国移动电子商务正处在快速兴起阶段，安全且便捷的电子商务平台是电子商务发展的关键，在行业整体蓬勃发展的同时，许多方面还存在问题，其中最核心的问题就是移动电子商务平台的安全问题。开展移动电子商务可以由多种平台承载，其中，WAP 及短消息是实现移动电子商务最主要的平台。本节主要介绍 WAP 及短消息的安全问题。

2.3.1 基于 WAP 平台的移动商务安全问题

WAP 用于把互联网的海量信息、多种多样的业务引入移动终端中。WAP 支持多种无线网络协议，包括 GSM、CDMA、LTE 等。这使得用户不论身处何地，只要利用 WAP 终端即可获取 Internet 上的丰富资源。

WAP 自发展之初至今共包含 3 个版本，即 WAP 1.1、WAP 1.2、WAP 2.0，其中，WAP 2.0 是当前的发展趋势，主流终端已能够支持 2.0 版本，下面分别介绍 3 个版本的安全问题。

WAP 1.1 主要基于 WTLS 协议保证安全性，该协议能够提供针对传输层数据机密性、完整性的保障，并对通信双方的身份进行认证，但不能提供数字签名机制，对部分用户的抵赖行为无能为力。

与 WAP 1.1 相比，WAP 1.2 优势在于制定了 WIM 规范，该规范将原先存储于手机软件中的机密信息（包括私钥和共享秘密参数等）改为存于 SIM 卡或智能卡等防篡改设备中，进一步增强了机密信息完整性的保护。同时，加/解密算法也改为在 SIM 卡或智能卡中实现，可以设计专门的加/解密芯片，保证在不脱离硬件的情况下，完成针对机密信息的加/解密过程。因此，手机软件中无需保存机密信息，即便手机丢失，私钥等重要参数已固化于智能卡设备中，可有效避免泄露的风险[7]。

同时，WAP 1.2 制定了安全 API 库 WMLScript。WMLScript 中提供数字签名机制以弥补 WAP 1.1 中无法实现的缺陷。

WAP 1.2 的安全问题在于无法提供端到端的保密通信，由于 WAP 网关服务器接收经过无线编码的 WAP 用户数据后，需先译码再进行互联网编码，译码和重新编码的时间间隔不到 1 s，使得该段时间内用户信息处于未编码状态。虽然处于未编码状态的时间极短，但这也是 WAP 1.x 固有的安全隐患。

相较 WAP 1.1，WAP 2.0 的主要优势在于，提出使用 SSL/TLS 保障传输层的通信安全，进而实现了传输层端到端的保密通信。同时，在继承 WAP 1.1 安全性保障的基础上，WAP 2.0 根据 WAP 1.1 中存在的问题及当前移动通信发展趋势，提出了新的安全协议，包括 WPKI。WAP 2.0 能够为移动电子商务交易提供较好的安全性保障，这是当前移动电子商务的发展方向。

2.3.2　基于短消息的移动商务安全问题

点到点的短消息服务提供了一种移动电话发起或终止的长度受限消息的发送方式。当发生部分小额商务交易时，可利用短消息（SMS）完成移动支付，例如彩铃订购。在利用 SMS 进行移动商务交易过程中，短消息服务中心（SMSC）起着存储转发短消息的作用，即发端用户将短消息发至 SMSC，SMSC 进行处理后，转发短消息至接收端用户。因此，终端和终端之间、终端和服务器之间的直接交互难以实现，部分安全机制不再适用。基于短消息的移动商务过程中存在的安全问题，具体从接入部分、SMSC、业务实体 3 个方面分别介绍。

1. SMS 接入的安全问题

用户可通过和基站间的无线链路或者由基站到移动交换中心再到 SMS 网关的有线网络两种方式接入 SMSC。短消息在网络中传输时可以使用 A5 算法加密，然而对于 GSM 网络而言，内部有线链路的数据、信令消息均未加密，存在被黑客监听窃取的安全威胁。黑客甚至可能篡改通信消息，达到欺骗合法用户的目的。此外，由于信道中传送短消息是基于 MAP（Mobile Application Part，移动应用部分）传输协议，该协议自身并无任何加密机制，使得短消息在信道中传输时也未加密。数据的机密性、完整性均无法保障。

2. SMSC 的安全问题

SMSC 与互联网短信网关（ISMG）之间利用 TCP/IP 连接，且二者间传输的数据并未加密，使得黑客能够窃听 SMSC 和 ISMG 之间的通信。同时，由于 SMSC 和 ISMG 之间采用单向鉴权，即 SMSC 对 ISMG 进行鉴别，未提供 ISMG 对 SMSC 的鉴权机制。黑客在窃听通话获取重要数据后，可能伪装成短消息中心，发起与短信网关的会话，可达到欺骗短信网关的目的。

SMSC 的另一个安全问题是数据库的管理问题。由于数据库中存储着大量用户的重要信息，对数据库的安全管理格外重要。一是要加强对短消息中心数据库的访问控制，严格限制第三方人员对数据库的访问；二是增强对短消息中心数据库中数据的机密性保障，防范不法分子窃取数据库中的机密信息。

3. 业务实体的安全问题

互联网短信网关是外部信息资源站实体（SP）与移动网内短信中心之间的中介实体[8]。SP 发送给用户的消息均经互联网短信网关中转，由互联网短信网关发送至短消息中心。同时，用户点播 SP 业务的消息也是先由短消息中心发送给互联网短信网关，再由互联网短信网关发给 SP。

互联网短信网关和 SP 之间利用有线网络传输数据，这部分数据缺乏可靠的加密机制保证安全性，为黑客窃取降低了难度。同时，互联网短信网关对 SP 发送的短消息缺少完整性验证的安全机制，也没有针对病毒、木马的检测机制，使得短消息内容可能被黑客恶意篡改以欺骗网关，或者通过将短消息捆绑木马以达到完全控制网关的目的。

针对上面介绍的利用短消息平台实现移动商务交易过程中存在的安全隐患，黑客通常实施以下 3 种攻击行为。

1. 伪装攻击

黑客利用短消息中心与互联网短信网关之间通信保护机制不完善的缺点，在网络中进行监听，试图获取互联网短信网关传输数据至短消息中心的认证信息内容。大部分网关和短消息中心之前会部署防火墙，使得黑客窃听认证消息有一定难度。若未部署防火墙，黑客可以获取认证消息，进而伪装成合法网关，将非法消息传输至短消息中心，再由短消息中心发送给用户。

很多 SMSC 协议都是将短消息的源发送者在短消息的特定字段中标明。使用上述的欺骗技术并且在源发送者字段中放入伪造的 MSISDN 可以使消息看起来是从另一个电话发送来的。不过，那还要看 SMSC 的实现，因为有些 SMSC 可以检验发送者字段和禁止消息（因为这种消息是从网关来的，而不是从移动电话来的）。

2. 窃听攻击

窃听攻击的实现和普通 GSM 电话呼叫的情形相似，主要缘于 SS7 网络和 A5 算法自身的脆弱性。若不实施安全机制保护 SMS 网关和短消息中心之间的连接，黑客窃听网关上的消息则更加容易。攻击者利用简单的软件即能获取多种多样未加密的关键信息。对 SMS 应用的窃听还可能发生在短信应用中的另一部分，即 SMS 网关和应用服务器之间的连接。该连接在任何情况下均不被保护。在这种情况下，攻击者可以改变银行交易的数额和账号，甚至能够改变发送给股票服务订购者的信息等，后果不堪设想。

3. 拒绝服务攻击

拒绝服务攻击可以发生在短信系统中的很多组件上。黑客利用某些技术手段给网关和 SMSC 发送大量的虚假消息，这样就可以使它们无法接收真实的消息。或者攻击者可以给移动电话用户发送虚假消息以阻塞移动电话。

另一方面，有些消息内容包括一个特殊的字段叫作用户数据头（UDH），如果消息长度超过 140 Byte（消息体的最大字节），那么消息可以分割成几个消息片段。每一个消息体都包含一个 UDH，这里携带着当前分段的信息。当把 UDH 设置为一个特定的值并把这条消息发送给手机时，手机就会立刻发生异常并且需要重启。另外，攻击者可以只发送两部分短信中的一部分，而不发送另一部分，这样手机就会保存第一部分消息并且开始等待第二部分。如果有人发送了大量这种一部分的消息，同时用户又没有发觉，手机内存就会被短信片段占满，对于合法用户发送的短信则无法接收，从而拒绝正常的服务请求。

要想解决短消息平台存在的安全问题，主要难点在于下述几个方面。

① 相较 Internet 上的计算机而言，手机中的 SIM 卡处理能力、存储能力均较低。因此，某些安全机制如果在手机终端上实现，速度较慢且需花费的代价较高。这就需要新方法提供上述安全机制所能实现的功能。

② 对基于短消息的移动电子商务系统而言，在制定安全协议时，必须考虑通信费用问题。因为短消息是按条计费的，费用昂贵，这和按流量或按时间计费是完全不同的，需要在尽量少增加通信费用的前提下制订安全协议。互联网的通信费用相对于移动通信的通信费用来说非常便宜，协议的设计者不必过多地考虑通信费用问题，协议中通信双方安全协商的次数较多。

③ 每一条短消息只能包含 140 Byte（相当于 70 个汉字）。能够传输的信息很有限，这也是此类安全协议难以制定的一个因素，需要尽量减少安全协议需要的附加信息，提高短消息的利用率。

④ 移动商务的交易过程涉及双方的认证或对密钥的协商。而短消息受限于无法实现正常的交互，因此，加密、认证、消息的完整性保护等安全需求只能在一次短消息的发送过程中完成。

2.4 移动支付的安全问题

移动支付是指用户使用移动终端对电子商务活动中产生的消费进行支付的方式。支付指令可通过移动终端、近距离传感直接或间接地向金融机构发送，进而实现移动支付功能。移动支付把移动终端、Internet、商品或服务提供商及金融机构联系在一起，共同完成移动商务交易过程[9]。然而，移动支付在逐步普及的同时，也暴露出部分潜在的安全问题，需引起足够重视，下面从5个方面分别介绍[10]。

1. 数据机密性的安全问题

由于手机自身未设置可靠性高的安全机制以保障数据机密性，在移动支付过程中很可能出现信息泄露的安全隐患，此为当今移动支付亟需解决的安全问题。同时，因无线网络的开放性，黑客可能利用无线空中接口对移动支付过程进行窃听，进而获取支付中的部分信息，这也大大增加了破解机密信息的可能性。

2. 身份认证的安全问题

由于移动支付的主要参与者包括用户、商品或服务提供商、银行，整个过程中又涉及现金的流转。因此，如何设置安全性强的身份认证机制，使得用户、商家、银行之间能够实现两两相互认证，进而完成整个支付流程，显得尤为重要。

中间人攻击指黑客事先监听用户与商品提供商之间的通话消息，截取其中的重要参数，进而伪装成通话一方向另一方发消息，或者将一方的消息转发给另一方。可靠的身份认证机制有效防止了中间人攻击，增强了移动支付过程的安全性。

3. 用户信用的安全问题

由于当前电话实名制尚未得到全面落实，用户利用手机话费进行商品交易后出现话费透支甚至恶意拖欠的情况成为可能。这就需要一种安全机制提供不可否认性服务，即用户、商品提供商均无法抵赖已经发生的交易行为。

4. 移动终端被窃取带来的安全问题

在移动终端中，手机卡往往与银行卡相关联，手机一旦被窃取，不法分子能够假冒成合法用户参与移动支付活动。同时，窃取者也能够修改或删除存储于手机上的应用软件和数据信息，会给用户带来严重的损失。

5. 二维码木马诈骗带来的安全问题

黑客将木马链接捆绑于二维码中，使得用户利用手机扫描二维码时植入木马，木马能够盗取移动终端的重要信息，包括银行、支付宝等发给用户的验证短信。黑客利用验证短信中的关键信息修改账户密码，骗取账户金额。

参考文献

[1] 虞忠辉. GSM 蜂窝移动通信系统安全保密技术[J]. 通信技术，2003, (12).

[2] 孙杰. 移动通信中的信息安全保证[D]. 北京邮电大学，2005.

[3] 单广玉，范晓晖，杨义光. GPRS 系统的安全性分析[J]. 电信科学，2002, (12).

[4] 周付安，刘咏梅. 无线网络存在的安全问题及应对策略[J]. 中国现代教育装备，2012, (1).

[5] 孟彦. 无线局域网网络安全问题研究[J]. 技术探讨，2012.

[6] 付杰，接入网安全的应用技术[J]. 科技信息，2012, (22).

[7] 辛阳，杨义先. 移动交易业务的承载技术与安全技术分析[J]. 2004, (7).

[8] QB-GF-028-2003 v3.0.0. 中国移动通信互联网短消息网关接口协议[S].

[9] 赵霞.我国移动支付业务发展情况[J]. 现代电信科技，2010, (5).

[10] 郝文江，武捷. 移动支付安全性分析及技术保障研究[A]. 第 26 次全国计算机安全学术交流会论文集[C]. 2011.

第 3 章 移动电子商务安全技术

本章对移动电子商务安全技术框架体系架构中的加密技术层和安全认证层进行介绍。安全协议层的内容在第 4 章介绍。

3.1 移动电子商务安全技术框架

移动电子商务的安全技术框架体系架构是保证移动电子商务中数据安全的逻辑结构，由 5 个部分组成[1]，具体如图 3-1 所示。

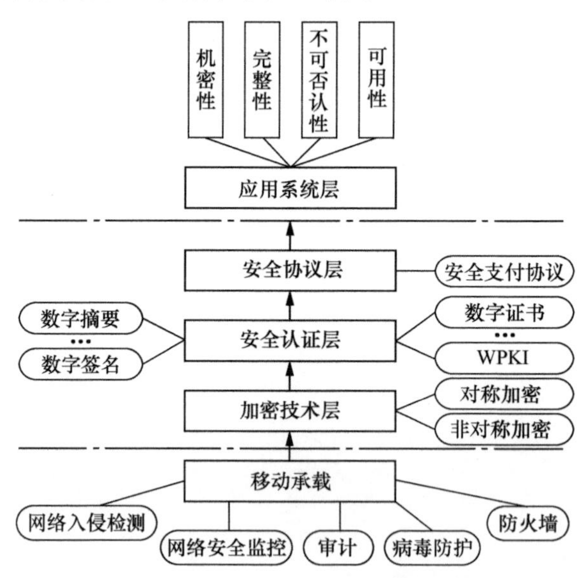

图 3-1　移动电子商务安全技术体系架构

移动电子商务安全体系架构中包括移动承载、加密技术层、安全认证层、安全协议层以及应用系统层。由图 3-1 的层次结构能够得出，下层是上层的基础，并为上层提供服务；而上层是下层的扩展与延伸。各层次之间相互依赖、相互关联，进而构成统一的整体。各层通过控制技术的递进，保证电子商务系统的安全。

移动电子商务系统是以无线网络技术与互联网技术为基础的商务系统，需要借助互联网的基础设施和标准得以实现。因此，移动电子商务安全框架的底层为移动承载网络，包括有线和无线两部分，它主要提供信息传送的载体与用户接入的方式，并为移动电子商务系统提供基本、灵活的网络服务。

为了向移动电子商务系统提供可靠的安全保障，必须建立完善的加密机制和认证机制。在图 3-1 所示的移动电子商务安全框架体系中，加密技术层、安全认证层、安全协议层致力于保证电子交易数据的安全性。其中，安全协议层是加密技术层与安全认证层的综合运用和完善，安全协议主要是指安全套接层（Secure Socket Layer，SSL）协议、WTLS、安全电子交易（Secure Electronic Transaction，SET）协议以及安全支付协议等。

移动电子商务安全已受到越来越多用户的普遍关注，虽然用于保证移动电子商务安全性的技术不少，但通过简单组合这些技术，无法获取可靠的安全性，必须合理应用安全控制技术，并对其进行有机结合，才能从技术上实现系统且有效的移动电子商务安全。

3.2　加密技术

在移动电子商务的安全措施中，加密技术是最基础的工具。加密技术中，密码系统可以分为私钥密码系统、公钥密码系统以及公钥与私钥结合的混合密码系统。所谓私钥密码系统，又称对称密码系统（Symmetric Cryptosystem）。主要特点是加密、解密的密钥完全相同。优点是加/解密速度快；缺点是密钥分配存在安全隐患。公钥密码系统，也称非对称密码系统（Asymmetric Cryptosystem），主要特点为加密、解密过程使用的密钥不同，也就是每个人拥有唯一的公钥与私钥，不但解决了密钥分配上的问题，还能使用私钥进行数字签名，为数据的传送提供了不可否认性的效力。但是，公钥密码系统最大的缺点是：加/解密速度慢，所需时间较长。因此，通常会混合使用私钥密码系统与公钥密码系统，结合各自的优点，进而达到加/解密速度快且又能解决密钥分配问题的目的。

3.2.1　对称密码体系

对称密码体系中，加/解密算法完全相同，并只交换共享的专用密钥（加密和解密都使用相同的密钥）。如果交易各方能够保证专用密钥在传输过程中不被黑客窃取，则可以利用对称加密体系加密重要信息，进而保证报文的机密性。密钥安全交换是保证对称加密有效性的核心内容。在对称密码体系中，按照对明文消息加密方式的不同，密码可以分为分组密码（Block Cipher）和流密码（Stream Cipher），下面将分别进行介绍。

1. 分组密码

分组密码是将明文消息编码表示后的数字（简称明文数字）序列划分成固定长度的组，每组分别在密钥的控制下变换成等长的输出数字（简称密文数字）序列。常用的对称加密分组密码算法包括DES、3DES、IDEA、AES等[1]。

DES（Data Encryption Standard，数据加密标准）算法是由IBM设计的、应用最广泛的对称加密算法。该算法是ATM网络的标准。DES通过传统的换位与置换的方式进行加密，DES使用64位密钥，其中，56位为实际使用的密钥，另外8位用于奇偶校验。加密过程中经历16轮迭代，每一轮采用一种乘积密码方式（代替和移位）[2]。

截至目前，除去穷举法对DES实施攻击外，尚未找到有效的破解方法。然而，DES密钥长度较短，为56位，可以增加DES密钥长度，进一步提高该算法的安全性。

DES主要利用多次换位与置换，进而完成数据加密，这里的变换规则与置换规则是固定不变的。如果变换规则与置换规则设置为动态的，攻击者若不能获取变换规则表，也就无法破解DES算法，该算法的安全性将得以进一步提高。

3DES（Triple DES）是DES加密算法的一种模式，它使用3条56位的密钥对数据进行3次加密。由于计算机运算能力的增强，原版DES密码的密钥长度容易被暴力破解。3DES提供一种相对简单的方法，即通过增加DES的密钥长度来避免类似的攻击，而不是设计一种全新的块密码算法。比起最初的DES，3DES更为安全。尽管美国国家标准与技术研究院（NIST）已选择Rijndael算法来替代DES，但NIST仍然希望3DES继续运行和使用一段时间。

IDEA（International Data Encryption Algorithm，国际数据加密算法）是旅居瑞士的中国青年学者来学嘉和著名密码专家J. Massey于1990年提出的。它在1990年正式公布，之后得到了增强。这种算法也是在DES算法的基础上发展出来的，类似于3DES。IDEA的提出也是出于对DES密钥长度短的考虑。它设计了一系列加密轮次，每轮加密都使用一个从完整的加密密钥中生成的子密钥。与DES的不同之处在于，它采用软件实现和采用硬件实现同样快速。IDEA的密钥为128位，截至目前相对安全，不过由于申请了专利，使用IDEA时必须支付专利费。

AES（Advanced Encryption Standard，高级加密标准）在密码学中又称Rijndael加密法。该算法由比利时密码学家Joan Daemen和Vincent Rijmen所设计。不同于它的标准DES，Rijndael使用的是SP网络（替代—置换网络），而非Feistel架构[3]。AES在软件及硬件上都能快速地加/解密，相对来说较易于实作，且只需很少的存储器。

AES是美国联邦政府采用的一种区块加密标准。这个标准用来替代原先的

DES，已经被多方分析且为全世界所使用。经过 5 年的甄选流程，AES 由美国国家标准与技术研究院于 2001 年 11 月 26 日发布，并在 2002 年 5 月 26 日成为有效的标准。2006 年，AES 已成为对称密钥加密中最流行的算法之一。

2．流密码

流密码又称为序列密码，也是一种重要的对称密码算法。通常来说，流密码可以看作是一个输入长度固定、输出非常长的、位流的随机生成模型。流密码的基本加密过程如图 3-2 所示。先由种子密码生成一个密钥流，然后与明文流进行加密变换形成密文流。

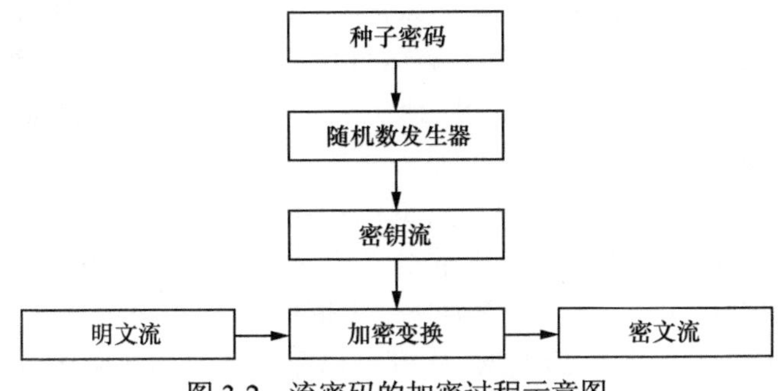

图 3-2　流密码的加密过程示意图

流密码具有实现简单、便于硬件实施、加/解密处理速度快、没有或只有有限的错误传播等特点。因此，在实际应用中，特别是在专用或机密机构中保持着优势。典型的应用领域包括无线通信、外交通信。1949 年，Shannon 证明了只有一次一密（OTP）的密码体制是绝对安全的，这给序列密码技术的研究以强大的支持（一次一密密码方案可以看作是流密码的雏形）。目前，常见的序列密码算法主要有 RC4[4,5]（Rivest Cipher 4）、SEAL 等。

RC4 是 Ron Rivest 在 1987 年设计的密钥长度可变的流加密算法。它加/解密使用相同的密钥，因此也属于对称加密算法。RC4 是最常用的密码之一。RC4 由伪随机数生成器和异或运算组成。RC4 的密钥长度可变，范围是 1～255。RC4 逐个字节进行加/解密。由于异或运算的对合性(Involution，逆运算等于自身的运算)，RC4 加密解密使用同一套算法。

对称加密算法的优势在于：加/解密速度快、效率高，适合大量数据加密的情况。但缺点在于：① 需要额外的安全机制用于交换共享密钥，密钥有被截获的安全风险；② 多方通信时所需密钥数量以几何速度增加，对诸多密钥的管理较为困难；③ 无法提供不可抵赖性等重要安全功能。

3.2.2　非对称密码体系

非对称密钥体系（公钥密码体系）中，安全传送数据的流程是：当 Alice 要传送数据给 Bob 时，首先用自己的私钥对数据进行签名，形成第一层保护，再用已公开的 Bob 的公钥进行加密，形成第二层保护，最后传送给 Bob。当 Bob 接收到此加密数据后，先用自己的私钥解开第二层保护，Bob 的私钥只有 Bob 拥有，他人无法获取，因此，只有 Bob 能够解密第二层。接着，Bob 利用 Alice 的公钥验证签名，由于只有 Alice 拥有对应其公钥的私钥，因此，能够证明数据的发送方是 Alice。但是，公钥密码系统的缺点在于，如果 Alice 在获取 Bob 的公钥过程中，公钥被中间者篡改或者破坏，Alice 便无法使用 Bob 的公钥了。

因此，为了解决上述问题，可以采用以数字证书为基础的公钥密码系统（Certificate-Based Public Key Cryptosystem），该密码系统中，通过公正的第三方（Trusted Third Party，TTP）为公钥提供有效性保证。因此，数字证书授权（Certificate Authority，CA）机构应运而生，通过由 CA 签发数字证书（Digital Certificate）的方式以保证公钥的有效性。

目前，公钥密钥系统以身份认证方式的不同进行分类，包括以数字证书为基础的公钥密码系统、以身份为基础的公钥密码系统（Identity-Based Public Key Cryptosystem）以及自我验证的公钥密码系统（Self-Certified Public Key Cryptosystem）。

现阶段的移动电子商务应用中，大部分以数字证书为基础进行认证。这种类型的公钥密码系统中包含每一位使用者的身份信息、公钥、私钥以及数字证书。其中，数字证书主要用于保证公钥的有效性。这样做是为了避免公钥在传递过程中被中间者恶意破坏，因为数字证书机构能够对数字证书持有人合法身份做保证，并提供公钥的有效证明，所以数字证书机构需要去维护密钥目录，并管理数字证书。

非对称密码的算法主要包括 RSA、椭圆曲线密码系统、IBE、Diffie-Hellman、El Gamal 和 Knapsack。这些算法用于创建公钥/私钥对，执行密钥交换或协定以及生产和验证数字签名。下面对几种常用的非对称密码算法进行介绍。

RSA 是以发明人 Ron Rivest、Adi Shamir 和 Leonard Adleman 名字缩写命名，是非对称算法中最流行的一种。在有线网络环境中，商用化的公钥加密技术几乎都是基于 RSA 的加密，主要原因在于 RSA 是第一个较为完善的公钥系统。RSA 的安全基于大数的分解难度，其公钥和私钥是一对大素数（商用的 RSA 公私钥至少是 512 位，一般是 1 024 位或更多）的函数。已知公钥和密文，想要获取明文的难度等价于分解两个大素数之积的难度，理论上几乎不可行。

但是，RSA 算法需要较大的计算量和存储容量，而移动终端需要的计算量和存储容量都比较有限，因此，RSA 运算需要耗费较长的时间。

相比之下，一种更新的加密技术——椭圆曲线加密（Elliptic Curve Cryptography，ECC）更适合应用于移动电子商务中。相较 RSA 的数学基础（因子分解问题），椭圆曲线算法的安全性是基于椭圆曲线上点群的离散对数问题，该问题难度更大，即更加难以破解。从目前已知的最好求解算法来看，160 bit 的椭圆曲线密码算法的安全性相当于 1 024 bit 的 RSA 算法的安全性[6]。图 3-3 为 RSA 算法和椭圆曲线密码算法的难度比较。

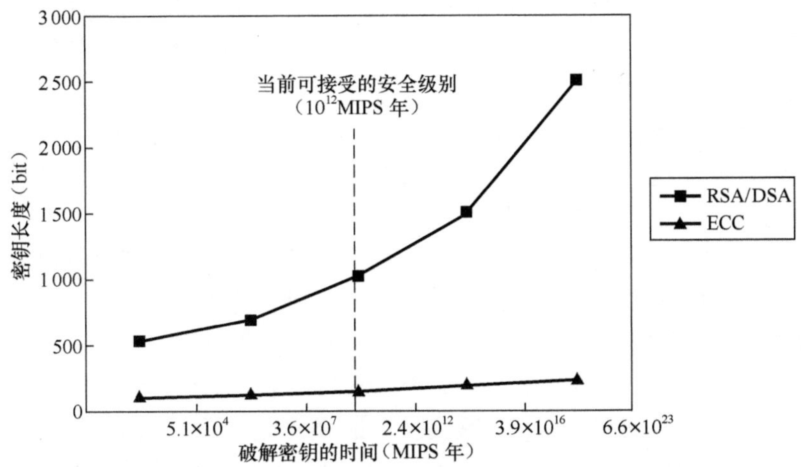

图 3-3 RSA 算法和椭圆曲线密码算法的难度比较

从图 3-3 可以看出，在破解密钥所需时间相同的前提下，RSA 的密钥长度比椭圆曲线的密钥长度增长快得多。

椭圆曲线密码算法的优点对于使用智能卡（SIM 卡、STK 卡、WIM 卡等）为主的移动电子商务终端应用非常重要，主要表现在以下几个方面[7]。

（1）所需的存储空间较小

椭圆曲线密码系统的密钥较短，能够为智能卡节省较多的存储空间，进而降低智能卡的使用成本，使得其他程序能够利用更多的存储空间去完成较复杂的任务。

（2）节省带宽

采用椭圆曲线密码体系的密钥较短，加密后的数据也比较短。由于密钥长度短，因此，对 EEPROM（Electrically Erasable Programmable Read-Only Memory，电可擦可编程只读存储器）的需求量也随之减少。而传送的数据长度短能够减少传送时间，节省带宽。

（3）缩短处理时间

使用椭圆曲线密码体系能够缩短处理时间，进而更好地应用于智能卡平台，此特点非常重要。其他公钥密码体系常利用专门的硬件设备实现，例如密码协处理器，在占用空间的同时也增加了智能卡的使用成本。而椭圆曲线密码技术能够在有限的智能卡 ROM 中实现，不需要额外的硬件设备。

（4）能够适应更高安全强度的需求

当智能卡对安全性的要求更高时，相应地需要增加密钥长度。使用椭圆曲线密码技术，在安全性得以提升的同时，所需增加的系统资源相对较少，这意味着智能卡在提供高安全性服务的同时，无需耗费太多成本。

（5）便于生成公私密钥对

对于公私密钥对的生成，椭圆曲线密码系统同样有着得天独厚的优势。在公钥密码系统中，私钥的安全性为重中之重，为了实现不可否认性，私钥只能由用户个人拥有，其他人均无法获取。由于其他算法的复杂性，智能卡中生成密钥难以实现，私钥装入智能卡的环境必须完全安全。但对于椭圆曲线密码体系而言，生成密钥所耗费的时间短，基本只需一个随机数生成器就可完成，即使是计算能力有限的智能卡，也能生成密钥。

目前，椭圆曲线密码体制的优越性已经得到了不少公司及厂商的认同。WAP论坛在制定 WAP 规范时，也将椭圆曲线的算法考虑在内，将其与 RSA 以及其他安全技术共同作为数字证书和传输层安全技术的数学基础之一。

IBE（Identity Based Encryption，基于身份的加密）技术是基于传统的 PKI（公开密钥基础设施）发展而来。IBE 密码技术加/解密使用不同的密钥，每个人的公钥就是他的身份标识，比如 E-mail 地址、电话号码等。而私钥则以数据的形式由用户自己掌握，密钥管理相当简单，可以很方便地对数据信息进行加/解密。这样就使得系统的建立和维护趋于简单，相应的成本也较低，IBE 身份加密体制大大地节约了成本，非常适用于低成本的网络应用，这样就为更多的个人和群体提供了一种新型的安全加密方案。

总体来说，非对称密码体系解决了对称密码体系中密钥数量繁多、难以管理的问题，也不用担心私钥的安全性，但不足之处在于加/解密速度慢。

3.3 散列函数

为了让读者更好地理解数字签名技术，本书首先对其基础理论——散列（Hash）函数进行介绍。散列函数率先在计算机系统中用于密码的单向加密，现在仍然用于身份验证系统中。同时，它还可以用于检测文件的完整性，因为文件损坏会导致散列值的变化。散列函数是指一个长度可变的字符串经散列变换得到一个固定长度的字符串，该字符串又称为散列值。散列变换可视为一种压缩映射，散列函数的空间远小于输入值的空间，而在输入值不同的情况下，可能得到相同的散列值。

任意长度的消息 M，经散列函数 H 得到固定长度的字符串 h，总体特点如下[8]。

（1）单向性

由定值 M，依据 $H(M)=h$，易得出 h。

但如果给定 h，通过 $h=H(M)$计算 M 是不可行的，即散列函数是不可逆的。

（2）抗碰撞性

抗碰撞性包括强抗碰撞性与弱抗碰撞性。

弱抗碰撞性：给定消息 M，要想找到另一个消息 M'，使得 $H(M')=H(M)=h$，计算上不可行。因此，散列函数非常重要的特点在于能够赋予消息 M 唯一性。

强抗碰撞性：要想找到消息 M 和 M'，使得 $H(M')=H(M)$，计算上不可行。

（3）雪崩效应

若输入消息为 M，经散列变换得到散列值 h，则 M 中 1 bit 的变化会引起散列值中一半以上的比特发生变化。

当前应用较为广泛的散列函数包括 MD5、SHA、MAC 以及 RIPEMD 等。散列函数为数字签名技术的基础，而建立在散列函数基础上的数字签名技术能够解决不可否认性的问题，在电子商务中起着举足轻重的作用。

3.4　数字签名技术

3.4.1　数字签名概述

数字签名技术是指在传输的消息中额外添加一些数据或利用特定的加密算法对消息进行变换。接收方接收到消息后，能够对消息的完整性进行验证。该签名主要针对电子信息数据，并跟随消息原文在 Internet 中传输。

当前，数字签名基本上基于公钥密码体制。按照签名方式划分，可分为普通签名与特殊签名两大类，具体使用哪一类由环境所决定。数字签名技术的应用非常广泛，涵盖了企业采购系统、电子票务系统、医疗、教育等诸多领域[9]。

与公钥加密技术不同，数字签名中，签名者使用自己的私钥加密，接收方利用签名者的公钥解密，进而获得原始消息。由于私钥只有签名者自己拥有，是唯一的，因此，其他人无法伪造签名者的签名。对于接收方而言，只要利用签名者的公钥验证，证明该签名一定是真实有效的。

数字签名技术的核心功能在于，能够为电子商务交易活动的各参与方提供不可否认性功能，在出现争议时进行仲裁，使得在线支付交易成为可能。现阶段，数字签名技术已成为电子商务交易中验证交易参与方身份的重要技术，甚至可以说，它比传统签名更安全，并且有法律的支撑。该技术为电子商务交易提供了安全性保证，推动了电子商务交易的后续发展。

3.4.2　数字签名具体实现

数字签名的具体实现过程为：首先，发送方利用散列函数对原始消息 P 进行处理，形成消息摘要 $H(P)$；之后，发送方利用自己的私钥（SK）对消息摘要加密，产生数字签名 $E_{SK}[H(P)]$，发送方将原文 P 与数字签名 $E_{SK}[H(P)]$ 同时传送至接收方，接收方收到后，用发送方的公钥解密数字签名，得到消息摘要 $H(P)$，同时，利用散列函数对消息明文变换，得到新的消息摘要 $H'(P)$；再将新消息摘要（接收方得出）与解密后得出的消息作比较（发送方得出），若一致，则说明消息在传输过程中未被篡改，原始消息的发送方也是合法有效的，具体流程如图 3-4 所示。

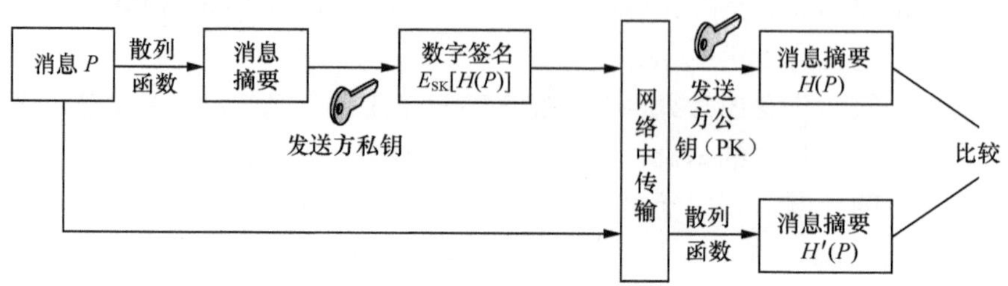

图 3-4　数字签名实现流程图

由于消息摘要与原始消息是唯一对应的，若原始消息的 1 bit 发生变化，则会导致散列值中约一半数据位的变化，并且，对于不同消息而言，其消息摘要相同的概率几乎为 0。同时，散列函数的不可逆性决定了由消息摘要求得原始消息在理论上是不可能的。消息摘要的上述特征表明，该机制能够为数字签名提供较好的安全性，保证了黑客篡改消息明文或消息摘要时会被发现。

3.4.3　盲签名技术与应用

通常情况下，签名者必须知道他要签署的信息是什么。但是在某些特殊情况下，会有消息拥有者想让签名者对他所拥有的信息签名，但又不想让签名者知道信息的内容，而签名者并不在意他签署的内容，而只是想让别人知道他签署过这条消息。事实上，在匿名性这一问题上，现在只能通过盲签名或匿名证书来实现，而匿名证书难于部署和撤销，只有盲签名才是方便可行的办法。总之，盲签名具有的消息认证的权威性和信息拥有者身份的匿名性，在电子商务和电子政务中有着广泛的应用前景[10]。

随着网络技术的发展，使得用盲签名生成电子现金用于商品交易成为可能。消费者可以从银行得到有效的电子现金，银行不能对消费者的消费状况进行跟踪，有效地保护了消费者的消费隐私。同时，商家可以验证电子现金的有效性，但不能得到消费者的身份信息，也有效保护了消费者的隐私。商家凭收据可以在银行提取现金或者通过转账获取交易商品的成本与利润。当然，消费者不能重复使用电子现金。

下面通过一个具体的协议来更直观地说明盲签名的实现过程，如图 3-5 所示。假设 Alice 为消息拥有者，Bob 为签名者。Alice 希望 Bob 对他的某个消息或文件进行签名，但又不想让 Bob 知道在签什么，Bob 并不关心消息或文件的具体内容，他只是保证在将来某一时刻以公证人的身份来证实签名的真实性。一般来说，一个盲签名协议包含如下几个步骤。

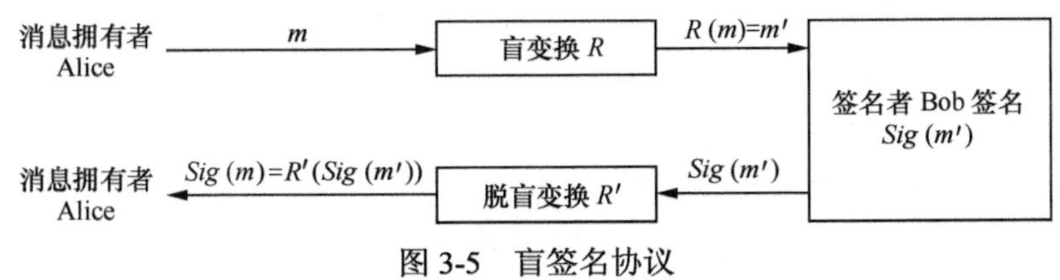

图 3-5　盲签名协议

① Alice 将原消息 *m* 乘以一个随机值 *m*′，然后将盲消息 *m*′传送给 Bob，这个随机值称为盲因子。

② Bob 对盲消息 *m*′签名，并将其签名 *Sig*(*m*′)传送给 Alice。

③ Alice 将其去除盲因子，得到相关原消息 *m* 的签名 *Sig*(*m*)。

盲签名不仅保留了数字签名的各类特性，而且还拥有下面的两条性质。

① 盲性：签名者对其所签署的消息是不可见的，即签名者不知道他所签署消息的具体内容。

② 不可跟踪性：当签名消息被公布后，签名者不能将签名与自己某次具体的签名行为联系起来，即无法对消息的拥有者进行追踪。

3.5　公钥基础设施

公钥基础设施（Public Key Infrastructure，PKI）是指使用公钥技术和概念、实施并提供安全服务的具有普遍适用性的安全基础设施。PKI 是策略、人物、程序、设施、软件和硬件的集合，它主要负责公钥证书的发布、分发以及管理[11]。事实上，PKI 通过管理并控制密钥与证书的使用，进而在分布式环境中实现管理关系，并建立信任级别。如果没有 PKI 的管理和信任服务，以密码体系为基础的安全机制就无法支持诸多移动电子商务的应用。

在互联网中，管理人员最为关注的是如何定义网上在线交易的规则和流程。PKI 依据特定的商业策略进行运营和管理，它不是一个技术、软件或者产品，而是一种规则。在该规则下，我们对技术/软件/产品进行集成、管理和使用。

3.5.1　PKI 提供的安全服务

应用 PKI 的商业驱动主要是不断增加在线电子商务应用的使用。在线电子商务应用主要包括：无线电子商务与 Web 电子商务；利用公众网发布电子商务的内容；在线支付；企业外部 Internet；企业内部 Internet。

使用上述应用服务，在提高生产力的同时，也不可避免地带来若干安全风险，具体包括以下几个方面。

- 伪装成合法用户参与商务交易；
- 否认已参与的在线交易；
- 黑客对交易数据进行窃听；
- 黑客对交易数据进行恶意篡改；
- 黑客在未授权的情况下访问关键信息。

PKI 能够管理密钥和证书，这对于交易过程中的加密技术非常有用。现阶段用户普遍认为，在线应用在实现 PKI 的基础上，安全需求可以通过加密来满足。为了实现 PKI，这些在线应用必须能够访问 PKI 的资源，例如证书目录、证书结构等，并且能够处理 PKI 中交换的对象，例如数字签名和公钥证书。下面将具体说明 PKI 能够为在线商务交易提供的安全需求。

（1）机密性

防止黑客窃听或者在未授权的情况下进行访问。如果应用程序能够实现 PKI，则需要保密时便能对数据进行加密。而 PKI 不提供加密功能时，加/解密密钥的管理与交换都由 PKI 完成。

（2）完整性

防止黑客恶意篡改数据，保证数据在传输过程中未被肆意或者无意修改。数字签名技术能够保证数据的完整性。如果交易数据的签名通过验证，则表示交易是完整的；否则，交易数据已被篡改。实现了 PKI 的应用程序能够将数字签名技术应用于移动电子商务交易过程中，进而验证交易的完整性。

（3）不可否认性

能够证明某用户是否已经参加商务交易，用户无法抵赖已发生的交易。如果应用程序能够实现 PKI 技术体系，它就能够把用户和用户的行为以及行为发生的日期和时间绑定，而这主要依赖数字签名。

（4）身份认证

在数据交换、商务交易或者访问资源前，必须对实体的身份进行认证，这里的实体是个人、组织或者角色，从而防止黑客伪装成合法用户参与交易。如果应用程序能够实现 PKI，它将利用数字签名和公钥证书，对个人、服务器、节点或其他参与了交易的实体进行认证。

（5）授权

防止黑客在未授权的情况下参与商务交易或实施某些操作。如果应用程序能够实现 PKI 技术，就能通过用户的身份（利用公钥证书识别）判断用户所享有的特权，进而决定该用户是否能够参加交易或者访问某些资源。

上述安全需求能够利用 PKI 技术得以实现，而这些应用程序所支持的服务（包括加密、访问和审计等）都是通过 PKI 操作实现的。

3.5.2 PKI 的主要组件

组成 PKI 的两个基本元素分别是公钥密码和公钥证书管理。对于公钥密码而言，要想利用给定的公钥计算出私钥是无法实现的。因此，公钥可以公开发布。公钥密码系统的优势在于发送方能够利用接收方的公钥对消息进行加密，之后发送给接收方。同时，在不同的应用环境中，公私密钥对的功能是不同的，如加密与解密以及签名与签名的验证。

起初，公钥密码系统被认为是较为理想的密码系统，主要原因是不需要利用安全信道传送密钥，从而避免了密钥泄露的风险。但可能存在的一种情景是，黑客可能会冒充发送方 A 向接收方 B 发送公钥 e'，而接收方会误以为这就是发送方的公钥 e。之后，黑客会对 A 发送给 B 的数据流进行监听，并且使用自己的私钥 d'解密获取原始消息，再用 B 的公钥 e 进行加密，发送给 B。上述情景表明，对公钥的数据源进行认证是非常必要的，可以利用公钥证书管理的方式实现。

数字证书能够唯一地将用户与用户的公钥相绑定，最简单的实现手段是通过外部实体，将用户的基本信息和公钥打包，再使用外部实体的私钥进行签名。这里的外部实体是指可信的第三方，例如证书机构，用户的基本信息包括用户名、所在的公司名、E-mail 地址、发布者证书的相关信息、发布日期和过期日期等。在对证书签名验证成功的情况下，证书上的公钥便可正常使用了。

用户在接收到由 A 签名的消息后，可认为这条消息的发送者就是 A，但黑客可能利用此点发起重放攻击。例如，某人发消息给银行，内容是支付 10 元给 A，试想 A 窃听到这条消息，则 A 可以向银行多次发送，形成重放攻击。消除该攻击方式的解决方法是，加入发送时间、序号 ID 或者其他唯一标识于签名消息中。对于 TLS/SSL 协议而言，通过在消息中加入 ID 号，即可防止重放攻击。

3.5.3 PKI 的主要技术组件和功能

PKI 安全体系对外公开，提供了一系列对外接口和安全标准。PKI 技术中包含下述实体功能的软/硬件的集合：终端实体（EE）、注册机构（RA）、证书机构（CA）、PKI 目录。

PKI 主要的技术组件和操作流程[12]如图 3-6 所示。

以下列出了 PKI 的主要技术组件，不同技术组件之间能够进行互操作。

1. 终端实体应用程序

提供给终端用户使用的软件，具体功能介绍如下。

① 生成并存储公私钥对，供用户使用；

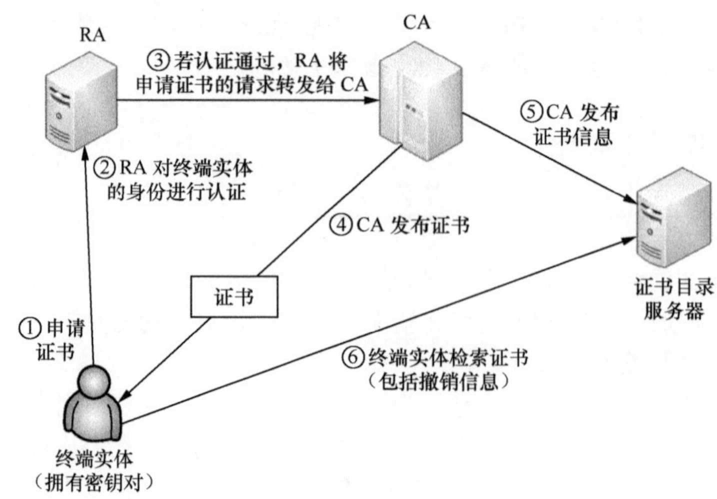

图 3-6　PKI 的主要技术组件和操作流程

② 能够进行数字签名，并提交数字证书应用程序；

③ 申请更新数字证书；

④ 申请撤销数字证书；

⑤ 查找、检索数字证书，并撤销相关信息；

⑥ 对数字证书的有效性进行验证，并读取证书的内容；

⑦ 生成数字签名，并对其合法性、有效性进行验证。

2. 注册机构

完全与终端实体和 CA 相兼容，并且支持相似的基本功能。例如，密钥的生成、存储与访问，对数字签名和数字证书进行处理。一个注册机构一般能够为 PKI 中的多个 CA 及终端实体提供服务。注册机构的主要作用是支持用户的特定需求。

① 用户注册：利用用户注册，能够找出 PKI 的潜在参与者。注册机构在一特定的 DB 中生成用户对象，而用户对象中含有诸多用户属性，这些属性均在注册策略中定义，如用户名字、题目、E-mail 地址等内容。

② 对用户进行认证：利用此过程，注册机构第一次对证书应用（主体）的身份进行认证，同时，确定特定的公钥（需要验证的公钥）属于此应用。

③ 同意终端用户的请求：针对终端用户的请求，注册机构可以做出同意与否的决定。例如，终端用户第一次申请数字证书，或者针对已过期的证书申请更新。

④ 证书撤销：注册机构能够命令 CA 撤销用户的数字证书。同时，根据 PKI 的撤销策略，撤销理由可以选择提供或者不提供。

3. 证书机构

一般由 CA 管理员安装、配置、启动后，便能够自动运行。CA 犹如一个绝对可信的签名发动机，主要负责签发、管理数字证书，并且能够撤销用户提交的请求。因此，CA 在以 PKI 业务规则为基础的执行中，扮演着非常关键的角色。总的来说，CA 主要具备下述功能。

① 密钥认证：CA 签发用户的公钥，并且发布与公钥相绑定的数字证书。

② 证书更新：在用户证书过期时，发布新的数字证书。

③ 证书撤销：将用户的数字证书添加至撤销列表中。

④ 证书公布：将用户的数字证书放入 PKI 目录，用户在该目录中能够查找并检索数字证书。

⑤ 撤销列表维护：对撤销列表进行实时维护，使得撤销列表与当前的 PKI 目录保持一致。

⑥ 撤销列表公布：将撤销列表放入 PKI 目录中，用户在该目录中能够查找和检索证书。

4. PKI 目录

PKI 目录能够为 PKI 的参与方提供查找、检索证书以及撤销信息等服务。其中，只有特殊用户或组件能够对目录进行写操作或者删除操作。通常情况下，目录建立的基础是 IETF 的 LDAP（Lightweight Directory Access Protocol，轻量目录访问协议），目录结构中包含两个主要组件，分别是 LDAP 客户端和 LDAP 服务器－网络服务器。LDAP 客户端一般作为终端实体应用程序的一部分，而 LDAP 服务器主要用于保存目录信息，并对授权用户提出的查找、写、删除以及更新等请求进行处理，具体如图 3-7 所示。

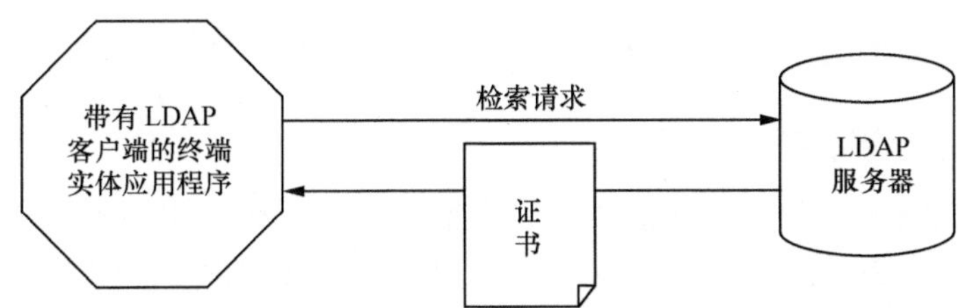

图 3-7　终端实体应用程序向 LDAP 服务器请求证书和接收证书

3.5.4　公钥证书

公钥证书本质上为数据对象或者容器，将公钥和一组标识密钥对所有者的基本信息绑定。证书中的公钥与密钥对中的相应私钥一一对应。拥有密钥对的用户为证书中的主体，证书的使用者为安全交易（或者是安全的认证通信会话）的参与者。在具备可信的身份与公钥后，参与者便能够在执行交易前，对对方的身份进行认证。表 3-1 给出了 X.509 和 WTLS 公钥证书的结构[12]。

表 3-1 公钥证书内容

X.509	WTLS
版本（Version）	版本
序列号（Serial Number）	
算法标识（Algorithm Identifier）	算法标识
发行者名称（Name of Issuer）	发行者名称
有效时期（Period of Vadility）	有效时期
证书所有者（属主）（Subject）	属主
属主公钥（Subject's Public Key）	属主公钥
发行者 ID（Issuer ID）	
属主 ID（Subject ID）	
发行者签名（Issuer's Signature）	发行者签名

3.6 移动签名技术

相较传统互联网而言，移动互联网中移动终端种类繁多、涉及的业务更加复杂的特点，使得针对传统互联网的安全保障机制无法完全满足移动互联网的安全需求。在这种情况下，移动签名技术应运而生。移动终端中采用移动签名技术，不受终端种类的限制，各种类型终端及不同种类的业务均适用，并且实现起来较为便捷，可行性强，能够为移动互联网提供较好的安全保障。

3.6.1 移动签名技术的原理

要想保证电子商务交易活动的有序进行，需要一种可靠的用户确认机制，该机制要能对用户身份进行识别，并表明用户对正在参与的交易行为是认可的，同时，交易双方均无法否认已发生的交易。

电子交易过程中，已有的 3 种用户确认方式分别是：点击确认方式、短信确认方式以及电子签名方式。

点击确认方式：指用户使用业务时通过点击确认按钮完成确认的方式，部分 WAP 业务便是采用了该方式。点击确认方式的缺点在于，安全强度不够，容易受到黑客攻击。

短信确认方式：指用户在交易过程中，通过回复短信对交易行为进行确认，回复的内容一般为字母或者数字，例如，手机钱包业务便是采用这种方式实现确认。该方式能够对用户的身份进行认证，但缺点是交易参与方可能否认已发生的交易，没有不可否认的依据，出现问题无法仲裁。

电子签名方式：在交易过程中，用户利用自己的私钥对交易内容进行数字签名后，由业务服务器对用户签名的有效性进行验证。该方式在网上支付中被广泛使用，不仅能够对交易参与方的身份进行认证，也能提供不可否认性服务。

可以看出，电子签名方式为最安全的确认方式，但由于该方式实现时的一份数字证书仅适用于一项应用，不具备普遍适用性，一定程度上阻碍了电子签名技术的发展。相比之下，移动签名的使用较好地解决了适用性的问题，能够“一证多用”。

同时，普通签名技术的实现需依靠业务终端，要签名的数据信息在传送至签名服务器前必须先传给业务终端，之后由业务终端转发给签名服务器。该方式无法满足不同种类移动终端的业务需求，因为签名服务器无法实现和业务终端较好地适配，故传统数字签名技术仅针对部分设备适用。

移动签名技术针对上述问题转换思路，总体实现思路是：私钥存储于移动终端的 SIM 卡中，业务系统先将需要签名的交易数据信息发送至移动签名平台，再由移动签名平台将数据信息发送至用户的移动终端，之后，用户将移动终端显示的数据信息和业务终端上的数据信息进行比对，若二者一致，则在移动终端上进行确认，利用私钥对数据信息进行签名。签名后的内容经移动签名平台传送到业务系统，业务系统对签名的有效性进行验证，若验证通过，表明用户对本次交易信息认可，可进行后续操作。总体而言，移动签名本质上是数字签名技术的应用，数字签名功能具体由移动设备完成[13]。移动签名技术原理如图 3-8 所示。

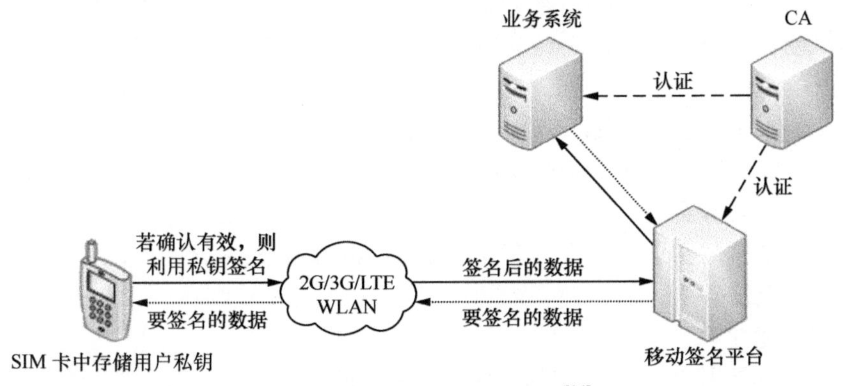

图 3-8　移动签名技术原理图[14]

具体来看，用户需要使用移动终端先在业务系统上注册。注册时，移动终端利用用户的支付请求生成公私钥密钥对。为了保证私钥的安全性，用户可以设置针对私钥的使用密码，密码长度由用户决定。之后，公钥由移动终端发送到业务系统，私钥存储于终端的 SIM 卡中。业务系统把用户的基本信息和移动终端生成的公钥发送到 CA。

用户完成注册后，需要进行移动支付时，业务系统会将支付信息的“消息摘要”通过数据短信发送到用户的移动终端中，终端应用程序将短信内容解码后显示出交易商品、金额等信息，交给用户对当前的交易进行确定。若用户确定本次交易无误，则使用自己的私钥加密消息摘要生成数字签名，经移动签名平台传送到业务系统，业务系统依据手机号码向 CA 申请获取相应的公钥，利用公钥对数字签名进行验证，把验证结果传送到商品或服务提供者以及银行。

3.6.2 移动签名技术的特点

移动签名技术的特点主要集中于支持终端多样性、业务无关性、可靠的安全性、规范化以及便捷性方面，下面对此分别介绍。

（1）终端多样性

移动签名技术在具体应用过程中，用于认证的终端和业务实现的终端是分开的，故该技术对不同种类的业务终端均支持，不受终端类型的约束。也就是说，当用户使用手机、PC、iPad 等终端进行交易时，均能要求业务系统把交易相关的数据信息发送至手机，进而验证该交易的真实性。若确认无误，则利用存储于 SIM 卡内的私钥对交易信息进行数字签名，为交易的安全性提供可靠保障。

（2）业务无关性

无论用户参与何种业务，均可在手机上进行信息确认，进而决定是否利用私钥签名，无需其他辅助设备。该特性的基础是 SIM 卡能够支持多密钥。实际应用中，不同的业务系统往往与自建的 CA 或者第三方 CA 之间产生信任关系，颁发证书的机构往往不同，这需要建立一种机制，使得 SIM 卡支持多密钥，并在不同的业务系统和不同的 CA 之间建立关联，保证用户不论利用哪个业务系统进行电子商务交易，均能实现签名。这种方式的优势在于，用户无需多家金融机构的 USB Key，只要携带手机，即可完成移动签名，高效便捷。

（3）可靠的安全性

由于移动签名实现的原理是基于 PKI 的数字签名技术，因此，能够为交易提供可靠的安全性。

（4）便捷性

由于手机是用户日常生活中不可缺少的一部分，因此，不需要其他额外设备，即可完成移动签名，给用户带来极大的便利。

（5）规范化

移动签名支付技术是以移动签名服务为基础，此处的移动签名服务符合欧洲电信标准化协会制定的移动签名安全框架的规定，有具体标准可遵循，因此，移动签名技术有着规范化的特点。

同时，交易信息利用移动网络传输，相较 Internet 而言，黑客实施攻击花费的代价较大，并且移动签名支付中的交易信息使用定制化的数据短信方式交由用户确认，纵使黑客监听到数据短信，因短信格式未知也无法获取短信内容。

移动签名技术因具备便捷、高效、规范化、适用性强、安全度高等诸多特点，已逐步成熟并普及。该技术的应用能够使业务流程更加自动化。

3.7　无线公钥基础设施

移动电子商务与传统电子商务在安全方面都有特定的需求。这些安全需求能够利用加密技术和 PKI 安全体系得以实现。

无线应用协议 PKI（WPKI）并非一套新的 PKI 标准，它只是对传统的 PKI 进行优化扩展，进而应用于无线环境中。与 PKI 相似的是，WPKI 也是通过管理关系、密钥以及证书执行移动电子商务策略。WPKI 技术主要解决电子商务中安全策略的问题，并且利用 WTLS 和 WMLSCrypt 为无线应用环境提供安全服务。在有线的环境中，应用最广泛的是 IETF PKI 标准，对于无线网络而言，WAP 论坛的 WPKI 标准使用最多。

3.7.1　WPKI 的体系结构和操作流程

WPKI 的技术组件和操作流程如图 3-9 所示。

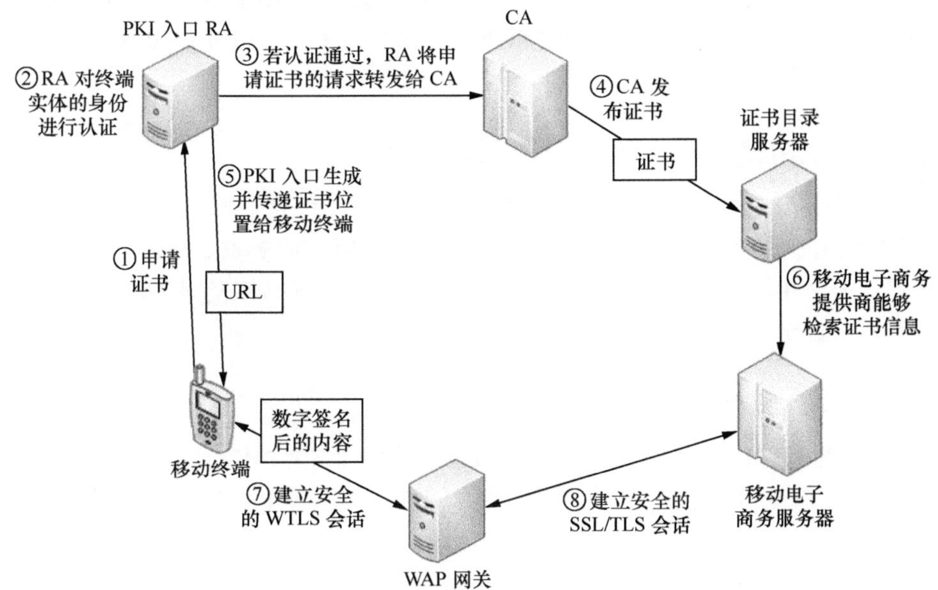

图 3-9　WPKI 的主要技术组件和操作流程

对于未在 PKI 安全体系中注册的用户而言，想要与移动电子商务供应商建立连接时，由于供应商需要对交易进行数字签名，则会提醒用户与 PKI 入口 RA 联系，并且同时提供 PKI ID 信息，包括 URL、CA 服务名称等。

3.7.2 WPKI 的主要组件

WPKI 和传统 PKI 所需的组件相同，包括终端实体应用程序（EE）、注册机构（RA）、证书机构（CA）、PKI 目录。

但是，在 WPKI 中，终端实体与注册机构的操作差别不大，这里引入一个新的组件，叫作 PKI 入口。WPKI 安全体系中的终端实体是运行于 WAP 设备中的软件，它以 WMLSCrypt API 提供的密钥服务与加密操作为基础，和传统 PKI 的终端实体所具备的功能相同，主要包括以下几个方面。

- 生成并存储公私钥对，供用户使用；
- 能够进行数字签名，并提交数字证书应用程序；
- 申请更新数字证书；
- 申请撤销数字证书；
- 提供针对数字证书的查找、检索服务；
- 对数字证书的有效性进行验证，并读取证书内容；
- 生成数字签名，并对签名的有效性进行验证。

PKI 入口本质为网络服务器，和 WAP 网关相同，就逻辑功能而言，和注册机构一样，主要功能是将 WAP 客户端的请求翻译后传送给 PKI 体系中的 RA 和 CA。RA 的功能嵌于 PKI 入口中，并和无线网络中的 WAP 设备以及有线网络的 CA 进行互操作。

3.7.3 WPKI 安全体系中的证书分级体系结构

在 WPKI 安全体系中证书分级结构如图 3-10 所示，组成成分主要包含 RA 中心、CA 中心、业务受理系统、OCSP 服务器、LDAP 服务器、PKI Portal、CRL 服务器、验证中心（VA）等。其中，CA 中心还包含证书签发服务器、证书管理服务器、密钥管理中心等[5]。

3.7.4 WPKI 优化

WML 为 HTML 的优化，WTLS 为 TLS 的优化。与之相似，WPKI 为传统 IETF PKIX 的优化，专门适用于无线网络环境中。概括来说，WPKI 主要在下述方面进行了优化。

1. PKI 协议

传统上，处理 PKI 服务请求的方法主要依赖于 ASN.1 基本编码规则（Basic

Encoding Rule，BER）和区分编码规则（Distinguished Encoding Rule，DER）。但是，BER 和 DER 的问题在于耗费的资源较多。对于 WPKI 协议而言，主要使用 WML 和 WMLSCrypt（WML Script Crypto API）处理服务请求。和传统 PKI 方法相比，WML 与 WMLSCrypt 中的 signText 函数能够节省大量处理资源。

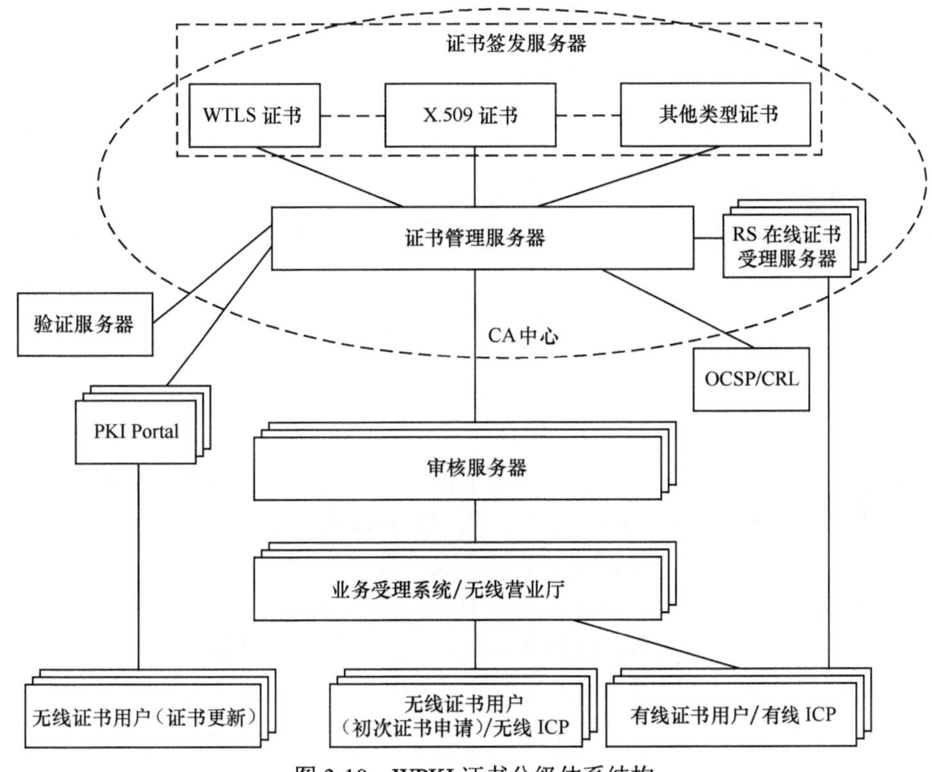

图 3-10　WPKI 证书分级体系结构

2. 证书格式

为了减少存储容量，WPKI 证书格式规范中提出两种实现手段。一种是为服务器端的证书定义 WTLS 证书格式，相较传统的 X.509 证书，WTLS 证书的尺寸大大减小；另一种是采用椭圆曲线密码算法（ECC）。由于 ECC 算法中密钥长度较短，因此，证书大小能够减小 100 Byte。同时，WPKI 的部分字段长度也比 IETF PKIX 证书格式中的短。由于 WPKI 证书格式是 PKIX 证书的子集，因此，能够在标准 PKI 中保持互操作性。

3. 加密算法和密钥

虽然传统数字签名方法也为 WAP 安全标准支持，但由于性能、资源方面的限制，这种方法对无线网络环境并不适用。传统数字签名要求 WAP 设备自身的处理能力较强，内存与存储资源较大，相比之下，椭圆曲线密码算法对资源的要求较低，更加易于实现。正如先前所述，如果达到同样的安全级别，椭圆曲线密码算法的密钥长度仅为其他签名机制中密钥长度的 1/6。这会大大提高密钥存储、内存使用以及数字签名处理算法的效率。WAP 安全标准完全支持椭圆曲线密码算法，并且已广泛应用于 WAP 设备中。

可以说，WPKI 技术是传统 PKI 技术的拓展，其中涵盖了传统 PKI 中的诸多技术与概念。和 WAP 环境中的安全应用服务一样，WPKI 技术同样必须使用有效的加密技术与数据传输技术进行优化，进而适用于个人无线设备中。

目前移动上网环境已进入 4G、5G 时代，传统的 WAP 站点已经不能容纳足够多的信息，用户逐渐转移到 App、HTML5 方式，传统纯 WAP 方式逐渐被取代，因此，伴随着 WAP 环境出现的 WPKI 技术同样面临着生命力下降的问题。

3.8 身份认证技术

目前，加密技术和数字签名技术不足以保证移动电子商务中的交易安全，身份认证技术是保证移动电子商务安全的又一重要技术手段。

身份认证技术是在计算机网络中确认操作者身份的过程而产生的有效解决方法。计算机网络世界中的一切信息包括用户的身份信息都是用一组特定的数据来表示的，计算机只能识别用户的数字身份，所有对用户的授权也是针对用户数字身份的授权。如何保证以数字身份进行操作的操作者就是这个数字身份的合法拥有者，身份认证技术就解决了这个问题。作为防护网络资产的第一道关口，身份认证有着举足轻重的作用。

在真实世界中，对用户的身份认证基本方法可以分为以下 3 种。

（1）基于信息秘密的身份认证

根据你所知道的信息来证明你的身份（What You Know，你知道什么），比如静态密码。

（2）基于信任物体的身份认证

根据你所拥有的东西来证明你的身份（What You Have，你有什么），比如密钥。

（3）基于生物特征的身份认证

直接根据独一无二的身体特征来证明你的身份（Who You Are，你是谁），比如指纹、面貌等。

网络世界中的手段与真实世界中的一致，为了达到更高的身份认证安全性，某些场景下会从上面 3 种方法中挑选两种混合使用，即所谓的双因素认证。

以下罗列几种常见的认证形式。

3.8.1　静态密码

用户的密码是由用户自己设定的。在网络登录时输入正确的密码，计算机就认为操作者即合法用户。实际上，许多用户为了防止忘记密码，经常采用诸如生日、电话号码等容易被猜到的字符串作为密码，或者把密码抄在纸上放在一个自认为安全的地方，这样很容易造成密码泄漏。如果密码是静态的数据，在验证过程中，如在计算机内存和传输过程中可能会被木马程序截获。因此，静态密码机制无论是使用还是部署都非常简单，但从安全性上讲，用户名/密码方式是一种不安全的身份认证方式。它利用了 What You Know 方法。

目前智能手机的功能越来越强大，里面包含了很多私人信息，我们在使用手机时，为了保护信息安全，通常会为手机设置密码，由于密码存储在手机内部，我们称之为本地密码认证。与之相对的是远程密码认证，例如我们在登录电子邮箱时，电子邮箱的密码是存储在邮箱服务器中，我们在本地输入的密码需要发送给远端的邮箱服务器，只有和服务器中的密码一致，我们才被允许登录电子邮箱。为了防止攻击者采用离线字典攻击的方式破解密码，我们通常都会设置在登录失败达到一定次数后锁定账号，在一段时间内阻止攻击者继续尝试登录。

3.8.2　短信验证码

短信身份认证系统以短信的形式把随机密码发送到客户的手机上。客户在登录或者交易认证时输入此动态密码，从而确保系统身份认证的安全性。它利用了 What You Have 方法。

此方法具有以下优点。

（1）安全性

由于手机与客户绑定比较紧密，短信密码生成与使用场景是物理隔绝的，因此，密码在通路上被截取的概率已降至最低。

（2）普及性

只要会接收短信即可使用，此方法大大降低了短信密码技术的使用门槛，学习成本几乎为 0，所以在市场接受度上不会存在阻力。

（3）易收费

由于移动互联网用户养成了天然付费的习惯，这是和 PC 时代互联网截然不同的理念，而且收费通道非常发达，如网银、第三方支付、电子商务等均可将短信密码作为一项增值业务，每月通过 SP 收费不会有阻力，因此也可增加收益。

（4）易维护

由于短信网关技术非常成熟，大大降低了短信密码系统上的复杂度和风险，短信密码业务后期客服成本低，稳定的系统在提升安全的同时也营造了良好的口碑效应，这也是目前银行大量采纳这项技术的重要原因。

3.8.3 动态口令

目前最为安全的身份认证方式之一也利用了 What You Have 方法，是一种动态口令。

动态口令牌是客户手持用来生成动态密码的终端，主流的是基于时间同步方式的，每 60 s 变换一次动态口令，口令一次有效，它产生 6 位动态数字进行一次一密的方式认证。

但是基于时间同步方式的动态口令牌存在 60 s 的时间窗口，导致该密码在这 60 s 内存在风险，现在已有基于事件同步的、双向认证的动态口令牌。基于事件同步的动态口令是以用户动作触发的同步为原则，真正做到了一次一密，并且由于是双向认证，即服务器验证客户端，客户端也需要验证服务器，从而达到了彻底杜绝木马网站的侵袭。

由于它使用起来非常便捷，85%以上的世界 500 强企业运用它保护登录安全，广泛应用在 VPN、网上银行、电子政务、电子商务等领域。

3.8.4 证书认证

USB Key 与文件证书是两种重要的证书认证方式。多出现在网银的数字认证中。其中，USB Key 是一种由智能芯片进行数据加密的数字签名工具，USB Key 中存储用户唯一的、不可复制的证书，从外部无法被读出；文件证书是以文件形式保存的用户证书。相较而言，USB Key 更安全。

随着电子商务的迅速发展，需要证书认证的应用越来越多。由于 USB Key 在证书存储方面的优越性，越来越多的 CA 和用户选择了 USB Key 作为他们的证书存储介质。因此，随着 USB Key 市场的扩大，越来越多的厂家特别是原来的智能卡厂家进入 USB Key 的市场，从而带动了 USB Key 相关产业的发展和应用。

3.8.5 生物识别

生物识别技术是运用 Who You Are 方法，通过可测量的身体或行为等生物特征进行身份认证的一种技术。生物特征是指唯一可测量或可自动识别、验证的生理特征或行为方式。使用传感器或者扫描仪来读取生物的特征信息，将读取的信息和用户在数据库中的特征信息比对，如果一致则通过认证。

生物特征分为身体特征和行为特征两类。身体特征包括声纹、指纹、掌型、视网膜、虹膜、人体气味、脸型、手的血管和 DNA 等；行为特征包括签名、语音、行走步态等。目前，部分学者将视网膜识别、虹膜识别和指纹识别等归为高级生物识别技术，将掌型识别、脸型识别、语音识别和签名识别等归为次级生物识别技术，将血管纹理识别、人体气味识别、DNA 识别等归为深奥的生物识别技术。

目前，我们接触最多的是指纹识别技术。我们日常使用的部分手机和笔记本电脑已具有指纹识别功能，在使用这些设备前，无需输入密码，只要将手指在扫描器上轻轻一按就能进入设备的操作界面，非常方便，而且别人很难复制。

2015 年 3 月 15 日晚，全球瞩目的汉诺威消费电子、信息及通信博览会（CeBIT）在德国开幕。马云在开幕式上向德国总理默克尔与中国副总理马凯演示了蚂蚁金服的 Smile to Pay 扫脸技术，为嘉宾从淘宝网上购买了 1948 年汉诺威纪念邮票。这也使人脸认证技术为众人所知。

生物特征识别的安全隐患在于，一旦生物特征信息在数据库存储或网络传输中被盗取，攻击者就可以执行某种身份欺骗攻击，并且攻击对象会涉及所有使用生物特征信息的设备。

3.8.6　组合认证

单独来看，基于信息秘密的身份认证、基于信任物体的身份认证和基于生物特征的身份认证都有被破解的风险。为了进一步加强认证的安全性，双因素身份认证被越来越广泛地应用。双因素身份认证可以看作是把 3 种中两种要素结合起来的身份认证方法。由于需要用户身份的双重认证，双因素认证技术可抵御非法访问者，提高认证的可靠性。简而言之，该技术降低了电子商务的两大风险：来自外部非法访问者的身份欺诈和来自内部更隐蔽的网络侵犯。

目前使用最为广泛的双因素有：① 动态口令牌 + 静态密码；② USB Key + 静态密码；③ 二层静态密码；④ 手势+静态密码等。

3.8.7　基于挑战/应答的认证机制

基于挑战/应答（Challenge/Response）的认证机制是指每次认证时服务器向客户端发送一个不同的挑战字符串，客户端接收后，进行相应的应答。RADIUS 认证机制便是基于这种方式，总体思路为服务器与客户端之间利用 UDP 进行交互。服务器对客户端的认证采用挑战/应答的方法，有效避免了在网络上传输口令信息被不法分子窃听的风险。该认证进行的时间不固定，每一次认证过程的报文都不相同，进而防止黑客实施“重放”攻击，极大地提高了安全性[9]。

具体认证实现时，用户仅须安装客户端程序，并申请成为合法用户，之后利用自己的账号信息对服务器发起认证请求即可，使用较为方便。挑战/应答认证过程如图 3-11 所示。

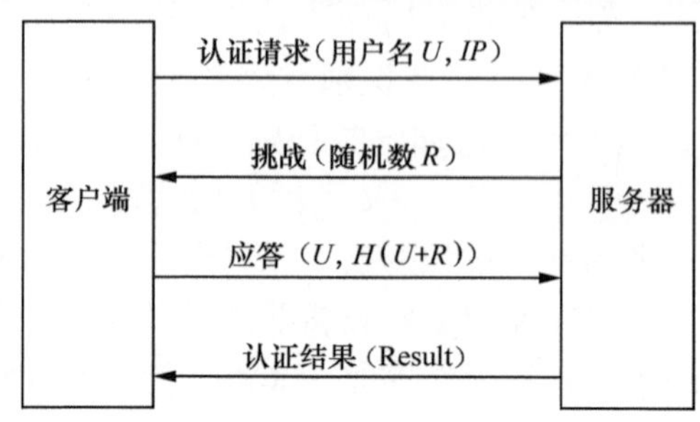

图 3-11　挑战/应答认证过程图

① 客户端向服务器发起认证请求，请求参数包括客户端用户名 U，客户端的 IP 地址；

② 认证服务器在数据库中查询该用户的身份是否合法，如果不合法，则拒绝客户端请求，否则进行下一步操作；

③ 认证服务器选取随机数 R，发送给客户端，作为挑战；

④ 客户端将自己的用户名与随机数相连接，总体作为散列函数的输入，经散列变换得到 $H(U+R)$，连同用户名 U，一同发送给服务器，作为应答串；

⑤ 认证服务器收到后，将自己的计算结果 $H'(U+R)$与应答串 $H(U+R)$作比较，如果二者相同，则认证成功通过，否则认证失败；

⑥ 认证服务器向客户端发送认证结果，告知成功或者失败。

后续认证由客户端不定期发起，省略认证请求内容，即第一步。两次认证的时间间隔一般为 1～2 min。如果间隔过短，会给网络、客户端、服务器造成过大的开销；如果间隔过长，安全性将受到影响，用户的用户名和 IP 地址有被盗用的风险。

参考文献

[1] 曹娟.电子商务的安全体系结构及安全技术研究[J]. 网络安全技术与应用，2006, (7).

[2] 戴小波.基于 SET 协议的安全电子商务研究[J]. 微计算机信息，2006, (22).

[3] ADERSON R. 信息安全工程（第二版）[M]. 北京：清华大学出版社, 2012.

[4] CONSTANTIN L. Microsoft continues RC4 encryption phase-out plan with .NET security updates [J]. Computer World, 2014.

[5] POPOV A. Prohibiting RC4 cipher suites[J]. IETF, 2015.

[6] 秦媛媛. 基于椭圆曲线数字签名技术的研究与应用[D]. 江南大学，2007.

[7] 马允龙. 椭圆曲线密码体制在第三代移动通信中的应用[D]. 西安电子科技大学，2004.

[8] 樊凯. 电子支付安全性问题研究[D]. 西安电子科技大学，2007.

[9] 李金库，张德运. 身份认证机制研究及其安全性分析[J]. 计算机应用研究，2001.

[10] 李云龙. 盲签名的理论研究与应用[D]. 北京工业大学，2008.

[11] 潘素梅. 无线网络安全开发平台的研究与设计[D]. 北京邮电大学，2007.

[12] 刘宏月，范九伦，马建峰. 访问控制技术研究进展[J]. 小型微型计算机系统，2004, (1).

[13] 移动签名业务介绍（三）——移动互联网安全的完美解决之道[Z]. http://labs.chinamobile.com/mblog/818290/156400, 2011.

[14] 李海东. 移动电子商务——手机钱包模型的研究[D]. 太原理工大学，2007.

[15] 张文凯，曹元大. PKI 体系中的密钥管理技术及实现方案[J]. 计算机与现代化，2004, (9).

第 4 章 电子支付安全

本章首先介绍电子支付基础，包括支付方式、支付过程、支付系统等。之后讲述当前较为流行的电子货币，在此基础上，着重介绍电子支付协议——SSL 协议和 SET 协议。

4.1 电子支付基础

电子支付是指电子交易活动参与者利用安全的电子支付方式，使用 Internet 完成支付或者资金流转的过程。这里的电子交易活动参与者包括消息者、商品或服务提供商以及金融机构。电子支付在整个电子商务体系中扮演着非常重要的角色。

4.1.1 电子支付方式的分类

根据电子支付的承载主体不同，当前主流的电子支付方式包括电子支票支付、电子货币支付、银行卡支付以及电子钱包。

1. 电子支票支付

电子支票继承了普通支票方便、高效的特点，利用数字签名机制对支付方、收款方、支付银行的身份进行认证，进而将钱从支付方账户转移至收款方账户的过程。电子支付方式的普及能够使整个支付过程更加电子化。与传统支票相比，使用数字签名机制的电子支付方式的安全性得到了大大提高。同时，电子支票具有流通性强、适用范围广、省时便捷的特点，银行也能为电子商务交易的参与者提供标准化的资金信息。

电子支票包含普通支票所固有的收款者个人信息、付款账号、付款金额以及付款日期等，且总体结构也与普通支票相似，其特有的内容为隐含的加密信息。

电子支票示例如图 4-1 所示。

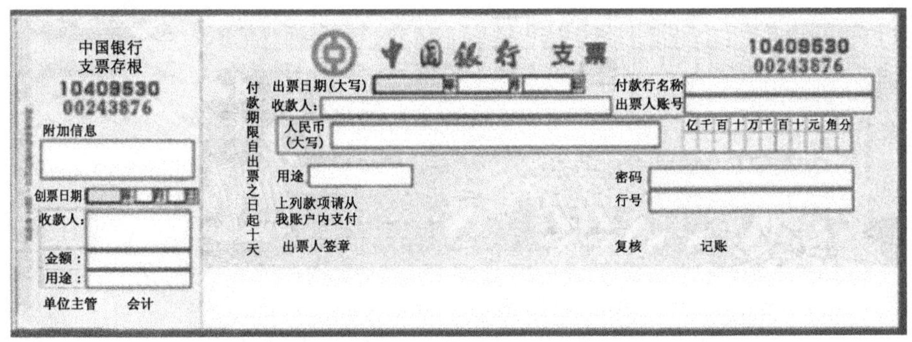

中国银行
支票存根
10409530
00243876
附加信息
出票日期　年　月　日
收款人：
金额：
用途：
单位主管　会计

中国银行　支票　10409530　00243876
付款期限自出票之日起十天
出票日期(大写)　年　月　日　付款行名称
收款人：　出票人账号
人民币(大写)　亿 千 百 十 万 千 百 十 元 角 分
用途　密码
上列款项请从我账户内支付　行号
出票人签章　复核　记账

图 4-1　电子支票示例图

电子支票支付过程中，首先，支付方利用 E-mail 将电子支票发给收款方，并将已付款的通知单发至银行。收款方对电子支票进行数字签名证明已收到，之后利用 E-mail 将签名后的电子支票发给银行。银行收到付款通知单和电子支票后，进一步验证电子支票的真伪，若确认无误，则将款额转入收款者账户。

为了进一步提高电子支票支付过程的安全性，引入可信的验证机构验证电子支票及电子支票提供者的真伪。该情况下，支付方先将电子支票发给收款方，与此同时，将付款通知单发给银行。收款方收到后，利用验证机构验证电子支票的真伪，若确认无误则将电子支票发给银行索求付款。银行收到收款方索求付款的申请后，同样利用可信的验证机构对电子支票的真伪进行验证，若确认无误，则向收款方转账。具体流程如图 4-2 所示。

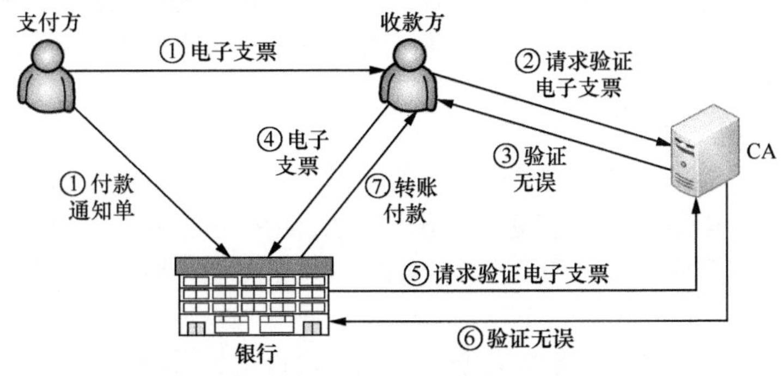

图 4-2　电子支票支付流程图

2. 电子货币支付

使用电子货币进行支付时，支付方利用电子化方式将以数据形式流通的货币转给收款方，即可达到付款目的。与普通货币相比，电子货币有着便捷高效、可小额支付的特点，同时，安全性也得到增强。

电子现金是最具代表性的电子货币。用户能够从银行提取出电子现金存储于计算机中。当用户需进行商务交易时，即可使用电子现金支付。首先，银行验证电子现金是否有效，若确认有效，则将其与真实货币等价交换，并支付给商品或服务提供商，完成电子现金支付。若支付后电子现金有剩余，用户可将其放回银行电子现金库中存储。因电子现金不受金额限制的特点，在小额支付中占有优势，也得到大众的认可。

3. 银行卡支付

银行卡包含智能卡和结算卡两种。智能卡中嵌入微处理芯片，用于存储用户的基本信息，包括私钥、卡密码、账户信息等。虽然智能卡体积较小，但存储的信息量远大于普通磁卡，并且存储信息的范围较广，容易携带。由于智能卡上的信息都已加密，不法分子无法获取，增强了卡自身的安全性。智能卡现已在交通、金融、公安、电信等诸多领域得到了广泛应用，成为人们生活中不可缺少的一部分。

结算卡主要包含借记卡、信用卡、签账卡等。借记卡在消费使用过程中无透支功能。在最基本的存取现金、转账功能基础上，借记卡还可用于购买基金、股票及其他理财产品，为用户的日常生活提供了便利。

信用卡是具有消费信用的卡片，能够为用户提供简单的信贷服务。用户使用信用卡进行商务交易时，可先透支，在账单日完成还款。信用卡具体包含贷记卡和准贷记卡。当前用户使用的大多是贷记卡，即持卡用户被赋予信用额度，用户在信用额度内享有先消费后还款的权利。用户使用准贷记卡时，需要事先存储一定金额于卡中，当卡中余额不足以支付时，可以在信用额度内透支。

严格意义上讲，签账卡不属于银行卡的一种，但其在电子商务交易过程中扮演的角色与银行卡相似。相较于信用卡，签账卡的消费额度更高，但每月透支金额必须及时偿还。

4. 电子钱包

电子钱包作为电子商务交易活动中的支付手段之一，具备普通钱包固有的功能，如存放电子信用卡、电子现金、电子零钱、用于认证用户身份的证书等。此外，为了提高电子交易过程的安全性，电子钱包具备管理电子安全证书的功能，并能存储交易双方的交易记录。

用户若想使用电子钱包购物，必须在电子钱包服务系统中进行。同时，用户还需具备银行提供的账户并安装安全性较高的电子钱包应用软件。电子钱包软件中主要包含管理器和交易记录器，管理器用于管理用户密码、加密方式等重要数据，交易记录器的功能是存储用户的交易记录，并为交易参与方提供查询功能。通过查询交易记录器，用户能够获取一段时间内发生的购物记录。当前使用较广泛的电子钱包服务系统包括 Mondex、VISA Cash、Master Card Cash、百度钱包等，分别如图 4-3 和图 4-4 所示。

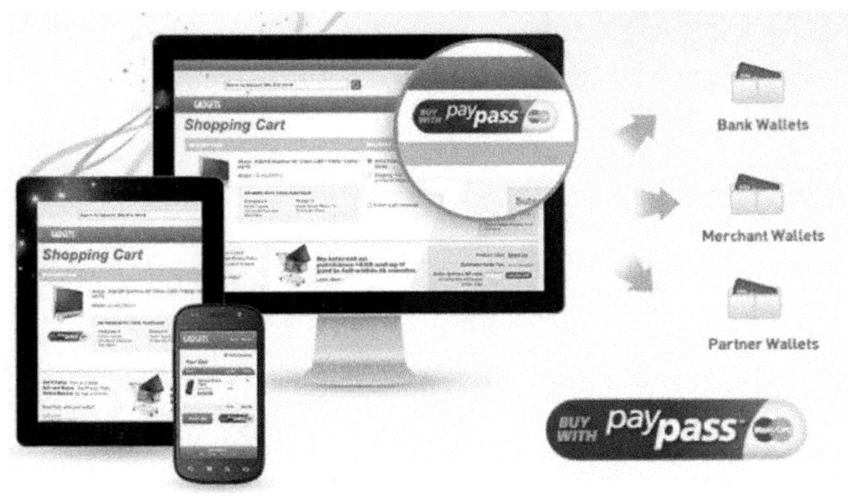

图 4-3 MasterCard 的 PayPass 钱包

图 4-4 VISA 的 V.me 电子钱包

使用电子钱包购物时，首先，用户利用电子钱包应用软件将电子钱包安装于电子商务服务器中。之后，用户需将有支付功能的电子化银行卡中的信息输入电子钱包服务系统，即可使用电子钱包完成付款。

电子钱包有着便捷高效、适用范围广、安全机制较为完善等优点，在小额支付中使用尤其广泛，例如缴手机话费、订购手机报等。随着移动电子商务技术的迅猛发展，电子钱包将会被更多用户所接受，应用平台更为广泛。

根据交易主体不同，电子支付可分为 B2B（Business to Business，企业对企业）、B2C（Business to Customer，企业对客户）、C2C（Customer to Customer，客户对客户）等模式。这主要是由不同交易主体承担的交易金额不同、对安全机制的要求不同所决定的。

B2B 模式的支付方式中，支付方和收款方均为企业，因此，交易金额一般比较大，对安全性的要求较高。相比之下，B2C 模式中，支付方为普通客户，收款方为企业。企业往往利用互联网和独立网店系统软件展示商品，支付款额一般不会很大，客户往往对支付的便捷度有要求。具体如图 4-5 所示。

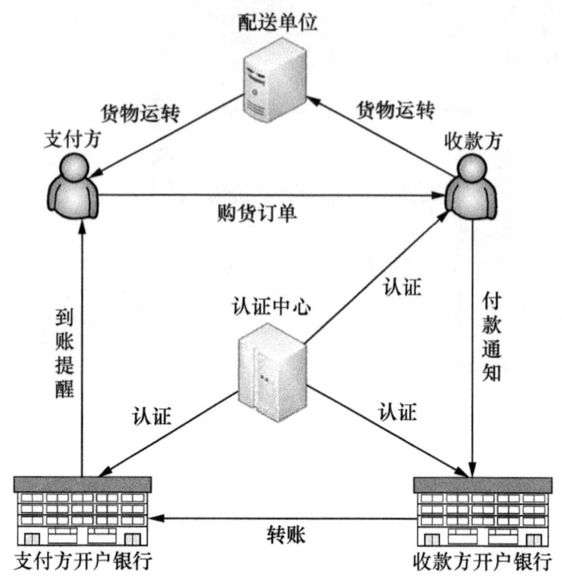

图 4-5　B2B 电子商务支付模式图

4.1.2　电子支付的特点

相较普通支付方式，电子支付的特点主要包含以下几个方面[1]。

① 流转方式：对电子支付而言，支付过程中，货币完全以数字化的形式进行流转。而普通支付过程中，货币是以现金或票据等实体方式流转。

② 支付平台：电子支付的支付平台是 Internet，而普通支付的支付平台是真实的物理环境。

③ 软硬件支持：电子支付需要借助互联网这个开放平台完成，因此，它对软/硬件的要求较高，而普通支付完全不需要软/硬件支持。

④ 与普通支付相比，电子支付的完成更为高效、便捷，最重要的是不需额外费用。用户利用一台能连接 Internet 的终端即可在较短时间完成支付。而普通支付可能在交通上有额外开销，且耗时较多。

4.1.3　电子支付的过程

若以时间为划分依据，电子支付过程可分为交易准备阶段、交易进行阶段以及交易后阶段 3 个阶段[2]。

交易准备阶段：经营电子商务业务的商家利用 Internet，对自己主营的商品或服务进行宣传，消费者通过浏览网页即可获取商品或服务的最新信息、商家的信用度、买家的评价等，进而决定是否购买。该阶段在较短时间内完成，大大提高了交易前准备工作的效率。

交易进行阶段：消费方在选定欲购买的商品后，先向可信的第三方机构提出对商品提供方身份进行认证的申请，若认证通过，商品提供方将收到购买申请。同样，商品提供方需先借助第三方机构对消费方进行认证，若认证无误，继续后续交易过程。与传统商务交易相比，利用电子支付实现的商务交易消息瞬间可达，并且消息的准确度和安全度均得以提高。

交易后阶段：消费方对商品进行签收，若确认无误，则相应款额通过银行转入商品提供方的账户。

4.1.4　电子支付系统的组成

电子支付系统是指支付方、商品或服务提供方以及金融机构之间利用安全技术实现商品或服务的交换，也就是将电子支付相关信息经 Internet 安全地发送至银行，进而完成电子支付。简单来说，支付方利用一定量的存款或现金在银行兑换得到等额的电子现金，再利用电子化手段将这些电子现金转至收款方账户，进而达到支付的目的。

基于 Internet 的电子支付系统包含支付方、商品或服务提供方、支付网关、支付方开户银行、收单银行、CA 认证中心等，具体组成结构[3]如图 4-6 所示。

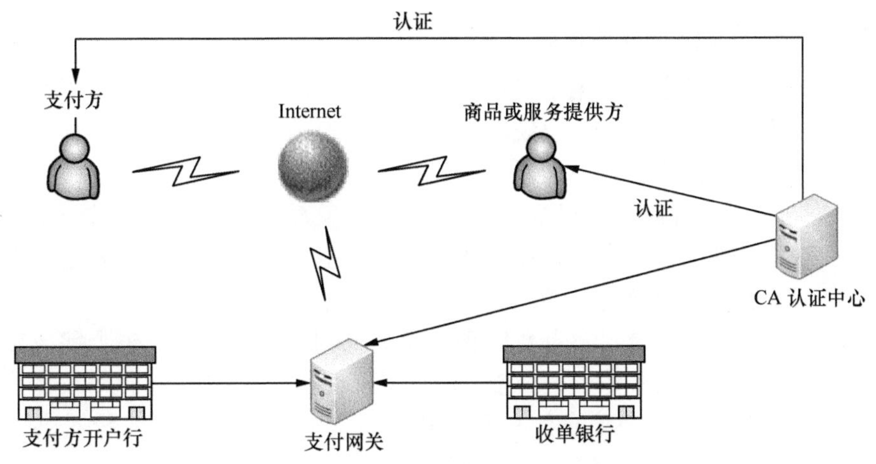

图 4-6　电子支付系统组成结构图

各参与方在电子支付过程中扮演的角色、完成的功能介绍如下。

支付方：支付方是发起电子支付的源端，其利用支付手段通过接入 Internet 完成电子支付。

商品或服务提供方：在支付方发出支付指令且提供方已提供相应的商品或服务后，提供方可请求银行将金额转入自己的账户。

支付方开户行：为支付方创建账户的所在行，将用于电子支付的支付工具提供给支付方。同时，支付方开户行具备一定的信用度，为用户完成电子支付提供保障。

收单银行：持有商品或服务提供方账户的银行。当商品或服务提供方将支付方的支付指令发给收单银行时，收单银行将向 CA 认证中心发起授权支付的请求，进而开展后续支付工作。

支付网关：作为 Internet 和银行专用网之间的桥梁，支付网关在整个电子支付过程中起着举足轻重的作用。支付消息必须先经过支付网关才能进入银行专用网。支付网关致力于对支付方和商品提供方之间传输的数据进行加/解密、协议及编码方式的转换等，并且保障银行专用网络的安全。

由于电子商务交易过程中交易信息与支付信息都异常重要，因此需要防止被第三方窃取。纵使参加交易活动的商品或服务者了解交易信息，也不能获取支付信息。因此，在网关发挥重要性的同时，要限制其对交易信息和支付信息的读取，进一步保证电子支付过程的安全性。

CA 认证中心：电子支付过程中，参与方之间传递的是信息化的电子数据。这就需要建立一种机制以确保该数据的真实性、准确性。CA 认证中心可以为支付参与方发放数字证书，提供身份认证功能，保证电子支付过程的安全性。

4.1.5 电子支付系统的优势

相较于传统支付系统，电子支付系统涉及的功能更为完善，运用了诸多信息技术应对实际支付过程中可能出现的风险，进而保障电子商务交易顺利完成。电子支付系统的主要优势包含下述几个方面。

首先，电子支付能够较好地应对多方参与的交易。对于传统支付而言，支付过程的参与者一般仅包括支付方和收款方；而在电子支付中，参与者除了支付方和收款方，还包括支付网关、CA 认证中心等。

其次，电子支付系统已具备较完善的安全机制，确保数据在多个参与方之间传输的安全性，包括公私钥密码体制并用以确保信息的机密性，利用数字签名、数字信封等安全技术确保信息的完整性和不可否认性，为解决纠纷提供可靠的依据。

再次，电子支付系统凭借电子化、信息化的优势，支付过程中发生的金额瞬间可达收款方，完全不受空间的限制，推动支付过程的简单化、便捷化。

最后，通过可信的第三方认证机构 CA 为各参与者发放数字证书，完成对交易参与者的认证，防止不法分子伪装成收款方进行欺诈。

4.1.6　电子支付的典型代表——微支付

微支付是近年来涌现出的一种新型支付方式，是指在 Internet 上完成的小额支付。这些交易方式的共同点在于交易金额较小，但交易频率较高。虽然这类交易单次支付金额低，但庞大的交易量生成了较为可观的交易总金额。

4.1.6.1　微支付的特点与交易模式

该交易方式对支付系统有着特殊要求，即在满足一定安全性的前提下，要求网络中传输的数据尽可能少。这对传输效率和速率的要求较高，相比之下，对存储的要求较低。这种支付方式便是微支付。当前主要是指微信支付。

微支付的主要特点是能够完成任意小金额的支付，对于低价值的商品销售较为适用。相较传统电子支付而言，微支付的特征可概括为下述几个方面。

① 单次支付金额小、频率高：微支付的首要用途便是能够满足任意小额支付的交易需求。一些交易场景中，用户欲购买的商品仅几元钱，远小于传统交易费用。因此，此种交易模式的频率也较高。

② 交易效率高：微支付交易频率高、总量大的特点，要求支付系统的支付效率较高。同时，这种支付方式使得消费者的支付请求能够得到即时满足。

③ 交易成本低：小额交易中，商品自身的价值较小，要想保证商家获取一定的盈利，要求微支付系统的成本较低。

当前，微支付的交易模式主要包括 3 种，分别是由运营商、商业银行以及第三方支付商占主导地位的支付模式。

（1）运营商占据主导地位的支付模式

这种支付模式中，用户只需利用手机发出指令即可完成支付，支付金额可以直接在手机费中扣除。对于商家而言，可从运营商处获取现金。该模式的优点在于操作简易便捷、用户群体数量多；缺点为部分用户恶意欠费带来的损失只能由运营商承担。

（2）商业银行占据主导地位的支付模式

商业银行模式中，各大银行均以个人网银业务为支撑框架，用户可使用网上银行将资金转移至卖方账户，进而完成支付。如今，为了进一步开拓网上支付业务，多家银行推出了电子银行，为微支付的后续发展创造了良机。

该模式优点在于效率高，利用商业银行支付网络能够即时生效；安全性能强，难以被破解。但与此相对应的问题在于，利用 U 盾进行支付的过程较为繁琐，如果出现交易纠纷将难以仲裁等。

（3）第三方支付商占主导地位的支付模式

当前，以第三方支付商占据主导地位的微支付模式应用较为广泛。该模式中，第三方支付商为消费者和商家提供电子现金兑换交易清算等服务。消费者和商家均需在第三方提供的交易平台上开通账户，并利用该账户实现资金转移。支付过程中，第三方支付商成为连接消费者与商家之间的桥梁，且能够为两者提供仲裁服务。

这种支付模式的优点在于支付成本较低、安全性强。第三方支付较好地解决了单次交易经过银行网络时，需支付额外费用的问题。同时，由于第三方能够提供公正的仲裁服务，进一步实现了安全交易。但是，第三方支付的问题在于，支付商之间存在沟通壁垒，且交易时间较长。

4.1.6.2 微支付协议

当前较为典型的微支付协议主要包括 Millicent 协议、PayWord 协议等。

1. Millicent 协议

1995 年，Compaq 和 Digital 联合开发了微支付协议 Millicent，该协议的核心思想为使用散列函数对支付票据进行验证、认证。票据相当于商品提供方为消费者建立的账号，只要在有效期内，消费者均可使用该票据进行消费。

在微支付协议 Millicent 中，参与交易的实体包括商品提供方、消费者以及经纪人，经纪人通过票据为商品提供方和消费者提供服务。票据的生成途径包括两种，一是由商品提供方生成，之后经纪人可从商品提供方处购买；二是商品提供方对经纪人进行授权，使得经纪人能够自行生成票据。

消费者购买商品时，首先向商品提供方发送购买请求 *Rst*、商品提供方的票据 *bill*、共享密钥 *MSK* 以及 *HASH*(*Rst*, *bill*, *MSK*)，其中，*MSK* 由商品提供方和消费者共享。商品提供方接收到该消息后，利用 *Rst*、*bill*、*MSK* 求得新消息摘要 *HASH′*(*Rst*, *bill*, *MSK*)。将 *HASH′*与 *HASH* 做比较，若一致，则证明收到的信息是有效信息。

同时，为了防止重复消费，商品提供方在数据库中进行查询，若没有当前记录则证明本次消费合法，商品提供方返回响应信息 *Rep*。若 *bill* 中的金额本次未消费完，商品提供方会给消费者返回余额 *bill′*，消费者后续便可利用 *bill′*进行购买。

2. PayWord 协议[4]

与 Millicent 协议相似，PayWord 协议涉及的交易方包括消费者、商品提供方和经纪人。

PayWord 是一种基于信用方式的协议，也就是说，消费者在购买到商品一段时间后才进行实际的支付。它采用一条称为 PayWord 的 HASH 链值表示货币，每个 PayWord 表示一单位的货币值。首先，消费者 C 要在经纪人 B 处注册一个账户，并由 B 发给 C 一个 PayWord 证书，利用该证书，B 授权 C 制造 PayWord 链，以作为支付凭证提交给商品提供方 M。第一次支付请求时，消费者计算并签署对某一特定 PayWord 链 $w_1, \cdots, w_n$ 的承诺书（包含根值 w_0 和其他附加信息的数字签名）。消费者随机选取一个 w_n，并在此基础上以相反的顺序创建 PayWord 链，如下所示。

$$w_i=h(w_{i+1})$$

其中，$i=n-1, n-2, \cdots, 0$, h 是一个单向无碰撞的散列函数（如 MD5），w_0 是不用于支付的根。C 把承诺、w_0 和第 i 个支付对（w_i, i）一同发给商品提供方 M，M 对承诺中的签名进行验证，然后利用 w_0 验证支付。在某一周期的最后，M 把最后的支付对（w_m, m）和承诺提交给 B，通过验证后，B 从 C 的账户中扣除价值 m 的货币并转移到 M 的账户中，至此就完成了整个 PayWord 协议。

与 Millicent 不同，PayWord 在消费者与商品提供方交易时可完全离线，不需要银行的参与。支付交易中只需保留支付承诺和最后的支付单，系统的很多耗时操作是离线完成，如证书签署和货币兑换，效率较高，适合用户对某一商品提供方的经常性访问。

4.2　电子货币

电子货币是指以电子化数据形式流通的货币，它是由现金或者存款转换的、能够代表现实中与之相同金额的虚拟货币。传统货币的流通功能及支付功能，电子货币同样具备。当前使用范围较广的电子货币主要包含储蓄卡型、信用卡型以及储值卡型，如图 4-7 所示。

图 4-7　电子货币示例图

电子货币的出现并非偶然，主要因素可概况为 5 个方面。

一是货币演进发展的趋势所决定。纵观历史长河，朝代的变更往往伴随着货币的改变。货币的改变方向是由如何提高流通效率、削减流通成本所决定。遵循上述原则，电子货币凭借方便高效、低成本的优点迅速占领市场，是货币进一步发展的必然趋势。

二是银行、证券之间的竞争越来越激烈，为普通用户提供了更多选择。传统金融产品带来的利润无明显提高，致使银行、证券需要不断创新以追求利润最大化。与此同时，随着电子商务的迅猛发展，经营电子商务的企业也在推动电子货币的发展，进而提升电子商务交易过程中货币的流通。此外，网游的流行也需要电子货币出现，以拉动新利润点的发展。

三是传统商务交易活动中，纵使小额商品交易，用户也需要花费额外的成本，包括交通费用、时间成本等。因此，商务交易活动迫切需要一种支付手段，以实现成本最小化。电子货币的出现较好地解决了上述问题，也是其在短时间内得以迅速发展的重要因素之一。

四是电子信息化的发展为广大用户的生活带来了极大的便捷，刷卡消费已被越来越多的消费者所接受。再加上信息安全机制的不断完善，为电子商务交易过程提供了可靠性保障。用户无需频繁出入银行提取现金以完成支付。同时，电子货币自身是有价值的，可以说，信息技术的日趋进步消除了电子货币带来的安全隐患，推动其短时间内的大规模流通。

五是对于需借助信用度较高的第三方为交易双方提供认证服务的模式，交易双方的个人信息均被第三方获取，因此，个人信息的机密性也取决于第三方。而电子支付系统中，支付者可以匿名方式完成支付，即支付者的个人信息是秘密的，收款者无法获取。同时，电子货币被用于支付时，传递的仅是等效价值，不附带个人信息，较好地为客户的重要信息提供了安全保障。

4.2.1 电子货币的分类

按照不同的分类方法，电子货币可被分为下述几类。

依据载体的差异进行分类，电子货币包含数基电子货币和卡基电子货币两类。当用户使用数基电子货币进行支付时，完全依靠软件对数字化信息的识别。只要支付方能够连接 Internet，即可通过发出特定的数字指令完成整个支付过程。卡基电子货币是指电子货币的价值（金额）存储于以物理实体形式存在的卡中，包括电话卡、购物卡、智能卡等。用户只需携带上述卡片即可完成支付，商家会从卡中扣除与商品等价的金额。

依据使用场合是否多样化分类，电子货币包含多场合使用电子货币和单场合使用电子货币。顾名思义，多场合使用电子货币可在多家商户进行消费。这主要是由货币发行单位与多家商品或服务提供商签订协议所决定的。而单场合使用电子货币仅能够在一家商户完成支付，例如手机充值卡。

依据使用方式的差异，电子货币包含需认证电子货币和匿名电子货币两类。需认证电子货币是指用户在使用电子货币进行支付时，需先对用户的身份进行认证，发生的交易均有记录，能够追踪。相反，匿名电子货币被使用时，不需对使用者的身份进行认证，发生的交易也无法追踪。

依据使用条件的差异，电子货币包括在线电子货币和离线电子货币两类。在线电子货币的使用者要想完成交易，必须通过终端连接 Internet 发送付款请求。收款方也需连接 Internet 查看电子货币的真伪、款额是否准确，若无误才接受该付款请求。而离线电子货币的使用者支付时不需连接 Internet，某些信用度高的离线电子货币甚至不需验证真伪即可完成支付。对于需要验证真伪的离线电子货币而言，校验者主要验证电子货币的标码与货币发行方规定的密码规则是否相符，若符合，该电子货币的实际价值与声称的一致。

4.2.2 电子货币的特点

电子货币作为货币的一种，具备下述几个方面的特点。

首先，支付方使用货币在商务交易过程中完成支付，不受货币形式的影响，电子货币和与其价值等效的普通货币功能相同。同时，持有电子货币的用户具有将电子货币“卖给”发行方的权利，发行方必须接收，用户能够获取与卖出的电子货币价值相同的财物。

其次，电子货币自身的价值可由货币的发行机构确认，或者由与普通货币的兑换率决定。电子货币发展初期，必须满足随时能够兑换成普通货币的条件，以保障其自身价值；而发展稳定期的电子货币很可能具备脱离普通货币单独存在的能力。但不可否认的是，是否能转换为与之等价的普通货币，是判别电子货币的必要条件之一。

再次，作为一种交易手段，电子货币的较大优点是自身便捷、成本低，且不需承担运输成本，因交易产生的额外费用几乎为零。此外，电子货币也不用支付因保管产生的费用，大大降低了使用者的成本。

电子货币的使用必须依靠电子设备的支持，当前使用最广的是 ATM 机。ATM 机在为用户提供存取款功能的基础上，也支持不同智能卡、电子钱包之间的资金转移。但对于支持电子货币使用的电子设备而言，其设置地点一般是特定的，不受交易方控制，从某种程度上讲，这对便捷性有一定的影响，希望在后续发展中有所改进。

同时，借助 Internet，电子货币的使用者在参与商务交易活动的过程中往往不需要面对面，并且该模式的交易能够提供匿名服务，即支付中不用提供支付者的个人信息及商品购买信息。这种交易方式导致销售购物卡、储值卡后无法判别购买者的用途，有被不法分子趁机利用的风险。

此外，相较普通纸币，电子货币的发行单位较开放，可以是具备发行纸币权限的央行，也可以是普通银行、证券公司，甚至是非金融企业。当前电子货币的发行单位中，非金融企业占据主体地位。因此，电子货币的使用受其发行单位自身信用度、资产规模的影响，并且电子货币的消费者承担着不同的风险。

最后，电子货币的出现打破了传统纸币对国家、地域的限制。在收款方接收的前提下，消费者可使用不同国家的电子货币完成支付。同时，普通纸币的防伪需借助电子设备实现，而电子货币的防伪依靠健全的信息安全机制保障，包括加密技术、认证机制、访问控制机制等。

4.2.3 电子货币典型代表——比特币

比特币（如图4-8所示）是一种P2P形式的电子货币，是由中本聪在2008年首先提出的。与传统货币最大的不同点在于，比特币没有中央银行或与中央银行相类似的管理机构。央行一大作用为能够提供国家货币的供给，即通俗意义上的印钞票。对于缺少中央银行的比特币而言，谁有印刷的权利呢？

图4-8 比特币示意图

比特币是由对等网络（P2P）的节点在完成一个特定数学问题计算后生成的，简单来讲，比特币是根据特定的算法，通过多次计算而生成的一串数字。其中，P2P技术为确保比特币安全性的重要技术之一。点对点传输的特点意味着比特币是一个去中心化的支付系统。比特币经济使用P2P网络中由诸多节点构成的分布式数据库，对交易行为进行确认和记录。

提及比特币的安全性，一方面，P2P的去中心化特点和相关算法能够保证任何人、政府或者机构均无法利用制造大量比特币的方式影响币值，也无法操纵比特币的货币总量，货币总量依据设定的速率逐步增加，速度渐渐缓慢，预期在2140年达2 100万个；另一方面，比特币自身基于密码学设计的特点能够确保只有比特币的所有者才能对其实施支付、转移等操作。

由于比特币不受中央机构调控，因此，人们普遍认为比特币与经济学家哈耶克提出的理想货币观点相符合，即货币的非国家化。但是，比特币无法避免与其他货币相似的命运——流通过程中的涨落。

比特币的主要特点可概括为6个方面。

一是不受中央控制：传统的虚拟货币通常会受到央行和政府所发布的相关管

理政策以及法规的约束。与之不同的是，所有机构或者政府均无法控制比特币的发行和使用。同时，比特币的发行以预定模式持续进行，进而避免了受央行不良政策的影响。

二是所有权特性：私钥是识别比特币所有者的重要标识，它通常存储于特定的存储介质中，除了比特币所有者外，其他人均无法获取。

三是交易费用较低：比特币的汇出是免费的，且无需中间人参与。同时，比特币匿名的特点使得政府等机构无法获取交易状况，因此，比特币参与的支付无需纳税，进一步降低了交易费用。

四是无隐藏成本：相较传统支付手段而言，比特币不受复杂的额度和手续限制。只要获取接收方的比特币地址，即可进行支付。

五是跨平台挖掘：使用者能够在诸多平台上发掘不同硬件的计算能力。

六是广泛流通性：由于比特币所有者能够利用任意一台接入互联网的计算机对比特币进行管理，并且不受地理位置的限制，因此，比特币具有较为广泛的流通性。

从货币角度来看，比特币和黄金等金属相似，与此同时，比特币还有着传统贵金属所不具备的优点，包括能够任意划分组合、传输便利、节省成本、难以伪造等。

当前，和比特币相类似的电子货币有很多种，包括 DevCoin、PPCoin、LiteCoin 等。这些电子货币均是利用特定算法经多次计算产生，仅在具体算法、耗能上有所差异。

4.2.4　使用电子货币的安全机制

利用电子货币进行网上支付，需采用的安全机制包括以下几个方面。

首先，应采用安全可靠的加密机制以防止电子货币信息被窃取。互联网自身的开放性使得电子支付过程中利用 Internet 传输的诸多信息有被黑客窃取的风险，例如支付方账号信息、电子货币信息等。因此，需结合对称密钥机制和非对称密钥机制各自的优点，采用健壮的加密算法保障重要信息的机密性。

其次，需加强对电子货币使用者的身份认证以保证用户身份合法有效。为防止不法分子伪装成合法用户参与交易，需委托可信的认证机构，对参与电子货币支付、转移、接收的各方进行身份认证。

再次，应加强对专用数据的保护以及系统的访问控制能力。利用防火墙过滤由 Internet 进入内网的数据，防止针对内网的恶意攻击。数据库存储数据的加密机制也能起到保护专用数据的作用。同时，为电子货币的使用者建立可靠的访问控制机制是实现安全电子商务的基础。

同时，要建立对电子货币信息完整性检验的机制，防止信息在传输过程中被黑客恶意篡改、删除，具体可采用数字签名、完整性校验等技术实现检验。

此外，需保证电子支付系统的可靠性。由于电子支付的特殊性，它需满足服务器 7×24 h 无故障连续运行，进而保障电子支付的实时性、有序性。这要求电子支付服务器高度的可靠性，具备抗攻击、防范病毒的能力。同时，电子支付系统还应具有备份系统，出现问题时不影响正常交易的进行。

最后，使用电子货币进行电子支付时，必须具备标准化模式才能保证通用性，不受国界地域的限制。虽然，当前若干标准已被应用于电子支付过程，例如用于信用卡支付的 SET、用于电子对账的 E-Check 等，但还没有一种标准能真正起到完全统一的作用。因此，电子支付体系中，需建立一种综合性强、安全度高的支付协议。

4.3 电子支付协议概述

电子支付协议是指电子交易过程中保证各参与方相关信息机密性、完整性、可用性的规范和标准，为电子支付的有序进行提供可靠保障。电子支付协议按照支付工具的不同，可分为基于支票的支付协议、基于卡的支付协议以及基于电子货币的支付协议。从本质上讲，电子支付协议是利用安全手段实现电子支付安全性的规范。

电子支付方式在不同阶段可分为以下 3 类。

一是加入可信的第三方。支付方和收款方的账户信息、交易信息均由可信的第三方维护，在电子支付交易进行时，Internet 上传输的仅有订单信息、支付确认，无机密信息。

二是由银行转账结算。该方式下，当使用信用卡支付时，支付方和收款方能够获取对方的敏感信息。

三是电子货币和数字现金。该支付方式与依靠可信的第三方或银行转账不同，若交易信息被窃取，将导致钱款丢失的严重损失。而前两类支付方式中，黑客窃取信息后，得到的仅是信用卡卡号、订单编号等，不会出现钱款直接被窃取的情况。

电子支付过程中，支付方和商品提供方面临的主要安全风险包括支付方付款后无法获取商品、商品提供方发货后未得到应得的钱款、虚假订单等。电子支付过程是否安全直接关乎电子商务的未来发展。

电子支付协议的出现为上述问题提供了较好的解决途径。当前，国内外诸多支付协议中，应用最广泛的分别是 SSL（安全套接层）协议和 SET（安全电子交易）协议。

4.3.1 SSL 安全协议

SSL[5]协议是由支付方和商品或服务提供方共同参与的信用卡/借记卡支付协议，也是国际上最早应用于电子商务的支付协议。

4.3.1.1 SSL 协议概述

SSL 是 Netscape 公司提出的基于 Web 应用的安全通信协议，能为电子支付过程中信用卡、参与方的基本信息提供安全保障。SSL 协议同时支持客户端和服务器端的实现，能够对通信双方的整个会话加密，确保重要信息在 Internet 上传输时不会被窃听或恶意篡改。

SSL 协议中采用了公钥密码机制，在两台机器之间建立起安全连接通道，消息在发送端加密，在接收端解密。SSL 协议之所以能够得到广泛应用，主要由于它被较多 Web 浏览器、Web 服务器所内置。同时，在线银行及其他金融机构也能够构建于 SSL 上。

SSL 协议位于传输层协议 TCP 与应用层之间，能够为应用层协议提供安全服务，例如 HTTP、TELNET 等。同时，SSL 协议独立于应用层提供服务，应用层协议透明地建立在 SSL 上。由于 SSL 协议的安全技术包括加密、密钥协商、身份认证等均在应用层协议通信前便已完成，因此，后续利用应用层协议传输的消息均会被加密，为整个通信过程提供了安全保障。

SSL 协议能够提供的安全服务主要包含下述 3 点。

一是分别对客户端和服务器进行身份认证，保证消息发送至正确的目的端；

二是对数据进行加密，以防传输过程中被黑客窃取；

三是为数据提供完整性保证，确保传输过程中不会被黑客恶意篡改。

当前，SSL 协议已成为互联网上实现保密通信的标准，Web 浏览器往往将 SSL 与 HTTP 相结合，进而保证通信的安全性。

4.3.1.2 SSL 协议体系结构

SSL 协议为通信实体之间传输的信息提供机密性、完整性以及认证服务。SSL 是两层协议，具体包含 SSL 记录协议和 SSL 握手协议。SSL 握手协议位于 SSL 记录协议上。SSL 协议的具体层次结构如图 4-9 所示。

1. SSL 记录协议

该协议规定了传输数据所采用的具体格式，并为高层协议提供数据封装、压缩、加密等功能。SSL 协议中，所有要传输的数据均被封装于 SSL 记录中。上层数据包含 SSL 握手协议建立安全连接时所需传输的数据都通过 SSL 记录协议向下层传输。当应用层数据传送至 TCP 层时，会先经过 SSL 协议层，SSL 记录协议先对数据进行分块处理，之后选取部分数据进行压缩，加入消息认证码（MAC）信息并加密，处理后的消息传送至 TCP 层。TCP 层收到后，对数据进行解密、身份认证、解压缩、重组后得到原始数据，再传送至高层用户。

图 4-9　SSL 协议层次结构图

SSL 更改密码协议：该协议由单字节消息构成，主要应用于加密算法发生变化的情况。而加密算法的更改时间不固定，可以是 SSL 握手结束时，也可以是其他任意时刻。

SSL 告警协议：该协议主要用于传送 SSL 相关的告警信息。告警信息会对告警事件进行具体描述，并写明告警的严重级别。在告警级别为致命错误的情况下，会即刻中止连接，并且不再产生新的连接。

在讲述 SSL 协议握手协议之前，先介绍 SSL 协议中两个非常重要的概念，分别是 SSL 会话和 SSL 连接。

SSL 会话由 SSL 握手协议建立，在客户端与服务器之间建立起联系。同时，SSL 会话中定义了若干安全相关参数，并且这些参数能够在多个连接中使用。就一个会话中的多个连接而言，可使用会话中定义的安全参数，进而有效降低多次协商参数花费的代价。

SSL 连接在 OSI 七层模型中的定义是，能够提供合适服务类型的传输。SSL 连接的建立是暂时的，并且每个连接都与一个 SSL 会话相关联。单个 SSL 会话中包含多个 SSL 连接，对于每个参与者而言，能够同时参与多个会话。

2. SSL 握手协议

为客户端和服务器提供双向认证功能，同时，协商通信双方采用加密算法、MAC 算法及保密协议，进而保证 SSL 记录中传输数据的安全性。客户端与服务器之间建立连接的握手过程共包含 4 个阶段，流程如图 4-10 所示。

第一阶段：安全能力的建立。该阶段用于对客户端和服务器之间将要建立的连接进行初始化，并且为双方提供协商相关加密算法、摘要算法等参数的能力。首先，客户端向服务器发送 ClientHello 消息，消息中携带 SSL 版本号、会话 ID、加密算法、客户端选取的随机数等参数。之后，客户端等待服务器的响应。

第二阶段：服务器身份认证及密钥交换。服务器收到客户端的消息后，先向客户端回复 ServerHello，该消息中同样包含服务器同意采用的加密算法、摘要算法，表示同意建立连接。同时，将服务器的证书 Certificate（内含服务器公钥）发给客户端，作为后续身份认证、加密的依据。若服务器要求对客户端的身份进行认证，还会发送 CertificateRequest 消息。

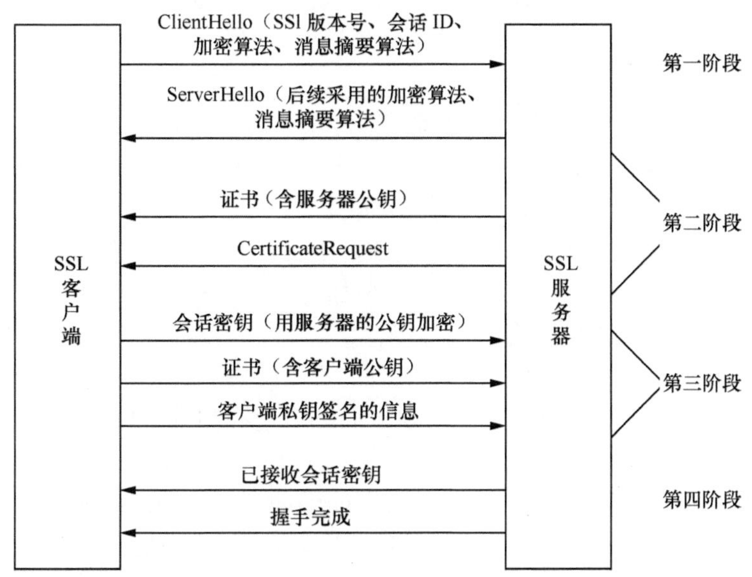

图 4-10　SSL 握手协议流程图

第三阶段：客户端身份认证及密钥交换。客户端收到服务器的消息后，先检查服务器的证书是否有效，若无效，则断开当前 SSL 连接；若有效，则生成本次会话的会话密钥，将其用服务器的公钥加密后发给服务器。若服务器要求验证客户端身份，客户端还需将自己的证书以及利用私钥签名后的数据发给服务器，以便服务器后续认证。

第四阶段：客户端接收会话密钥，握手完成。在服务器要求验证客户端身份的情况下，先检查客户端的证书是否可信，若不可信，则终止本次会话；若可信，则用自己的私钥解密获取会话密钥。此时，客户端与服务器的握手过程已完成，后续将开始数据传输，传输的数据均将用会话密钥加密。

4.3.1.3　SSL 协议的安全性

SSL 协议提供的安全通道能够保证传输数据的机密性、认证性、完整性服务，具体如下。

机密性：由于 SSL 握手协议中，通信双方协商了数据传输时使用的会话密钥，所有消息均会被加密，有效保证了数据的机密性。

认证性：SSL 协议能够为客户端和服务器提供双向认证服务，保证传送的数据能够发送至正确的客户端和服务器。

完整性：SSL 协议为传送的数据提供完整性保障，确保传输过程中不被恶意篡改。

在某种程度上，SSL 协议的安全性是以加密算法、密钥协商过程的安全性为基础。因此，一旦破译加密算法或窃取了会话密钥，SSL 协议也就不攻自破。另一方面，就安全协议而言，逻辑层面的严谨性、正确性更加重要。若安全协议存在逻辑上的漏洞，更容易被黑客利用。SSL 协议在逻辑上较为严谨，不存在上述问题。但 SSL 协议自身存在的安全问题包含以下几个方面。

一是 SSL 协议不提供数字签名功能，即无法为通信双方提供不可否认性的保证。这可能导致个别消费者否认已接收到商品，拒绝付款，损害商品提供者的利益；也可能出现商品提供者否认收到钱款，消费者的利益受到损害的情况。

二是 SSL 协议的密钥强度不够。服务器与客户端使用的密钥仅为 40 bit，长度不够，有被黑客破译的风险。

总体来看，随着加密算法、认证机制的不断改进和完善，SSL 协议自身的安全性能也会不断加强和提高，以应对电子商务中潜在的安全风险。

4.3.1.4 HTTPS 协议

HTTPS（Hyper Text Transfer Protocol over Secure Socket Layer，安全套接字层的超文本传输协议）是以安全为目标的HTTP通道，简单讲是 HTTP 的安全版，即 HTTP 下加入 SSL，HTTPS 的安全基础是 SSL，因此，加密的详细内容就需要 SSL。

HTTPS 是由Netscape开发并内置于其浏览器中，用于对数据进行加密和解密操作，并返回网络上传送回的结果。HTTPS 实际上应用了Netscape的SSL作为HTTP应用层的子层（HTTPS 使用端口443，而不是像 HTTP 那样使用端口 80 来和 TCP/IP 进行通信）。SSL 使用 40 位关键字作为 RC4 流加密算法，这对于商业信息的加密是合适的。HTTPS 和 SSL 支持使用 X.509 数字认证，如果需要的话用户可以确认发送者是谁。

也就是说它的主要作用有两种：一种是建立一个信息安全通道，来保证数据传输的安全；另一种就是确认网站的真实性，凡是使用了 HTTPS 的网站，都可以通过点击浏览器地址栏的锁头标志来查看网站认证后的真实信息，也可以通过 CA 机构颁发的安全签章来查询。

4.3.2 TLS 协议

TLS（Transport Layer Security，传输层安全）协议用于在两个通信应用程序之间提供保密性和数据完整性。

4.3.2.1 TLS 协议概述

TLS 协议包括两个协议组：TLS 记录协议和 TLS 握手协议。

TLS 记录协议是一种分层协议。每一层中的信息可能包含长度、描述和内容等字段。记录协议支持信息传输、将数据分段到可处理块、压缩数据、应用 MAC、加密以及传输结果等。对接收到的数据进行解密、校验、解压缩、重组等，然后将它们传送到高层客户机。

TLS 握手协议由 3 个子协议组构成，允许对等双方在记录层的安全参数上达成一致、自我认证、例示协商安全参数、互相报告出错条件。

4.3.2.2 TLS 协议与 SSL 安全协议的关系

最新版本的 TLS 协议是 IETF（Internet Engineering Task Force，Internet 工程任务组）制定的一种新的协议，它建立在 SSL 3.0 协议规范上，是 SSL 3.0 的后续版本。在 TLS 与 SSL 3.0 之间存在着显著的差别，主要是它们所支持的加密算法不同，所以 TLS 与 SSL 3.0 不能互操作。

TLS 的主要目标是使 SSL 更安全，并使协议的规范更精确和完善。TLS 在 SSL 3.0 的基础上，提供了以下增强内容。

① 更安全的 MAC 算法；

② 更严密的警报；

③ “灰色区域”规范更明确的定义。

4.3.3 SET 协议

SET（Secure Electronic Transaction，安全电子交易）协议是 VISA、MasterCard 以及若干业界主流厂商推出的用于保证在 Internet 上利用信用卡进行电子支付安全性的规范。

4.3.3.1 SET 协议概述

互联网上如何保障电子商务交易的安全性已成为影响其发展前景的最重要因素之一，SET 协议的出现较好地解决了上述问题。SET 协议是基于信用卡支付模式设计的电子支付协议，为电子商务交易提供了更加可靠的安全性、更全面的交易信息，并大大降低了用户被诈骗的风险。这是一种同时适用于消费者、商品或服务提供者、银行三方的支付协议，能够保证支付信息的机密性和支付过程的完整性，并对消费者、商品或服务提供者的身份进行认证。当前，SET 协议已得到普遍认可，是利用信用卡进行网上交易的国际标准。

利用 SET 协议在 Internet 上进行电子支付时，交易参与方总共六方，分别是持卡人、商品或服务提供者、发卡者、支付网关、支付者以及 CA 认证中心[6]。下面具体介绍六大参与方在电子商务交易过程中扮演的角色以及实现的功能。

持卡人是带有支付功能信用卡的合法持有方，在电子商务交易中，持卡人利用 Web 浏览器购物，由信用卡的发卡单位对其授权，发卡单位一般是银行或其他金融机构。SET 协议能够保证持卡人账号信息的机密性，即不被未授权用户读取。

商品或服务提供者（商家）指出售商品或服务给持卡人的团体或个人。支持信用卡支付方式的商家都与银行有关系。

发卡者一般是银行或者其他金融机构，有发行信用卡的权利。为持卡人创建账户，并发放具备支付功能的卡片。

支付网关是支付信息由互联网进入银行内网的中间屏障，具有认证持卡人、商品或服务提供者的功能。同时，对商品或服务提供者的支付报文以及持卡人的支付指令进行处理。支付网关能够确保交易信息在各参与方之间安全地传递，在支付网关内部可以对互联网支付协议、特定的安全协议以及本地授权、结算等进行操作。可以说，支付网关在整个电子交易中起着举足轻重的作用，若没有支付网关，电子交易则无法实现。

支付者指商品或服务提供者开设账号所在的银行或其他金融机构。

CA 为持卡人、商品或服务提供者、支付网关发放并管理数字证书，以便后续身份认证。任意一次交易中，各参与方的身份均需 CA 进行认证，进而保障各参与方的合法权益，营造安全可靠的电子交易环境。

4.3.3.2 SET 协议的安全技术

SET 协议采用加密技术以保证传输数据的机密性，利用数字签名确保消息的完整性并对消息源进行认证，通过 PKI 中引入可信的第三方实现对交易参与方的身份认证，进而为电子商务交易过程提供安全保障。

1. 加密技术

SET 协议综合使用了对称加密算法和公钥加密算法，并结合对称加密算法加密速度快和公钥加密算法密钥管理机制完善的优点，对支付信息进行加密。

SET 采用的对称加密算法是 DES，公钥加密算法是 RSA。具体实现时，消息发送方首先利用 DES 算法对消息 P 加密，密钥为 KD，得到 $E_{\mathrm{KD}}(P)$，再使用接收方的公钥 PK，运用 RSA 公钥加密算法对对称密钥 KD 加密，得到 $E_{\mathrm{PK}}(KD)$。再将 $E_{\mathrm{KD}}(P)$和 $E_{\mathrm{PK}}(KD)$]发送至消息接收方。

接收方收到后，首先利用自己的私钥解密得到对称密钥 KD，再用 KD 解密 DES 加密后的密文，即可获取消息明文。由于接收方的私钥只有接收方拥有，黑客无法获取，从而保证了该加密机制的安全性。

2. 数字签名

SET 协议中的数字签名采用 RSA 公钥加密算法，消息发送方使用自己的私钥加密数据得到签名，接收方利用发送方的公钥解密，以实现对消息完整性及消息源的验证。数字签名中，因公钥与私钥的一一对应，保证消息发送者无法抵赖已发送的内容，提供了不可否认性功能。

SET 协议中数字签名的另一个重要应用是双重签名技术。电子商务交易过程中，持卡人订购商品的信息（OI）与具体支付指令（PI）一一对应，基于此点，商品或服务提供者可通过收到的 OI 是否合法有效以确定信息的发出者是否为持卡人，若合法有效，才能依照 OI 发货。而对于银行而言，也需验证和持卡人的 PI 相对应的 OI 是否真实有效，若验证通过，才会依据商品或服务提供者的要求完成支付。

双重签名[6]技术的应用既能预防商品或服务提供者核对持卡人支付指令时，擅自使用信用卡的账号信息，又能防止银行在验证持卡人的 OI 时，借机跟踪持卡人后续参与的交易。双重签名解决了上述问题，并且不影响商家、银行的验证要求。

双重签名的实现过程包含 4 步，具体流程如图 4-11 所示。

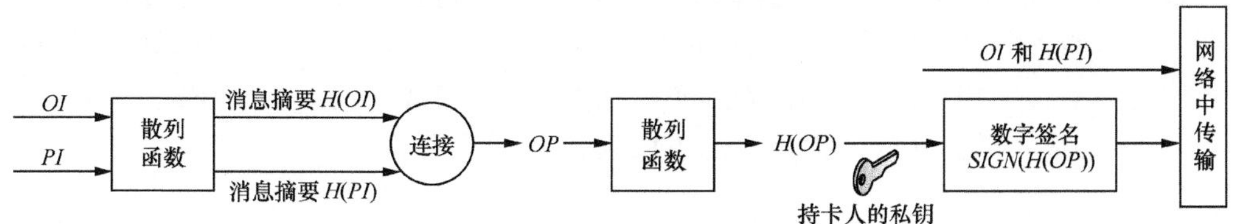

图 4-11　双重签名实现流程图

首先，持卡人利用散列函数对订购信息 *OI*、支付指令 *PI* 进行处理，生成消息摘要 *H*(*OI*)、*H*(*PI*)。

其次，连接 *H*(*OI*)和 *H*(*PI*)，得到消息 *OP*。

再次，利用散列函数生成 *OP* 的消息摘要 *H*(*OP*)。

然后，持卡人用自己的私钥对 *H*(*OP*)加密，得到数字签名 *SIGN*(*H*(*OP*))。

最后，持卡人在发送数字签名的同时，将另一个消息的消息摘要一起发送至接收方，以便接收方的后续认证。即持卡人将（*OI*，*H*(*PI*)，*SIGN*(*H*(*OP*))发送给商品或服务提供者，同时，将（*PI*，*H*(*OI*)，*SIGN*(*H*(*OP*))发送至银行。

商品或服务提供者、银行接收到后，需对双重签名进行验证，以持卡人将处理后的消息发送给商品或服务提供者为例，具体验证流程如图 4-12 所示。

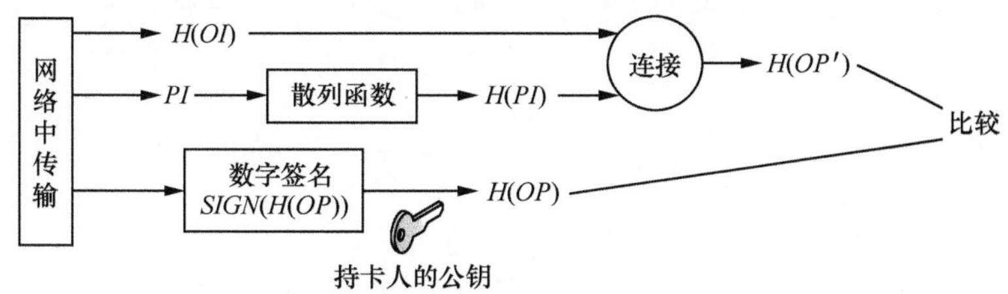

图 4-12　双重签名验证流程图（发送至商品或服务接收者）

首先，商品或服务提供者利用持卡人的公钥解密 *SIGN*(*H*(*OP*))，获取消息摘要 *H*(*OP*)；

其次，商品或服务提供者利用散列函数，求得 PI 的消息摘要 $H(PI)$，再将 $H(PI)$ 与 $H(OI)$连接为新消息 OP'；

然后，产生 OP'的消息摘要 $H(OP')$；

最后，比较解密后获取的 $H(OP)$与新生成的消息摘要 $H(OP')$，若二者相同，表明接收到的消息真实有效，且确实为持卡人发出。

双重数字签名中，商品或服务提供者只能获得支付指令 PI，而无法获取持卡人订购商品 OI 的具体信息，这由散列函数的不可逆性所决定。银行同样如此，只能读取 OI 和 $H(PI)$，无法获取 PI 的详细信息。

电子商务实际交易过程中，支付指令先由持卡人利用支付网关的公钥加密后，发送给商品或服务提供者，再由商品或服务提供者转发至支付网关。也就是说，由于支付网关私钥的唯一性，支付指令只有支付网关能够读取。商品或服务提供者能凭借 OI 和 PI 的双重签名 $H(OP)$、支付指令的消息摘要、$H(PI)$以及 OI，对支付指令 PI 的真实性以及消息发送方的身份进行验证。

3．认证机制

SET 协议利用基于 X.509 的 PKI（公钥基础设施）机制，引入可信的第三方，即 CA，实现了针对持卡人、商品或服务提供者、银行、支付网管的身份认证。该认证机制中，第三方认证中心会为交易的参与方颁发数字证书，其中包含认证中心的数字签名、参与方自己的公钥和私钥以及其他基本信息。参与方可利用认证中心的公钥，对认证中心的真实有效性进行确认。也就是说，SET 协议中，CA 中心为持卡人、商品或服务提供方、收单银行、发卡银行以及支付网关分别发放数字证书，进而保证电子商务交易的各参与方能够相互信任。

SET 协议中，数字证书以信任层次的方式实现认证。每个数字证书与实体的签名证书相关联，并且任一证书通过信任层次均能到达可信度较高的根认证中心，而根认证中心发布的证书一定有效。SET 协议中，CA 信任层次结构中第一层为根认证中心，第二层为区域认证中心，第三层包含持卡人认证中心、商家认证中心以及支付网关认证中心，其中，根认证中心的可信度最高，具体信任层次机构如图 4-13 所示。

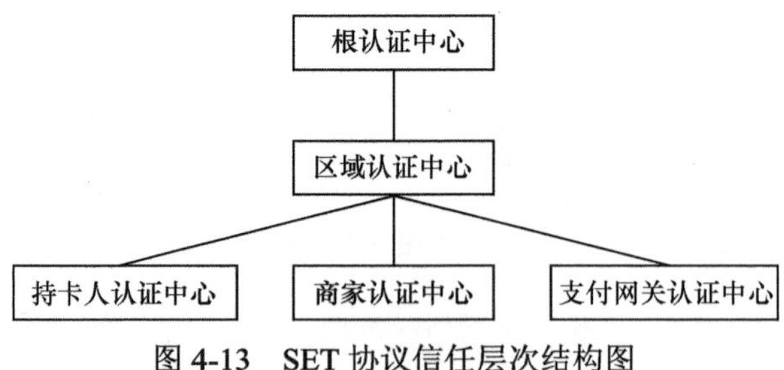

图 4-13　SET 协议信任层次结构图

4.3.3.3 基于 SET 协议的电子交易流程

基于 SET 协议的电子交易流程包含 7 个阶段[6]，具体流程如图 4-14 所示。

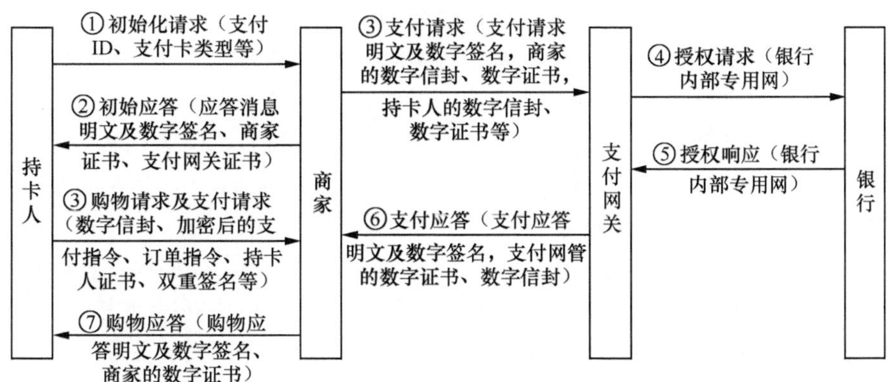

图 4-14 基于 SET 协议的电子交易流程图

① 第一阶段：持卡人初始支付请求与商家（商品或服务提供者）的初始应答阶段。

首先，持卡人通过 Internet 的网上商城浏览商家提供的商品或服务，在选定商品或服务后，启用支付软件，并且将初始化支付请求发送给商家，其中，初始化支付请求携带的参数有交易 ID、用于支付卡片的类型等。

在商家收到持卡人初始支付请求后，产生初始化应答 *rep*，并利用散列生成该初始化应答的消息摘要 $H(rep)$，再利用私钥生成数字签名，最后将数字签名连同初始化应答、商家的证书、支付网关的证书发送给持卡人。

② 第二阶段：持卡人验证初始应答并发出购物请求。

持卡人收到针对初始支付请求的应答消息后，先核查商家证书、支付网关证书的真实性。之后，利用商家的公钥对数字签名解密，得到消息摘要 $H(rep)$，再将接收到的初始化应答进行散列函数变换，得到新的消息摘要 $H'(rep)$。比较 $H'(rep)$ 与 $H(rep)$，若一致，则证明消息在传输过程中未被篡改。

之后，持卡人利用双重签名技术，通过订单指令 *OI* 与支付指令 *PI* 产生签名 $SIGN(H(OP))$，这里的订单指令 *OI* 和支付指令 *PI* 统称购物请求。同时，持卡人随机产生对称密钥 *KEY*，并利用对称密钥加密支付指令 *PI* 得到 $E_{KEY}(PI)$，利用支付网关的公钥 *GKP* 加密持卡人的账号信息 *INFO* 以及对称密钥 *KEY* 形成数字信封 $E_{KP}(INFO，KEY)$，最后持卡人将数字信封 $E_{GKP}(INFO，KEY)$、$E_{KEY}(PI)$、*OI*、持卡人的数字证书、双重签名 $SIGN(H(OP))$、$H(OP)$以及 $H(PI)$一同发送至商家，其中，$E_{GKP}(INFO，KEY)$、持卡人证书、双重签名 $SIGN(H(OP))$等信息后续将由商家转发至支付网关。

③ 第三阶段：商家验证购物请求并将支付请求等信息发往支付网关。

商家收到持卡人的购买请求后，先验证持卡人证书的真实性，若确认有效，则验证双重签名，防止消息在传输过程中被恶意篡改；若签名验证无误，则利用接收到的消息生成支付请求。然后，利用散列函数生成支付请求的消息摘要，并使用商家自己的私钥加密，形成商家支付请求的数字签名。上述过程之后，商家利用随机生成的对称密钥加密支付请求，得到的内容再用支付网关的公钥加密生成数字信封。商家把数字信封、商家支付请求的数字签名、商家的数字证书、支付请求以及从持卡人处接收到的 $SIGN(H(OP))$、$E_{KEY}(PI)$、持卡人的数字信封 $E_{GKP}(INFO，KEY)$、持卡人的数字证书等一同发送至支付网关。

④ 第四阶段：支付网关分别验证商家与持卡人发送的消息，向银行发授权请求。

支付网关接收到消息后，先核查商家的信息。首先验证商家证书的真实性，若确认有效，则利用私钥解密商家的数字信封，得到商家的对称密钥，再利用该对称密钥解密支付请求密文，获取原始支付请求。再将接收到的支付请求作散列变换得到新消息摘要，并利用商家的公钥解密支付请求的数字签名，获取支付请求的原始消息摘要，比较两次所得消息摘要，从而判断支付请求在传输过程中的完整性。

之后，支付网关验证由商家转发的持卡人相关信息。首先检查持卡人的证书是否真实，若没问题，则利用私钥解密持卡人的数字信封，获取持卡人的账号信息 $INFO$ 和对称密钥 KEY，再使用 KEY 解密 $E_{KEY}(PI)$，获取支付指令 PI。然后，验证双重签名 $SIGN(H(OP))$的完整性，若没问题，则将相关信息发送到银行；若未通过验证，则丢弃该信息。

⑤ 第五阶段：银行对支付网关的授权请求做出响应。

银行和支付网关之间的通信都是通过银行内部的专用网进行，该通信过程中，SET 协议不介入。银行收到支付网关的授权请求后，做出相应的响应，并通过银行专用网发送至支付网关，支付网关接收后，依据银行的扣款响应信息产生支付应答，并利用散列函数生成支付应答的消息摘要，再使用私钥加密生成数字签名。之后，利用随机生成的对称密钥加密支付应答，得到的内容连同对称密钥一并用商家的公钥加密生成数字信封。最后，支付网关将自己的数字证书、支付应答、数字信封、支付应答的数字签名以及加密后的支付应答一同发送到商家。

⑥ 第六阶段：商家验证支付网关的信息，发送购物应答。

商家接收支付网关的消息后，首先验证支付网关的数字证书，若无误，则使用自己的私钥解密数字信封，获取对称密钥和加密后的支付应答，再利用对称密钥解密获取支付应答，并求取该支付应答的消息摘要。另一方面，商家使用支付网关的公钥解密数字签名，获取支付应答的消息摘要，将两次得到的消息摘要作比较，若一致，则表明消息在传输过程中保证了完整性。

然后，商家生成购物应答消息，并利用散列变换得到购物应答的消息摘要，再使用私钥生成数字签名。最后，商家把商家的数字证书、原始购物应答消息以及数字签名一同发送给持卡人。若上述过程顺利完成，商家则向持卡人发货。

⑦ 第七阶段：持卡人验证商家信息，支付流程结束。

持卡人收到商家发送的消息后，首先验证商家证书的真实性，若无误，则先利用散列函数生成接收到的购物应答的消息摘要，再使用商家的公钥解密数字签名获取原始购物应答的消息摘要，比较两次得到的消息摘要，若一致，则证明信息在传输过程中未被恶意篡改。到此，电子支付交易流程结束。

4.3.3.4　SET 协议的安全性分析

SET 协议中使用了较为完善的加密机制、认证体系、数字签名技术等，为电子交易中传送的信息提供机密性、完整性、身份认证、不可否认性等安全保障，并且合理解决了电子商务交易中各参与方的信任关系。SET 协议与其他安全协议相比，具备的优点主要包含下述 3 个方面。

首先，对商家而言，SET 协议提供了维护商家合法权益的可靠安全机制，并且商家的运营成本也得到了降低；

其次，对于持卡人而言，SET 协议的应用帮助持卡人识别合法商家，并保证持卡人的信用卡账号信息不被未授权用户读取；

最后，对银行及其他发卡机构来说，利用 SET 协议完成信用卡网上支付过程，发生诈骗事件的可能性几乎为零。因此，该支付方式具有较好的发展前景。

在 SET 协议广泛应用于电子交易过程的同时，存在若干局限性，具体介绍如下。

一是 SET 报文消息结构复杂。由于 SET 规范较多考虑了美国的支付方式，因此，对其他国家而言，报文消息结构过于复杂，会影响 SET 协议后续进一步的普及。

二是 SET 协议中缺少保存证据的机制。SET 提供了针对各参与方的身份认证机制，但交易完成后，若参与方之间出现争议，缺少有效的机制进行仲裁，也就不能保证电子交易协议的公平性。

三是 SET 协议缺少针对电子交易过程中各阶段的状态描述，因此，持卡人、商家、支付网关等参与者无法把握交易状态。

4.3.3.5　SSL 协议与 SET 协议的异同点

SSL 协议是面向连接的安全协议，通过在客户端与服务器之间建立安全通道，为双方通信提供安全保障。而 SET 协议为多方共同参与的报文协议，规定了使用信用卡支付时，持卡人、商家、银行具体行为规范，进而保障持卡人、商家、银行共同参与的信用卡电子支付的安全性。SSL 协议与 SET 协议的异同点具体表现为下述几个方面。

1. 功能方面

SSL 协议和 SET 协议在 OSI 七层模型中所处的位置、具备的功能都不相同。SSL 协议为基于传输层的通用安全协议，在电子商务支付过程中，仅参与了一部分内容。并且，SSL 协议自身不具备服务性、商务性、集成性等特征。与 SSL 协议相比，SET 协议在 OSI 七层模型中位于应用层。同时，SET 协议规范了整个电子商务支付流程，并且对持卡人、商品或服务提供者、支付网关、银行通信过程中采用的加密机制、认证机制均做出规定，从而保证了电子支付的服务性、商务性、集成性。

2. 安全性

安全性是电子支付顺利完成的前提之一。对于网络传输中的消息而言，只有真正为消息提供机密性、可用性、完整性、不可否认性的保障，才能表明该安全机制是切实可行的。

SET 协议中使用公钥加密机制进行加密，利用消息摘要算法、数字签名实现传送信息的完整性，并通过可信的第三方认证中心 CA 实现对交易参与方的身份认证。相较 SET 协议，SSL 协议同样能够实现信息的机密性、完整性以及身份认证，但 SSL 协议中不具备数字签名功能，也就无法提供不可否认性服务。因此，SET 协议在电子商务支付过程中能够提供更加完善可靠的安全性。

3. 加密机制

SET 协议与 SSL 协议的加密机制中，双方的侧重点各不相同。SSL 协议会对通信双方之间传输的所有数据加密，故数据传输耗时较长。相比之下，SET 协议仅对网络中传输的机密信息加密，即加密的对象是有选择的。同时，SSL 中密钥长度过短，存在安全隐患，无法应用于安全要求较高的情况。

4. 系统负载

相较 SSL 协议，利用 SET 协议实现的电子支付流程更加复杂，系统更为庞大，因此，会出现系统负载过重、对系统性能造成影响的问题。而 SSL 协议不存在上述问题。

5. 对平台的支持

平台兼容性方面，SSL 协议和 SET 协议皆支持多个平台，以尽可能地满足使用者的要求。就 SSL 协议而言，它支持几乎所有浏览器，并能够适用于包括 Windows、Linux、Unix 在内的多种操作系统。同样，SET 协议也支持 NT、Unix 等多种操作系统的使用。

另外，协议自身的开放性方面，与 SSL 相关的产品较多，并且产品的各方面性能已较为稳定，能够为用户提供较好的服务。相较 SSL 协议，SET 协议相关产品不多，对不同平台的兼容性也不如 SSL。因此，SSL 协议自身的开放性要优于 SET 协议。

6. 便捷性及应用场景

SET 的使用必须安装相应的软件，而 SSL 已集成于浏览器中，为用户的使用提供了便捷性，更为人性化。另一方面，看两种协议的应用场景，SSL 协议主要为 Web 应用提供服务，而 SET 协议在信用卡支付中提供安全服务。因此，可得出结论：在单纯的 Web 应用中，例如浏览网页、收发电子邮件，可直接使用 SSL 协议；而对于多方共同参与的电子交易过程，对安全性的要求较高，则必须使用 SET 协议。

由以上分析可得，由 SSL 协议自身的开放性和便捷性所决定，该协议相比 SET 协议使用上更为容易，故利用 SSL 协议实现的支付在某种程度上为电子商务带来了便捷，但是，该协议自身的安全性不够，不能应用于复杂的电子支付场景。这种情况下，SET 协议应运而生，规定了电子支付过程中各参与方应完成的操作，并规范了参与方之间的操作接口，为各参与方提供可靠的安全保障，有效降低了交易风险。

SET 协议因自身可靠的安全性以及主流信用卡厂商的积极推动，在基于互联网的信用卡支付中将占据主导地位。但不得不承认的是，SET 协议较为复杂，因此，该协议的普及还需要时间。SSL 协议凭借便捷性、适用性强的优势，将与 SET 共存。这样一来，对于商品或服务提供方而言，需要同时具备支持 SET 协议与 SSL 协议的能力。

4.3.4 WTLS 协议

WTLS（Wireless Transport Layer Security，无线传输层安全）协议是 WAP 中的安全层。WTLS 在 TLS 的基础上产生，为适应无线环境做了相应的完善和改进。WTLS 提供了一个安全的传送服务接口给 WAP。同时，WTLS 还提供了管理安全连接的一个接口（例如，可以在产生或者终止安全连接时使用）。

WTLS 主要用于为通信实体提供数据机密性、完整性以及鉴权服务，并提供针对拒绝服务攻击的防范机制。

机密性：WTLS 协议能够保证移动终端与应用服务器之间传输数据的机密性，纵使黑客监听到数据流也无法破译。这种机密性通过对通信信道进行加密实现，加密算法与计算共享密钥所需的参数均在客户端和服务器握手阶段交换。WTLS 中，密钥交换是匿名的，下文将具体介绍。

完整性与鉴权：WTLS 协议能够保证移动终端与应用服务器之间传输数据的完整性，并提供鉴权服务。数据完整性用以确保接收方收到的消息与发送方发出的完全相同，数据未经不法分子篡改，具体通过使用消息鉴别码（MAC）得以保证，而鉴权机制是利用证书实现的。

拒绝服务攻击防范：WTLS 协议能够检测并拒绝要求重传的大数据流，进而防范了拒绝服务攻击。

4.3.4.1 WTLS 协议简介

WTLS 协议包括一个记录层（Record Layer）和 3 个控制协议。记录层对上层传下来的数据分组进行加密后传入下层，对下层上传的数据分组解密后发往上层。3 个控制协议分别是握手协议、告警协议和改变密码规定协议。握手协议用于进行双方的身份认证并且协商记录层加/解密时使用的参数；告警协议用于在 WTLS 工作中（包括握手过程和记录层的加/解密）出现异常时通知通信的另一方；改变密码规定协议用于握手过程中将新协商的读写密钥状态切换到使用状态。控制协议的数据也要经过记录层的加/解密。

当客户和服务器需要安全通信时，它们需要先通过握手协议验证双方数字证书和协商通信所用的安全参数，这些安全参数包括加/解密算法、加/解密密钥、MAC 算法、MAC 密钥、序列号模式、密钥刷新周期等。握手流程[5]如图 4-15 所示。

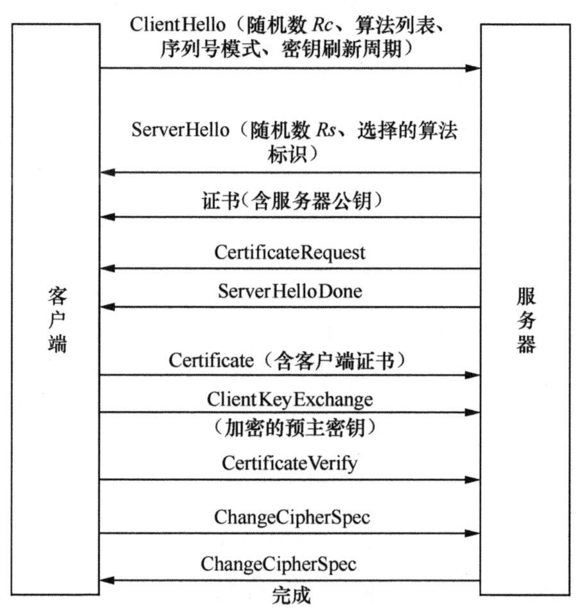

图 4-15 WTLS 协议握手流程图（服务器要求验证客户身份的情况）

客户端首先产生一个客户随机数 *Rc*，将 *Rc* 和客户端所支持的算法列表、建议的序列号模式和密钥刷新周期通过 ClientHello 消息发送到服务器端。

服务器保留 *Rc*，并在客户端给出的算法列表中选择一种算法，然后产生一个服务器随机数 *Rs*，并将自己选择的算法标识与 *Rs* 一起放在 ServerHello 消息中发送给客户端。同时，服务器还需要将包含数字证书的 Certificate 消息发送给客户端，以便客户端能验证服务器的身份。如果服务器的数字证书不用于加密（例如是个签名证书），服务器还要自己产生一对公/私钥对，将公钥通过 ServerKey-Exchange 消息发送给客户端。如果服务器需要验证客户端身份，还会发送一个 CertificateRequest 消息。最后服务器发送 ServerHelloDone 消息表示握手的 Hello 阶段完成。

如果服务器要求验证客户端身份，客户端需要利用 Certificate 消息将自己的数字证书发送给服务器。同时，客户端生成随机数 *Rpre* 作为预主密钥，用服务器的公钥加密 *Rpre*，然后利用 ClientKeyExchange 消息发送给服务器。客户端还需对服务器的证书进行验证，并通过 CertificateVerify 消息发送验证结果。最后，客户端用一个 PRF（伪随机函数）对 *Rc*、*Rs* 和 *Rpre* 进行计算并分割得到加/解密密钥对以及 MAC 密钥，向服务器发送 ChangeCipherSpec 消息，然后将加密密钥和加密 MAC 密钥从准备状态切换到使用状态，并发送 Finished 消息，Finished 消息用刚协商好的密钥加密。

服务器收到 ClientKeyExchange 消息后，也用 PRF 对 *Rc*、*Rs* 和 *Rpre* 进行计算并分割得到加/解密密钥和 MAC 密钥。在收到 ChangeCipherSpec 消息后将解密密钥和解密 MAC 密钥从准备状态切换到使用状态。然后服务器也向客户端发送 ChangeCipherSpec 消息，并将加密密钥和加密 MAC 密钥从准备状态切换到使用状态。最后发送一条 Finished 消息，Finished 消息也使用刚刚协商好的密钥进行加密。

客户端收到 ChangeCipherSpec 消息后将解密密钥和解密 MAC 密钥从准备状态切换到使用状态，整个握手过程就完成了。

握手流程完成后，双方已经约定好了算法和密钥，下面记录层就使用这些算法和密钥来进行加/解密。

4.3.4.2　WTLS 协议与 SSL/TLS 的比较

因为 WTLS 是参考 SSL/TLS 设计出来的，所以它和 SSL/TLS 很相似，但针对移动终端的特点做了一些修改。修改并非技术需求，主要是针对移动终端设备的运算能力和存储能力有限而进行的简化。

WTLS 设计时主要考虑以下几个方面的内容。

一是底层协议的类型。由于 SSL/TLS 协议位于传输层 TCP 协议之上，且 TCP 协议面向连接；WTLS 协议通常工作于面向无线数据报协议（WDP）的传输之上，并且它对面向连接和面向数据报的传输均支持。同时，WTLS 需要对分组丢失、重复及乱序等问题进行处理，而这些问题在 TCP/IP 协议中一般是由 TCP 处理的。因此，WTLS 设计时也借鉴了 TCP 中的一些处理方式，例如对传输包编号和使用滑动窗口等。

二是承载能力有限。因为 WAP 可能会在各种不同的传输方式上承载，有些承载上数据来回交互可能需要很长时间，发送一个查询到接收响应可能超过 10 s。因此，WTLS 协议要在保证安全的前提下尽量减少通信双方协议交互的次数。另外有些承载的数据传输率比较低（例如，在 SMS 承载上有效的传输率可能低于 100 bit/s），所以协议的开销必须最小化。

三是终端能力有限。移动终端的性能要远低于普通的计算机，它们的处理能力和内存容量都很有限。例如，在 Palm Pilot 和其他一些低性能的设备上，做一个 RSA 密钥交换需要超过 30 s 的时间。所以在选择算法时应尽可能选择计算量和内存需求量都比较低的算法。与 RSA 相比，椭圆曲线算法更容易计算，也更适合移动终端。

出于以上考虑，WTLS 协议在 TLS 协议的基础上做了下述改动。

① 使用序列号来增强连接可靠性。握手时协商双方的序列号模式可以在记录层明文数据分组中加入分组序列号。序列号模式有 3 种，即隐式序列号、显式序列号和无序列号。隐式序列号要求传输层是可靠的，序列号将用作 MAC 计算的输入。显式序列号模式的序列号必须在记录层消息的明文中被发送；当工作在数据报传输协议上时，必须使用这种序列号模式；序列号可以不连续，但必须是单增的，每个序列号都必须比前一个记录大。无序列号模式不使用序列号，这种模式将使系统容易受到重放攻击，如果使用这种模式，上层协议必须采取措施来防止这种攻击。序列号的主要作用是处理分组丢失、重复和乱序，并用于滑动窗口控制。

② 使用密钥刷新机制来提高会话安全性。密钥刷新定义了一些连接状态参数（加密密钥、MAC 秘密和 IV）的更新间隔。密钥刷新（r）是一个 8 位的无符号整数。通信密钥每隔 2^r 个消息被更新。例如，如果密钥刷新等于 10，那么每隔 1 024 个消息需要更新一次密钥，即当序号为 0、1 024、2 048…时进行更新。如果密钥刷新等于 0，则每个消息都使用不同的密钥。新的密钥不需要握手，它通过伪随机函数（PRF）对主密钥和消息序号再加上一些其他的参数进行计算得出。

③ 降低许多结构成员的大小（或上限）。例如，连接安全参数中的主密钥、客户随机数和服务器随机数，WTLS 分别只有 20 Byte、16 Byte、16 Byte，而 TLS 则有 48 Byte、32 Byte、32 Byte。

④ 告警协议中增加了许多新的告警类型。告警类型是 WTLS 记录层支持的内容类型之一，告警消息传送的内容为信息错误的严重程度及告警描述。记录协议的告警消息主要有警告、危急、致命 3 种。如果告警消息的类型是致命，则双方将结束安全链接。

4.3.4.3 WTLS 协议的应用

虽然 WAP 设计时参照了 Internet 中成熟的协议，但它跟这些协议并不兼容。如果 WAP 设备需要访问 Internet 上的应用服务器，就需要 WAP 网关在 WAP 协议栈和 Internet 协议栈之间做转化。由于无线信道带宽远低于有线信道，WAP 网关需要将 WAE 数据（WML 与 WMLScript 等）做特殊的编码处理，使其适合于低带宽的网络上传输，并且使得资源贫乏的终端设备易于处理。WAP 协议栈模型[6]如图 4-16 所示。

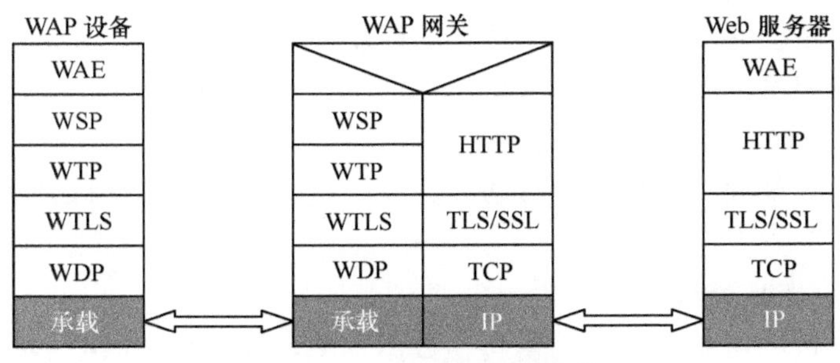

图 4-16　WAP 协议栈模型

WAP 网关首先要对 WAP 设备传来的数据分组按照 WAP 协议栈自下向上进行拆包，得到应用环境数据，再将这些数据按照 TCP/IP 协议栈底要求重新打包，然后通过有线 IP 网络发往目标服务器；返回的数据按照与前面相反的拆包/打包顺序处理即可。

WAP 设备能够通过 WTLS 协议与 WAP 网关建立一段直接的安全连接，WAP 网关通过 TLS/SSL 协议与 Web 服务器建立一段直接的安全连接。这两段直接的安全连接由 WAP 网关接合起来，保证 WAP 设备到 Web 服务器之间的安全通信。

这种模型与有线 Internet 中的模型很相像。在有线网络中，终端客户计算机和 Web 服务器之间的通信也要通过一系列的网关、代理和路由器等中间设备。客户计算机通过 TLS/SSL 和 Web 服务器建立安全连接，使得双方通信数据得以安全传送。但是，这种模型与有线 Internet 中的模型有一点本质的不同。有线网络中的中间设备一般只在链路层和网络层进行分组转发，并不关心分组的具体内容，也就是说，数据分组不会被中间设备解密，数据明文在安全链路中间并不出现。而在 WAP 安全通信模型中，由于两边协议栈的不兼容，WAP 网关需要做较高层次的拆包/装包，所以不可避免地要对通信双方的数据进行解密和再加密。也就是说，作为通信中继的 WAP 网关，能够看到通信数据的明文，但是 WAP 网关却不为 Web 服务器的拥有者（提供服务的企业）所拥有。

通常情况下，运营商拥有 WAP 网关的所有权，而 Web 服务器的所有权属于企业。网关供应商与网络运营商都积极采取措施保证 WAP 网关的安全，他们保证磁盘上不读写数据明文，并且加/解密操作均在内存中以最快的速度完成，这些进程占用的内存在释放前会被覆盖，进而为数据安全性提供可靠保障。上述安全措施都非常可靠，并且能够满足大部分人的需求。但是，部分人仍持怀疑态度，他们认为，虽然著名软件生产商与技术最强的编程人员都在竭尽全力解决安全问题，但不同产品的安全漏洞却不断暴露。基于此，有人提出 WAP 网关自身潜在的安全风险迟早会暴露，可能由于软件的脆弱性，可能由配置和管理方面的错误引起，也可能因员工的蓄意操作引起。

4.3.4.4 WTLS 协议的安全措施

WTLS 协议的安全措施从确保传输数据的机密性、完整性以及对通信各方进行身份认证 3 个方面加以分析[7]。

1. 数据机密性措施

WTLS 协议的机密性通过加密传输数据实现。客户端与服务器的握手过程结束后，根据双方协商好的加密算法，利用共享密钥对要传输的数据进行加密后，在网络中传输，从而为数据提供机密性保证。

2. 数据完整性措施

WTLS 中，通信双方通过对握手阶段的结束消息进行验证，进而判断数据的完整性。结束消息为客户端与服务器在握手阶段的最后一条消息，也是通信双方协商好加密算法、加密密钥等规则后，第一个用新规则加密的消息。

具体实现过程是，通信双方分别计算对方的结束消息值，在接收到对方的结束消息后，与本地计算出的消息做对比，若一致，说明消息在传输过程中未被篡改，完整性得以保证。

3. 身份认证措施

WTLS 中规定了以数字证书为基础的身份认证机制。数字证书不仅能够对用户的身份进行认证，也能提供不可否认性服务。

WTLS 支持的证书包括 3 类：X.509、WTLS 以及 X.968。相较 X.509 与 X.968，WTLS 证书对于移动终端等存储容量较小的设备更为适用。证书携带的信息有用户的基本身份信息、用户的公钥以及它们的数字签名。

除上文提到的 3 个协议，S-HTTP（Secure Hyper Text Transfer Protocol，安全超文本传输协议）是 HTTP 的一个扩展，它允许在互联网上进行文件的安全交换。各个 S-HTTP 文件要么是加密的，要么包含数字验证，或两者兼备。对于给定的文档，S-HTTP 可作为另一著名安全协议加密套接字协议层（SSL）的替代选择。其中的主要区别在于，S-HTTP 允许客户发送证书授权给用户，使用 SSL 只能授权给服务器。S-HTTP 更可能用于服务器代表银行并要求用户提供比用户名和密码更安全的验证码的情形。由于 S-HTTP 仅对 HTTP 层的消息进行加密，而 SSL 可以对 IP 层所有数据进行加密，同时 S-HTTP 没有被 IE 和 Netscape 两大浏览器所接受，其流行度与 SSL 有一定差距[8]。

STT（Secure Transaction Technology，安全交易技术）协议由 Microsoft（微软）公司提出，STT 将认证和解密在浏览器中分离开，用以提高安全控制能力。目前应用较少。

参考文献

[1] The SSL Protocol Version 3.0 Internet——Draft[S]. Transport Layer Security Working Group，2004.

[2] ZHANG Y Q. Layer Protoc01. State Ranninglode Analysis of the Security Socket Laboratory of Information Security[Z].

[3] 王卓. 电子商务安全支付协议的研究[D]. 长春理工大学，2008.

[4] FREIER A O, KARLTON P, KOCHER P C. SSL Protocol Version3.0[S].

[5] 徐静. 电子商务环境中基于 SET 协议的电子支付平台的研究[D]. 武汉理工大学，2003.

[6] 吴昊. 安全电子交易协议研究与实现[D]. 华中科技大学，2006.

[7] 陈卓，洪帆. 电子商务中两种安全支付协议 SSL 和 SET 的研究和比较[J]. 计算机工程与应用，2003, (4).

[8] S-HTTP (Secure Hypertext Transfer Protocol) [EB/OL]. http://www.linktionary.com/s/shttp.html.

第 5 章 手机支付安全

5.1 手机支付对终端的安全需求

随着手机支付的日益普及，该支付方式带给用户极大便捷性的同时，带来的安全威胁也不容小视，尤其在终端和卡方面。本节在介绍手机支付安全威胁的基础上，提出具体安全措施，以解决手机支付对终端和卡的安全需求。

用于手机支付的终端潜在的安全威胁包含下述几个方面。

1. *传统业务带来的安全威胁*

手机终端固有的传统业务包含短信、彩信、话音等。在用户通话或者利用短/彩信方式完成信息传递时，黑客可能会利用先进的技术手段窃取其中的关键信息。不得不承认的是，科学技术日益翻新的今天，该类安全威胁是存在的。

同时，不法分子往往利用诈骗电话或群发短信的方式诱骗用户，最终达到骗取用户钱财的目的。该类安全事件层出不穷，令人防不胜防，已成为当前最受关注的终端安全威胁。此外，终端固有的 GPS 业务包含定位功能，可能被不法分子利用进而获取并追踪用户的位置信息。

2. *存储带来的安全威胁*

当前，移动终端上往往存储着短信、通讯录、备忘录、照片等个人信息，有的用户甚至将银行卡账号信息存储于手机中。若用户不慎将移动终端遗忘在办公室、餐厅等地方，终端中存储的个人信息很有可能被泄露。另一方面，若用户删除了某些信息，不法分子仍可能利用数据恢复软件恢复之前存储于终端的信息。

云存储的出现为用户备份信息提供了很大的便捷性，仅需 2 min 即可完成将通讯录从手机终端传至云端服务器，但同时也带来了信息泄露的安全隐患。

3. *移动终端丢失带来的安全威胁*

不论移动终端是因用户个人原因丢失，还是被不法分子盗取，都会导致存储于移动终端的所有用户信息被泄露。同时，不法分子可能利用安装于移动终端的支付软件完成支付，带给用户严重的经济损失。

4. 操作系统漏洞带来的安全威胁

操作系统是移动终端最重要的组成部分，终端存在的诸多安全隐患均与操作系统相关。黑客往往利用操作系统的漏洞轻而易举地盗取用户的机密信息，获取 Root 权限控制终端，伪装成合法用户使用应用软件，甚至完成移动支付，后果不堪设想。当前，终端操作系统存在的安全隐患主要集中于操作系统自身漏洞、操作系统后门以及 API 滥用 3 个方面[1]。

对于移动终端操作系统而言，其自身存在诸多系统安全漏洞，有已知的，也有未知的。黑客能够利用操作系统漏洞发起远程攻击，进而达到修改终端应用软件、窃取用户个人信息的目的，甚至控制多台用户终端发起大规模的网络攻击，类似 PC 终端的 DDoS 攻击。

操作系统后门对于普通用户而言是完全透明、未公开的，系统设计者能够利用它秘密出入系统，进而监测用户行为，获取用户的敏感信息甚至控制系统等。部分移动终端制造厂商承认其在操作系统中留有后门，然而，他们利用后门进行何种操作则不得而知。这个问题会对用户隐私造成侵害。

操作系统 API 的滥用也会导致严重问题。移动终端操作系统提供给开发者开源的 API 接口以及工具包，在为诸多开发者带来极大便捷的同时，可能被黑客利用以破坏终端的操作系统、盗取重要信息等。显然，这与 API 接口以及工具包提供者的意愿背道而驰。

同时，一些用户通过“越狱”、刷 ROM 的方式修改移动终端原生操作系统，殊不知，这些修改会对移动终端自身安全体系造成破坏，木马、病毒等恶意代码会乘虚而入，能够对用户进行远程控制、窃取重要信息或者发起网络攻击，具有极大的危害性。

5. 无线网络带来的安全威胁

当用户使用移动终端接入无线网络时，在浏览网页、社交聊天、网上购物的过程中，均有感染木马程序、病毒的可能性。而近期发生的安全事件中，黑客利用路由器后门漏洞或者通过网络钓鱼的方式诱骗用户，进而盗取用户支付卡账号信息多发。

6. 移动终端应用软件带来的安全威胁

移动终端应用软件的种类日益丰富、更新周期较短，针对移动应用商店的审核机制不够完善，对应用软件安全性的检测不够全面，使得黑客能够将木马等恶意代码捆绑于应用软件中，用户在下载应用软件时，恶意代码也同时植入移动终端。之后，恶意代码往往在用户不知情的情况下运行于后台，利用终端中支付应用软件的相关信息以及用户键入键盘的信息，进而获取用户的机密信息，包含支付卡账号、PIN 码等。恶意程序甚至可能篡改客户端的重要信息，包括欲转入账户的账号、转账金额等。

恶意软件的数量近年来呈现出大幅度增长态势，尤其是 Android 平台。如图 5-1 所示为安管云开放平台检测的 2012～2014 年我国 Android 手机新增恶意软件数量。

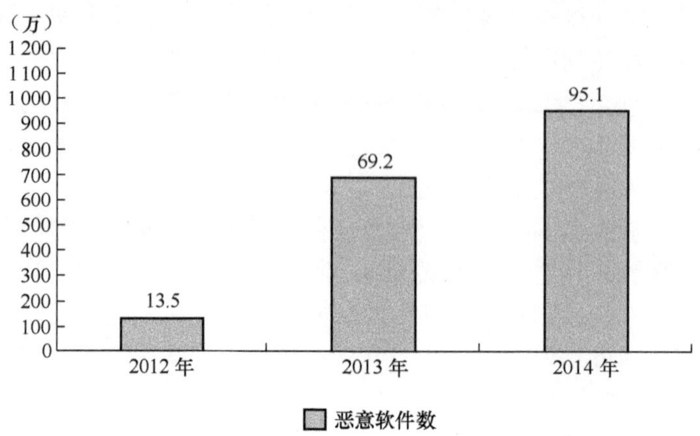

图 5-1 2012～2014 年我国 Android 手机新增恶意软件数量图

同时，反编译、二进制代码等技术的发展，使得黑客在得到终端应用软件的可执行程序后，能够进一步解析及修改，并捆绑恶意代码，进而得到新的可执行程序，并诱骗用户下载安装。该方式中，新应用具备原有应用的全部功能，对用户的诱骗性较强。

针对上述移动终端在手机支付过程中面临的安全威胁，目前主要采用的安全措施包含下述 6 个方面[2]。

1. 采用端到端的安全加密方法

手机支付过程中，诸多信息皆在互联网上传输，一旦加密机制不够严谨，黑客便会乘虚而入，窃取网络中的重要信息，甚至恶意篡改。因此，若采用点对点的加密机制，不足以保证整个传输过程中信息的安全性，需采用端到端的加密方式，进而为手机支付提供安全可靠的加密方式，如图 5-2 所示。

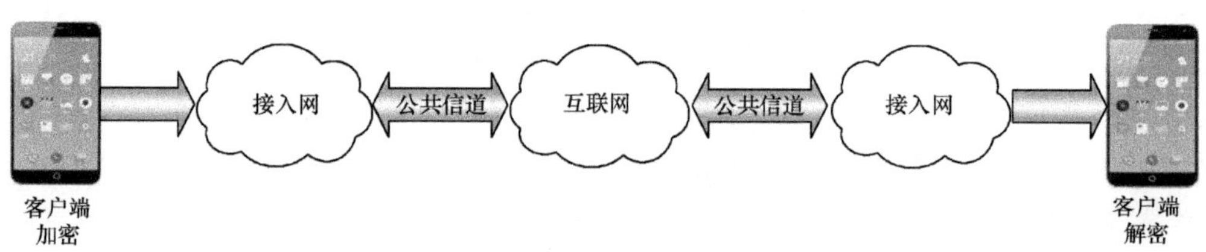

图 5-2 端到端加密示意图

2. 保证客户端输入数据的安全性

为了防止黑客窃取客户端输入的重要信息，包含信用卡账号信息、PIN 码等，要保证输入键盘能够过滤关键信息，也就是说，仅显示非密码字符信息，对于密码而言，统统显示“*”。该机制能够提供安全保障，如图 5-3 所示。

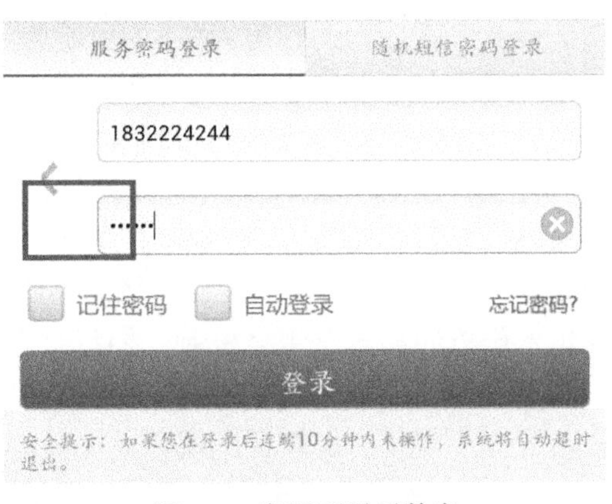

图 5-3　密码不显示数字

3. 建立完善的身份认证机制

为防止移动终端被不法分子盗取后使用其中的支付软件进行支付，必须建立安全可靠的身份认证机制。对客户端的验证信息需包含用户的账号信息、密码以及验证码等。常用的身份认证方式有手势密码、指纹识别等，目前能够保障账户安全，如图 5-4 所示。

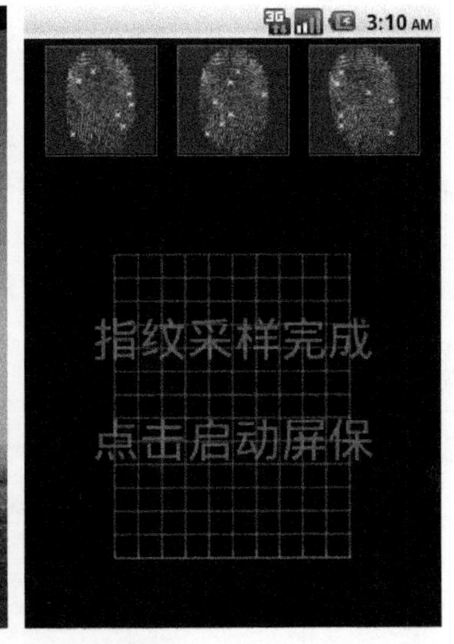

图 5-4　高级保护措施

4. 建立集中的应用软件发布、审核和管理中心

由于当前移动终端应用软件能够通过应用商店、网站、论坛等诸多方式下载获取，但在监管、应用软件的安全检测方面存在着不足，致使某些论坛、网站上下载的部分 ROM 捆绑着恶意代码，使得用户下载该应用后，不法分子能够轻易获取对终端的控制权。因此，为了防止上述情况的发生，必须建立较为完善的应用软件审核、监管机制，对软件自身的安全性进行核查，即第三方应用程序需要先通过多重测试、审核、认证才能上线，保障用户的合法权益。同时，监控第三方应用对通讯录、短信、支付应用软件等重要 API 的访问，尽量避免窃取用户隐

私数据及恶意订购的行为。图 5-5 所示为 App Store 应用发布的审核机制示意图。

5. 加强针对平台的安全管理

需要针对运营商、应用软件提供商、移动终端制造厂商等制订不同的安全策略。同时，对于较为重要的系统文件和敏感数据，需提供备份机制和数据恢复机制，并且该恢复机制仅对授权用户有效。图 5-6 所示为市场常见移动智能终端数据的恢复应用。

6. 建立可靠的安全机制保证数据安全

对于数据而言，系统存储数据采用分级的方式并且存储区域相互隔离，只有获得授权的程序或用户才能访问，严格限制针对数据信息的访问权。同时，要具备彻底删除数据的能力，使得已删除的数据不会被黑客利用工具恢复还原。由于外置存储设备的安全风险较高，重要数据、机密文件尽量不要存储于外置设备中。此外，系统应提供用户远程控制的功能，例如远程锁定等控制措施。图 5-7 所示为 iCloud 远程数据管理机制。

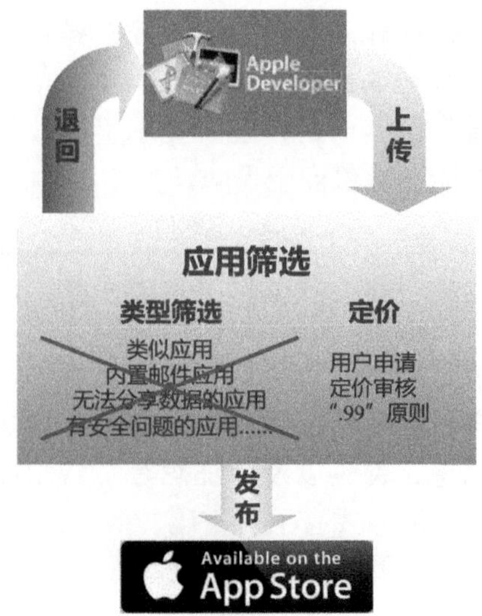

图 5-5 App Store 的应用上架审核机制

图 5-6 数据备份与恢复工具

图 5-7 iCloud 远程删除数据

5.2 基于 RFID 的手机支付

RFID（Radio Frequency Identification，射频识别）技术，也称无线射频识别，是一种利用无线电信号对特定对象进行识别并实现读和写的无线通信技术，该技术的实现不需要系统与特定对象直接的物理接触即可完成。

就定义来看，RFID 技术与条码扫描相似，但二者也有差异性。条码扫描技术需要条形码附着于目标对象，再凭借扫描读写器把条形码上的信息传至扫描读写器，该过程利用光信号实现。相比之下，RFID 技术中的读写器以及依附于目标对象上的标签更加专业，RFID 标签传送信息至读写器时依靠的是频率信号。

5.2.1　RFID 的应用系统组成

在不同的应用场景下，RFID 应用的系统组成略有不同，但一般都包含三大部分，分别为电子标签、阅读器以及数据交换与管理系统。

电子标签内存储着特定格式的数据，具体应用时，电子标签贴付于目标物体的表面以便识别。电子标签的组成元件包含芯片与耦合元件，芯片中存有存储器、加密逻辑等电路。存储器的容量大小不等，差别较大，小到几比特，大到几千比特均可，存储的数据类型可以是永久性的，也可以是非永久性的。其中，永久性数据是标签的唯一身份标识，无法修改；而非永久性数据的作用是存储用户数据，一般写于 EEPROM 等可重写的存储器内。电子标签的主要功能为使读写方式智能化，并对通信过程中的数据进行加密。

阅读器也称查询器、读写器，主要组成模块包含控制模块、高频模块、天线及与计算机连接的通信接口（如 RS 485、RS 232、RJ 45 等）。阅读器的主要作用为控制射频模块将读取信号发送至标签，并对标签的应答进行接收，在解码标签的对象标识信息后，把对象标识信息以及其他一系列相关信息一同传送至主机以便后续处理。

数据交换与管理系统的功能为存储及管理数据信息、读写控制标签等。

5.2.2　RFID 的工作原理

RFID 技术的工作原理为：要发送的信息编码后由阅读器加载在特定频率的载波信号上向外发送，阅读器工作区域内的电子标签接收到上述脉冲信号后，由标签内的芯片电路对该脉冲信号进行调制、解码、解密等操作后，判断命令请求、密码、权限等内容。如果是读命令，控制逻辑电路则从存储器中读取有关信息，经加密、编码、调制后通过卡内天线再发送给阅读器，阅读器对接收到的信号进行解调、解码、解密后送至中央信息系统进行有关数据处理；若为修改信息的命令，有关控制逻辑引起内部电荷泵提升工作电压进，而供擦写 EEPROM 中的内容进行改写，若经判断其对应的密码和权限不符，则返回出错信息[3]。

RFID 技术利用无线射频方式在阅读器和射频卡之间进行双向数据传输，进而实现对目标对象的识别以及双方的数据。相较条形码、智能卡，RFID 的优点包括不需直接接触、读写速度快、效率高、不受周围环境限制以及使用方便等，如图 5-8 所示[4]。

RFID 技术的出现使得信息技术领域出现了巨大变革。所有物品均可通过该技术实现互相关联，并且相互之间可以交流，形成一个大的网络——物联网。在物联网中，物品不需要人的介入即可实现相互交流，也就是针对物品的自动识别、信息的共享。

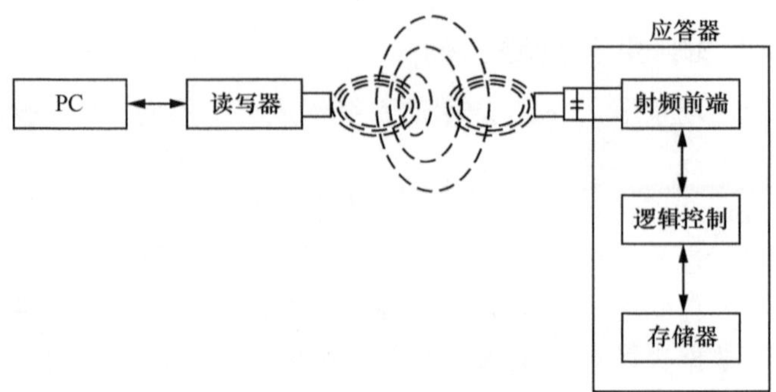

图 5-8　RFID 原理示意图

RFID 应用的领域较为广泛，给诸多领域均带来了巨大的变革，较为典型的包含下述几方面：在门禁等安全管理领域，取代传统意义上的接触性刷卡方式，仅依靠感应，便能够读出并识别刷卡人的相关信息，进而决定是否允许其通行；在交通运输领域，RFID 技术应用于高速公路使用费的交付，提取托运行李等方面；在医疗领域，当前供应链上暴露出的诸多问题均可通过 RFID 技术解决，包括防止销售假药，完善针对库存的管理流程等；在金融领域，部分主流信用卡厂商将发行依靠 RFID 技术实现的感应式信用卡，在不刷卡的情况下便能完成贷款支付。

5.2.3　RFID 技术在移动电子商务支付中的应用

RFID 技术的诞生为移动电子商务支付的进一步发展带来了新的机遇。由于 RFID 能够识别任意物品的独有身份，之后以无线数据传输的方式使得所有商品的详细信息均能够被掌握。与此同时，物联网也为移动电子商务支付的后续进展提供了较好的支撑平台。RFID 技术与物联网的发展解决了移动电子商务支付中技术上的难题，以此为基础，基于 RFID 实现的电子商务支付模式将发挥出较大的优势，移动电子商务也会逐步取代传统电子商务。

手机近距离支付具有较好的发展潜质，能够创造巨大的价值。当前，RFID 技术在移动电子商务支付中的应用主要包含 4 种技术，分别是 NFC 技术、FeliCa（Felicity Card，幸福卡片）技术、RFID-SIM 卡技术以及双界面 SIM 卡技术。4 种技术的使用各有优劣势，NFC 与双界面 SIM 卡技术需要较大的天线面积，且用户需要换手机，对用户体验有所影响；FeliCa 技术虽然较为成熟，但至今尚未公开，不利于控制产业链受益；与上述几种技术相比，RFID-SIM 卡技术更加适应当前我国移动电子商务支付的发展现状[5]，下文对 FeliCa 技术、RFID-SIM 卡技术以及双界面 SIM 卡技术详细介绍（NFC 技术将在下节详细介绍）。常见的 RFID 应用场景[6]如图 5-9 所示。

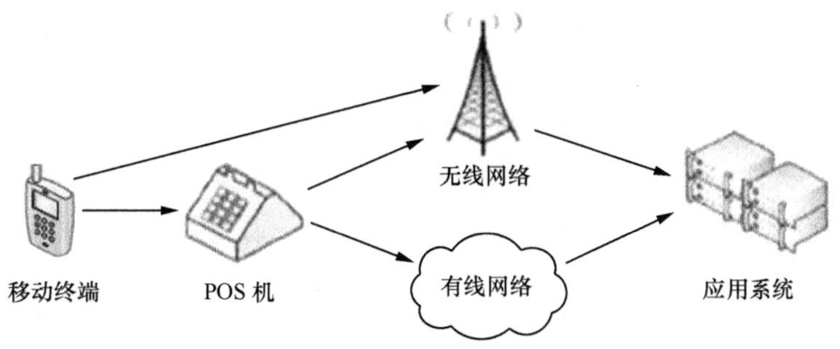

图 5-9　常见的 RFID 应用场景

5.2.3.1　FeliCa 技术

FeliCa[7]是一种非接触式智能卡技术，在日本得到了广泛应用。同时，FeliCa 技术在中国香港、深圳、新加坡均有一定应用，集中于交通领域、金融领域以及移动通信领域。在移动通信领域中，FeliCa 当前的应用模式是集成于移动终端内，因此，这种模式下，移动终端是能够被识读的对象。

FeliCa 总体构造包括非接触智能卡和识读器两部分，两者之间以电磁感应的方式工作。其中，非接触智能卡包含智能卡芯片和天线两部分，而识读器由控制主板和天线组成[7]。

当前 FeliCa 技术的应用模式是把 FeliCa 卡集成在手机中，让手机成为能够被识读的对象。同时，FeliCa 卡技术也可以集成识读器与 IC 卡的功能，使得手机在能够被识读的同时也能读取 IC 卡。NTT DoCoMo 公司移动 FeliCa 技术的应用模式如图 5-10 所示。

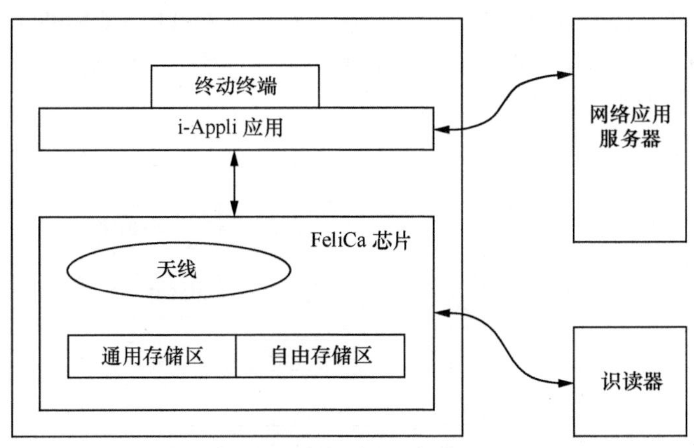

图 5-10　NTT DoCoMo 公司移动 FeliCa 技术的应用模式图

FeliCa 的存储区包含通用存储区与自由存储区两部分，通用存储区主要存储对安全性要求较高的数据信息，包括电子现金、电子支票等。相比之下，自由存储区内的数据信息对安全性要求不高，例如优惠点卡。

FeliCa 技术为 RFID 中较为成熟的技术，该技术有着较大数量的用户群，但由于 FeliCa 技术尚未对外开放，目前由索尼公司控制整个产业链，这对国内企业而言是个巨大的挑战。

5.2.3.2 RFID-SIM 卡技术

1. 技术简介

RFID-SIM 卡是一种新增 SIM 卡，结合了移动终端 SIM 卡、射频卡以及安全芯片的优点而成。这是一种基于 SIM 卡的短/中距离的无线通信技术，通常使用 2.4 GHz 的频率完成数据通信，并非 RFID 通常采用的 13.56 MHz，通信距离能够依据不同需求在 1～500 cm 的范围内进行调整，单向支持 100 MHz（数据广播）。RFID-SIM 卡技术不仅具备移动通信能力，还能够利用天线和读卡器实现近距离无线通信的身份认证及移动支付。

RFID-SIM 卡技术对当前在售的所有移动终端均支持，能够利用移动终端的屏幕读取存储于其内部的数据，也可以利用终端键盘执行具体的控制操作，与普通 IC 卡相比，功能更加完善。同时，用户能够利用移动终端键盘控制通过 RFID-SIM 卡执行的交易。

2. 硬件结构

RFID-SIM 卡从逻辑层面划分，包括标准的 SIM 功能组件与移动支付其他相关组件。标准的 SIM 功能组件主要用于与移动终端的物理连接，实现移动通信、鉴权。相比之下，移动支付相关组件主要实现加/解密操作，对 RFID 进行安全管理的功能，电子钱包、信用卡可以内置于其中。

RFID-SIM 卡硬件组成中，在传统 SIM 卡包含 CPU、ROM 等构件的基础上，新增应用于移动支付的无线射频集成电路和天线。其中，加/解密操作主要由 CPU 完成[8]。RFID-SIM 卡的结构[9]如图 5-11 所示。

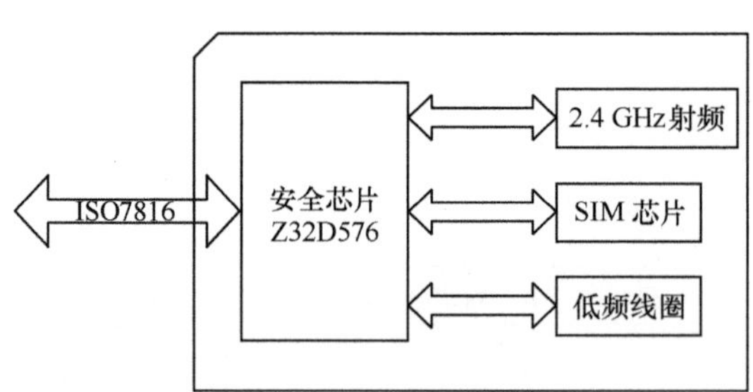

图 5-11 RFID-SIM 卡硬件结构示意图

RFID-SIM 卡主要由 4 个部分组成：安全芯片、射频芯片、SIM 卡芯片及低频检测芯片。其中，安全芯片负责管理其他 3 个单元工作，并提供密码算法保证安全支付，控制刷卡距离、卡与读头的相互验证由低频检测芯片通过低频通道完成；接入读卡器、刷卡交易等大数据量通信由 RFID 芯片通过 2.4 GHz 通道完成。

3. 功能与优势

RFID-SIM 卡中，SIM 卡的主要功能是一般的移动通信、鉴权，与移动终端之间通过物理方式连接，微型 RF 模块通过内置天线实现与外部设备的通信。内置应用软件的功能是对安全度要求较高的 RFID-ID、EMV 电子钱包等进行管理。

RFID-SIM 卡的主要优势在于，用户将 RFID-SIM 卡装入移动终端后（仅需更换一张智能卡），不需要更换移动终端，即可在原有通信功能的基础上，实现门禁、手机支付、考勤等功能，提供给用户一个能够替代身份证、钱包、钥匙的综合平台，使用更加便捷。同时，RFID-SIM 卡为我国自主研发，不受国外技术的约束，并且，该 SIM 卡使用 3DES 技术进行加密，安全性较强。此外，RFID-SIM 卡的使用成本较低，利于后续的普及和推广。用户不需要更换手机和号码，只要更换一张 RFID-SIM 卡即可。总之，一张 RFID-SIM 卡内能够存放 128 张虚拟卡，该技术能够应用于门禁、手机支付、驾驶证、公交卡、电子优惠券、门票等诸多领域，带给人们较大的便捷。随着 RFID-SIM 卡技术日益成熟，必将带给金融机构、运营商、终端制造厂商无限商机。

4. 未来发展

随着移动电子商务的进一步发展，它会应用于越来越多的领域中。移动电子商务的诸多业务均是利用移动终端将移动通信与非接触应用相结合。目前 SIM 卡自身的存储能力逐步提高，已能够存储大量信息，未来的 RFSIM 结构将为开放式框架，并具备下述 3 个特点。

一是支持多应用。这里的多应用并非将应用做叠加，而是根据应用类型和使用者的不同将卡片的物理空间进行划分，使得不同行业的用户能够使用自己的独立空间，后续更可能开展跨行业合作。

二是开放式架构。对于普通 IC 卡而言，其不能进行更新或删除，相比之下，开放式架构带给 SIM 卡更高的灵活度，在卡出厂后仍然能够动态加载或删除。

三是可靠的安全性。相较普通 IC 卡，SIM 卡的安全性得到较大的增强和提高。

目前，RFSIM 技术在国际范围内尚未达到较高的标准化程度，但运营商更倾向于不被其他产业链约束的技术。RFID 技术将日益成熟和完善，相信该技术进一步推广产生的应用会逐步进入生活的方方面面。

5.2.3.3 双界面 SIM 卡技术

1. 技术简介[10]

双界面 SIM 卡技术是由德国捷德公司在 2004 年首先提出的，2006 年起具体应用于多个领域，包括门禁卡、移动支付等业务。双界面 SIM 卡是在普通接触式 SIM 卡的基础上新增了一个非接触式界面，进而形成双界面 SIM 卡。该卡的重要接口有 RF（Radio Frequency，无线射频）接口和 ISO7816 接口，其中，RF 接口的主要作用是对读卡器发送的信息进行接收，ISO7816 接口主要负责对手机键盘等设备的输入信息进行接收，并且把双界面 SIM 卡上的数据反馈给手机显示屏等设备。ISO7816 接口需要从始至终保持畅通，从而使得手机处于待机状态。在电子商务交易过程中，双界面 SIM 卡的两个界面都一直处于工作状态，相互之间频繁进行信息交互。双界面 SIM 卡逻辑结构如图 5-12 所示。

图 5-12　双界面 SIM 卡逻辑结构图

双界面 SIM 卡的频率包含 13.56 MHz 和 2.45 GHz 两种，但 2.45 GHz 目前还不具备商用条件。而 13.56 MHz 的频率又不能穿过终端电池和金属外壳，因此，在电池和手机后盖之间安装发射器以满足频率发射需求，使得双界面 SIM 卡要求手机尺寸较大。

双界面 SIM 卡的使用较为便捷，用户不需要更换手机，同时，由于 SIM 卡是由运营商发行的，运营商的具体举措会影响双界面 SIM 卡的实际应用。

2. *重点应用* SIMpass

现阶段，具备双界面 SIM 卡支付能力的卡主要为 SIMpass，该卡片由握奇数据推出，在非接触式情况下，能够完成多种功能。SIMpass 卡中包含非接触式和接触式两个界面，非接触式界面主要用于实现电信业非主营业务，包括电子钱包、移动支付等；而接触式界面主要集中于移动终端 SIM 卡的传统功能方面。SIMpass 能够利用 SMS、STK 等方法，在接触式界面上实现非传统类的电信应用。从结构上分类，SIMpass 可分为集成于 SIM 卡内和将天线固定于背盖或者电池上的两种。

SIMpass 虽然无法满足点对点通信，但其自身具备诸多优点，包括应用的技术已较为成熟、低成本、简单便捷等。SIMpass 的应用涵盖了安全管理、信息产业、交通等诸多领域，包括门禁、停车场、一卡通等。

SIMpass 采取了诸多安全措施以保障安全性，包括较为成熟的加密机制、认证机制。同时，将完善的 PKI 体系应用于其中的 SIMpass 称得上是当今安全性最强的智能卡系统之一，不仅能确保交易数据、交易过程的安全，还为支付过程提供了可靠性保证。

对于移动支付而言，丢失移动终端便基本等同于丢失钱包。用户可采取挂失

SIM 卡的措施，使得需联机处理的应用失效。但是，就脱机情况下仍能使用的应用而言，不具备使其失效的措施。另一方面，电子存折能够利用挂失或者 PIN 码实现针对钱款的安全保障。

作为非接触式移动支付方式之一，SIMpass 能够承载多个相互独立的应用，每个应用均可以由不同的参与方参与。SIMpass 可看作是由多个参与方共同参与利润分配的移动支付方式。

5.2.4　基于 RFID 手机支付的安全性分析

RFID 技术发展迅速，应用也越来越广泛，安全问题日益增多。射频通信信道是开放性的，可能受到多种形式的攻击。

5.2.4.1　RFID 系统中的安全问题

（1）非法读取

未授权的阅读器读取标签中的数据信息，造成信息窃取。

（2）窃听

未加密信道容易遭受中间人攻击，导致信息被窃取。

（3）非前向安全性

攻击者在某次通信中截取到标签的输出，推算出标签之前发送的信息。

（4）位置跟踪

通过标签发出的固定消息来定位标签的位置以达到跟踪定位的目的。

（5）伪装哄骗

攻击者截取到标签信息后，复制到仿造标签中，在阅读器认证时，伪造的标签会伪装成合法标签通过阅读器认证。

（6）重放

当阅读器发出认证信息时，攻击者截取了标签发来的响应信息。当下一次阅读器发了认证请求时，攻击者把截取到的标签信息发送给阅读器，从而通过阅读器的认证。

（7）拒绝服务（Denial of Service，DoS）攻击

人为的信号干扰使得阅读器不能正常阅读标签数据，在 RFID 系统中，基于挑战—应答方式的协议要求每次对标签进行访问时，标签都需要提供额外的存储器来存储要产生的随机数，或是标签中设置读取标签的上限值。因此，当大量阅读器向标签发送询问信息时，标签的存储器就因要存储过多的随机数或是读取标签数达到上限值而停止工作[9]。

5.2.4.2　RFID 系统安全解决方案

针对 RFID 系统中存在的安全问题，目前有两种解决方案：一是用物理方法阻止标签和阅读器间通信；二是使用基于密码的安全协议保障标签的安全性。通

常两种方案结合使用。

1. 物理方法

（1）Kill 标签机制[11]

Kill 标签机制是由标准化组织 Auto-ID Center（自动识别中心）提出的，它是采用从物理上毁坏标签的办法，这种方法主要是针对只存有标签 ID 的无源标签，其原理是完全杀死标签，使标签中的唯一序列号被抹去。这种方法可以有效阻止标签被扫描和追踪，但标签一旦被 Kill 后就失去了其功能，并且不能再被激活，降低了标签的利用率。

（2）法拉第网罩（静电屏蔽）[12]

将标签置于由金属网或金属箔片形成的容器中，此容器可以阻止信号穿透，从而有效防止容器中的标签被扫描。

（3）主动干扰（有源干扰）[13]

标签用户可以通过携带一个设备主动发出无线电信号以阻止或干扰附近 RFID 阅读器的操作，但这种方法是一种强制性的方法，一般不单独使用。

（4）阻塞标签[14]

阻塞标签方法基于二进制树形查询算法，它通过模拟标签 ID 的方式干扰算法的查询过程来阻止阅读器读取标签以确保消费者隐私。

2. 基于密码的安全协议

（1）散列锁协议[15]

散列锁协议是由 Sarma 等人在 2003 年提出的，它是一种基于散列函数的访问控制协议。在阅读器想要询问标签信息时，阅读器向标签发送询问信息，标签回复 *metaID* 给阅读器，阅读器通过查询后台数据库，找到对应的（*metaID*，*key*，*ID*）记录，然后将 *key* 值发给标签；标签收到 *key* 后就计算 *Hash*(*key*)，并对比计算的散列值是否与收到的散列值相等，若相等，标签把自身的 ID 值发送给阅读器，允许阅读器读取信息。验证流程如图 5-13 所示。

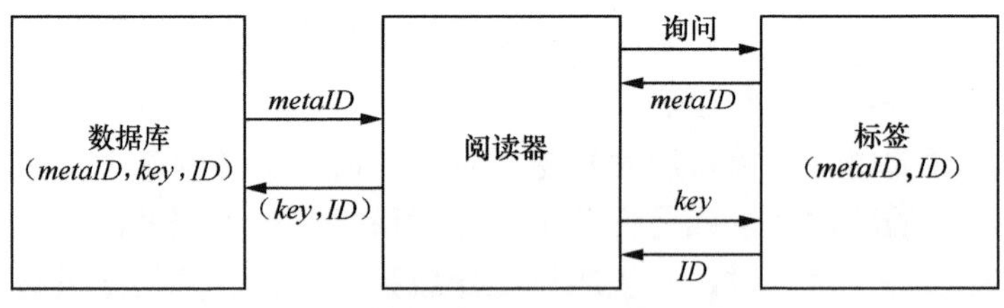

图 5-13　散列锁协议验证流程示意图

该协议利用散列函数来加密传输中的信息，在一定程度上解决了访问控制的隐私保护。

（2）散列链协议[16]

由NTT实验室提出的散列链方法，其标签集成了两个不同的散列函数 H 和 G。标签和后台数据库都存储了初始值 S_1。同时，后台数据库还存储了所有标签的 ID 号。对于标签 ID，阅读器随机选取一个数 S，发送给标签，并把（ID,S_1）存储到后台数据库中。在第 i 次数据交换中，阅读器向标签发出询问信息，标签回复并更新 $a_i=G(S_i)$，并更新 $S_{i+1}=H(S_i)$。阅读器收到 a_i 后把 a_i 传给后台数据库，后台数据库有所有的（ID,S_1）数据对，计算是否存在某个 ID 及是否存在某个 i，使得 $a_i=G(H^{i-1}(S_1))$成立，如果有，则返回相对应的 ID。验证流程如图 5-14 所示。

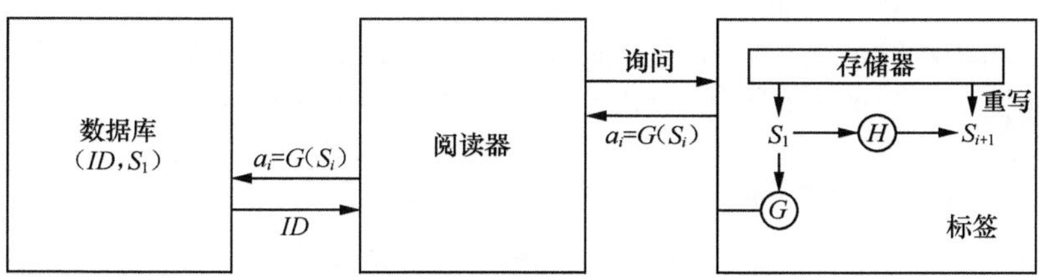

图 5-14　散列链协议验证流程示意图

该协议引入了带有序号的随机数，能够保证不可分辨性和前向安全性。

（3）基于散列认证的 GoodReader 协议[17]

GoodReader 协议是由 Xingxin Gao 等人提出的。在此协议中，阅读器标识 *ReaderID* 首先被存放在阅读器和标签中，标签可以通过存储的阅读器标识来验证阅读器的合法性。首先，当阅读器发送询问消息给标签开始认证时，标签产生一个随机数，并把此随机数发送给阅读器，同时，标签计算式子 $a^*(k)=Hash(ReaderID||k)$。阅读器将接收到的随机数发送给后台数据库，后台数据库利用 k 和已存有的阅读器标识 *ReaderID* 进行计算：$a(k)=Hash(ReaderID||k)$。然后，阅读器将所得数据 $a(k)$发送给阅读器，阅读器又将其发送给标签。标签通过计算先前计算过的 $a^*(k)$和接收到的 $a(k)$是否相等来判别阅读器的合法性。验证流程如图 5-15 所示。

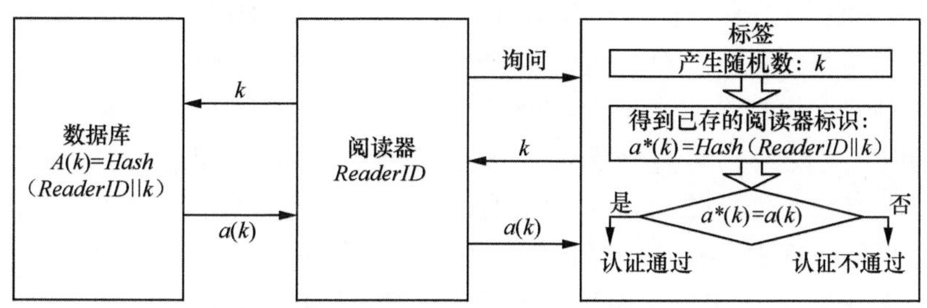

图 5-15　GoodReader 协议验证流程示意图

此协议可以有效防止因固定输出而引起的位置跟踪和假冒的问题，并且数据库中不需要进行大量的散列运算，大大缩短了运算时间。

5.3 基于 NFC 的手机支付

NFC（Near Field Communication，近距离通信）是以非接触式识别技术与互联互通技术为基础的无线近距离通信技术标准。该技术是基于 13.6 MHz 的近距离射频技术，将感应式读卡器、卡片以及点对点的功能集中于单一芯片，在通信双方相距仅几厘米的情况下，即可完成设备识别、数据交换等操作。同时，NFC 还能连接非接触式智能卡，与非接触式智能卡基础设施兼容。

5.3.1 NFC 技术概述

起初，NFC 技术仅是 RFID 与 Internet 技术的综合体，而现在发展速度非常快，已演变为最具影响力的短距离无线通信技术之一。NFC 技术和 RFID 最大的差异在于，NFC 有着双向识别和连接的功能，应用距离约为 10 cm。

NFC 可视为虚拟连接器，主要用于帮助设备在短时间内建立起无线通信。NFC 技术能够为任意两个无线设备之间提供交换信息或服务、内容访问等功能，实现起来较为简单。仅需设备之间的距离短，无需线缆接插的情况下即可实现通信。该技术的实现大大缩短了无线设备之间的通信距离。相较红外线技术，NFC 不论在有源模式还是无源模式下均能工作，该技术使得非接触式智能卡等无源设备之间能够通信。

5.3.1.1 NFC 的工作模式

NFC 移动终端的工作模式共 3 种，分别为非接触式卡模拟模式、读写器模式以及点对点模式[18]。

（1）非接触式卡模拟模式

非接触式卡模拟模式又称卡模式或标签模式。在该模式下，NFC 移动终端可模拟为非接触式卡执行操作，也就是说，将 NFC 设备视为标签，标签中存储着相关信息。移动终端自身不能主动发出射频场，仅能在用于识别功能的终端靠近时，才会扮演应答器的角色，对其他设备发出的射频场做出响应。

非接触式卡模拟模式也称为被动模式，被动模式下由启动 NFC 通信的设备（又称 NFC 主设备）为整个通信过程提供磁场，通信数据的传输速度可以在 106 kbit/s、212 kbit/s、424 kbit/s 中选择。接收数据的设备称为 NFC 从设备，从设备只需采用负载调制技术，便能够用与发送方相同的速度做出响应，无需生成射频场。当 NFC 终端用于实现移动支付功能时，其实为非接触式卡模拟模式的实际应用。NFC 被动通信模式如图 5-16 所示。

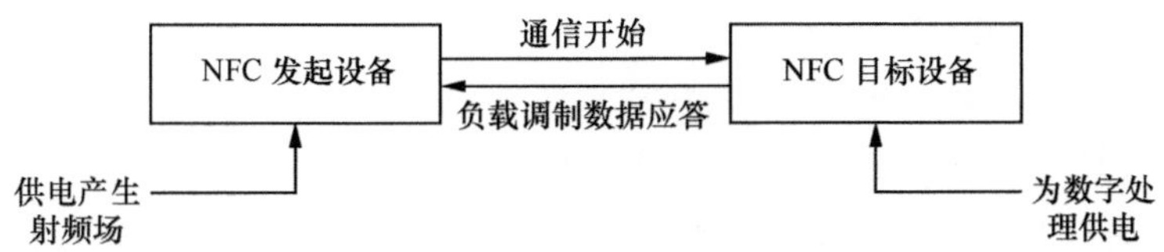

图 5-16　NFC 被动通信模式图

采用被动通信方式，功耗能够得到大幅度下降，电池寿命得到延长。同时，具体会话中，NFC 能够适时变更角色，当电量快耗尽时，可要求由发起设备变为目标设备。但是，这种方式一般不适合对安全性要求较高的场合，例如移动支付，较多地应用于公交卡、门禁卡等低安全性的场合。

（2）读写器模式

该模式下，NFC 移动终端可视为识读设备，也就是说，NFC 移动终端中的 NFC 芯片将扮演读卡器的角色，具有主动发出射频场的能力，进而识别其他 NFC 设备或者对 NFC 设备进行读/写操作。读取到的数据信息既可存储于移动终端中，也可存储于 SIM 卡中。模式的选取通过用户对终端的软件进行操作得以实现。

（3）点对点模式

该模式下，NFC 移动终端与其他设备都具备主动发出射频场的能力，从而实现点对点通信。与非接触式卡模拟模式、读写器模式不同的是，点对点模式在正式通信前，NFC 移动终端需要具备产生射频域的能力，后续才能发送数据[19]。

读写器模式与点对点模式均可视为 NFC 主动通信模式，主动通信模式如图 5-17 所示。

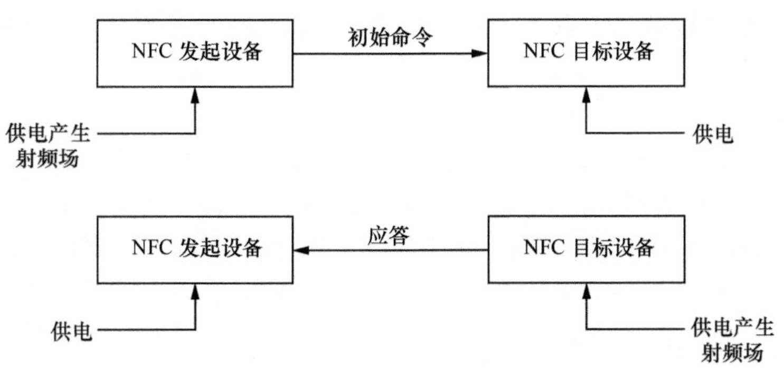

图 5-17　NFC 主动通信模式图

该模式中，一台设备必须在生成射频场的前提下，才能向其他设备发送数据。数据发起方与接收方均要生成射频场，从而完成后续通信。在发起方按照某一选定的传输速度发起通信后，目标设备以相同速度进行应答。此为对等网络通信的标准模式，能够快速完成连接设置。

5.3.1.2 NFC技术的特点

与RFID技术相比，NFC的主要特点包含下述4个方面。

① NFC技术强调信息交互，而RFID仅能完成针对信息的读取与判定操作。某种意义上讲，NFC可视为RFID技术的演进版，能够实现信息的近距离交换。NFC移动终端中内置芯片，能使NFC终端之间完成通信，也可视为RFID读写器，实现数据的采集与交换功能。

② 这是一种无线连接技术，能够提供安全、轻松的通信方式，由于采用了信号衰减技术，传输信息的范围较小，而RFID的传输范围能够达到几米，甚至几十米。因此，相较RFID，NFC有着功耗低、距离近等特点。

③ NFC和非接触式智能卡技术相兼容，已逐步成为正式标准，得到诸多厂商的支持。

④ NFC技术能够和无线局域网、蓝牙等其他相关联，在选取设备后能够自动建立连接。

5.3.2 NFC技术在移动电子商务支付中的应用

用户只需将NFC芯片装于移动终端上，便能实现小额电子支付以及读取NFC设备或标签信息的功能。由于NFC具备短距离交互功能，使得识别认证的流程得到了简化，电子设备之间的通信也更加安全、直接。NFC技术能够使PC、移动终端、PDA等设备之间便捷地实现无线连接，为后续数据交换奠定基础。

NFC技术的具体应用场景为：用户先利用NFC手机读取贴附于物品上的RFID标签，利用标签上获取的信息可得到对该物品的评论信息，进而决定是否购买该物品。

5.3.2.1 基于NFC的手机支付模式

NFC诞生前，消费者通常使用远程移动支付方式。远程移动支付与基于NFC的手机支付方式差异较大，包括支付时使用的终端设备与网络设备的功能、支付流程与工作原理均不相同。当用户使用远程移动支付方式时，支付请求信息以及确认信息均利用移动网络传输，也就是说，支付信息总是先经过运营商系统，再进入银行系统。而基于NFC的手机支付中，由于NFC使用双向识别与连接技术，一方面，NFC手机扮演的角色可以是识读设备（例如读卡器）；另一方面，也可扮演被读设备的角色（例如卡）。

在我国主要运营商先后获取支付牌照后，NFC支付拉开序幕。商业模式确定的前提是，需要考虑到移动支付中的所有环节，并明确各参与方承担的职责及扮演的角色，协调各参与方以实现利益平衡。将NFC芯片内置于移动终端中是实现移动支付的前提，因此，这需要芯片厂商与移动终端制造商合作。消费者需要依靠移动运营商提供的通信网络实现对商品、消费信息的查询，并且，支付账户和银行卡绑定时，与银行密不可分。而服务提供商需管理整个 NFC 移动支付过程，下面具体介绍主要参与方所扮演的角色。

芯片厂商的主要作用是提供 NFC 芯片给移动终端制造商和 SIM 卡厂商；移动终端制造商在 NFC 芯片的基础上制造 NFC 终端，以便提供给用户；移动运营商提供通信网络给终端用户，使得用户能够查询相关信息、加载并且管理应用；服务提供商在获取移动运营商的授权后，主要负责提供 NFC 服务给用户；银联负责银行卡、部分电子钱包交易中的资金清算；银行的作用是发行电子钱包及其他应用。

5.3.2.2　NFC 应用类型

NFC 技术的应用类型具体可分为 NFC 芯片与 SIM 卡连接方式、NFC 芯片与 IC 卡方式、NFC 芯片结合 SIM 卡及 IC 卡方式[18]，下面具体介绍。

1. NFC 芯片与 SIM 卡连接方式

这种方式具备便捷性强的特点，很可能被广泛适用。该方式中，SIM 卡直接连接 NFC 芯片，对手机使用者的身份认证由 SIM 卡中存储的身份信息以及运营商的 BOSS 系统验证，NFC 芯片主要完成通信功能。由于运营商在这种应用方式中起着举足轻重的作用，因此，该方式必须在以运营商为主导的支付模式下方能得以实现。运营商具备超过 10 亿的 SIM 卡用户，NFC 芯片与 SIM 卡连接方式在推广应用中占有一定的优势。

2. NFC 芯片与 IC 卡方式

这种方式需要先在移动终端中植入一个专门用于加密的 IC 卡，和金融机构广泛推广的 U 盾模式相似。这需要移动终端在生产阶段便将 IC 卡植入，针对 IC 卡的鉴权后续由金融机构完成。运营商在其中扮演着管道的角色，为用户提供通信服务以及数据业务。这种模式要求用户的移动终端是被定制的，并且金融机构在该模式中扮演着主导者的角色，因此，后续推广相比 NFC 芯片与 SIM 卡连接方式较为困难。

3. NFC 芯片结合 SIM 卡及 IC 卡方式

这种方式可视为方式一与方式二的结合体，使用者可先将公交卡、门禁卡、银行卡等下载于装有 NFC 芯片的移动终端，进而实现小额支付、身份认证等功能。该方式需要由支付宝等第三方机构介入并对其管理，在欧洲应用较多，但是，在我国应用产业链比较长，牵涉的利益方较多，发展前景并不乐观。

5.3.2.3　基于 NFC 技术的移动支付系统

LTE 技术的迅猛发展凸显出移动支付便捷性、高带宽的传输优势，正逐步被越来越多的用户所接受。移动支付体系中，一方面，提供网络服务的运营商起着举足轻重的作用；另一方面，银行主要负责支付过程中发生的消费结算、转账等功能，也扮演着十分重要的角色。因此，基于NFC的移动支付系统中，以移动运营商为核心，系统与银行紧密相连进而完成移动终端的支付功能，体系结构如图5-18所示。

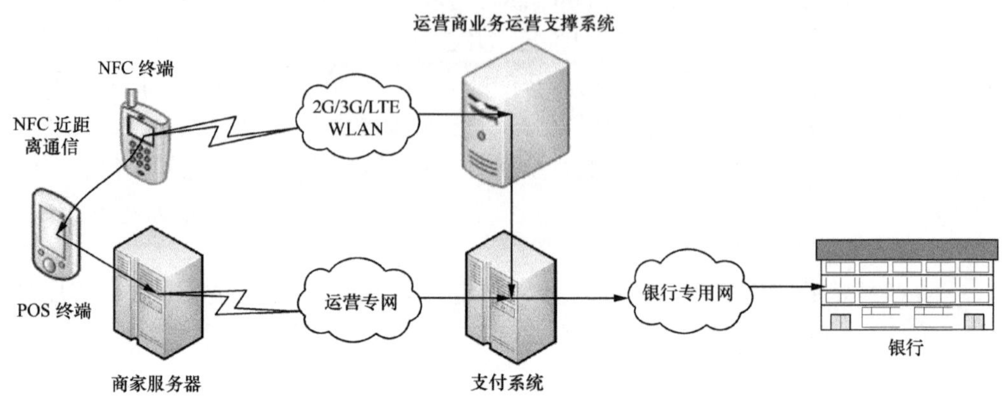

图5-18 基于NFC技术的移动支付体系结构图

基于NFC技术的移动支付体系中，支付系统是运营商、银行、POS终端（嵌有NFC模块）之间的桥梁，协调并管理多个参与方之间的通信。用户只需将NFC终端靠近内置NFC模块的POS终端，即可实现与移动支付系统的通信。NFC终端在支付中被模拟为信用卡等支付卡，POS终端读取支付信息后传至支付系统处理。

移动支付体系前端利用POS终端和消费者相连，从而得到消费者的相关信息，并对支付请求进行处理。后台分别和运营商业务运营支撑系统、银行相连，其中，业务运营支撑系统的主要功能是对消费者进行身份认证，判断消费者的身份是否合法。

同时，上述支付体系中，提供了针对消费者和商家的管理功能。首先，消费者或商家开户时，必须提供身份信息及其相关联的银行信息，便于后续与银行卡绑定；其次，账户注销时，必须解除消费者或商家与银行卡之间的绑定，同时删除支付系统中的相关交易信息；最后，消费者或商家能够利用查询功能查询账户基本信息、银行卡余额等内容。

需要说明的是，支付功能为支付体系中最重要的功能，其中，针对用户的识别是通过SIM卡的识别码IMSI实现的。支付中使用SET协议以及Socket安全通信机制，为交易过程中的重要信息提供安全保障。消费者账号、密码等机密信息对商家、支付系统都是透明的，消费者信息具备机密性的保证。

5.3.2.4 NFC手机支付的优点

将NFC芯片内置于移动终端中实现手机支付，更加凸显了手机支付便捷的特点。基于 NFC 技术的手机支付业务的迅速发展，与其自身具备的诸多优点密不可分。

一是便捷性强，交易效率高。消费者仅需将 NFC 终端靠近读卡器，便可读取相关账户信息，在较短时间内完成支付。相较 SMS 方式与 WAP 方式，NFC 终端既不需要反复的短信确认过程，也不需要繁琐的菜单选择便能够与支付系统建立连接，高效便捷。

二是和消费者固有的习惯相符。与利用 Internet 实现的虚拟支付方式相比，消费者在建立起支付信任体系前，更加倾向于当面支付的方式。而 NFC 近距离支付的特点正好与用户的需求相符。同时，这种支付方式已应用于公交卡、门禁等场合，用户较易接受。

三是能够提供可靠的安全保障。作为一种当面支付方式，NFC 手机支付必须在用户对支付信息进行确认后方可生效。同时，这种近距离通信方式能够避免不法分子窃取机密信息。

四是交易过程不受电量的限制。由于 NFC 能够在无源模式下从照射到其表面的射频能量中提取电源，因此，即使 NFC 终端没电，也不会对手机支付造成影响[20]。

5.3.2.5 NFC 技术的应用前景

诸多手机支付应用中，NFC 称得上是应用范围最广、获得支持的企业数量最多的一种，诸多金融机构、运营商、终端制造商均采用了 NFC 技术。

NXP 对 NFC 技术的普及推广起到了至关重要的作用。就市场导向而言，第一代 NFC 无法解决与 SIM 卡关联的问题，已失去后续的发展空间。因此，NXP 将工作重心放于 SWP，也就是 eNFC 技术方面。SWP 作为新一代 NFC 方案，可以说是当前标准化进程最快，也是业界普遍支持的方案。该方案的主要特点包括：传输速度快，能够达到 M 级波特率；对 SIM 卡有低功耗要求；NFC 卡与 SIM 卡需同时改造，影响较大；NFC 应用和 SIM 卡紧密捆绑等。

NFC 技术对识读与被读应用均支持，能够应用于移动支付、防伪及票务等方面。同时，NFC 卡和移动终端为一体，能够带给用户较好的体验。

当前，不仅芯片制造厂商积极推动 NFC 芯片的应用，移动终端制造商也尝试在手机中安装 NFC 芯片。有媒体报道称，iPhone 6 不久将加载 NFC 技术。也就是说，过去困扰着移动支付行业发展的终端普及问题有望得到历史性突破。目前，NFC 技术终端已基本改造完毕，再加上政府的支持，相信 NFC 技术很快将被广泛应用。

5.3.3 基于 NFC 的手机支付安全性

NFC 技术在得到商家、运营商普遍青睐的同时，也吸引了黑客的注意力。作为移动支付新兴技术的典型代表，NFC 手机支付面临的安全威胁主要集中于下述几个方面[21]。

（1）机密信息被窃听

设备之间利用 NFC 的射频场通信时，通信内容很可能被黑客窃听。当消费者使用 NFC 终端支付时，黑客可以利用天线对通信信号进行接收，从信号中分离出数据信息，以此为基础进行分析加工，进而获取手机支付的相关信息，消费者将蒙受严重的经济损失，后果不堪设想。

同时，在 NFC 主动通信模式下，由于设备自身能够产生射频场，黑客在约 10 m 的距离内即可窃听，相比之下，被动通信模式中的设备自身无法产生射频场，须利用其他设备产生的射频区域，因此，黑客必须在约 1 m 的距离内方可实现窃听。由此得出结论，对基于 NFC 技术的手机支付而言，主动通信模式被窃听的概率大大增加。

（2）重要信息被篡改

手机支付过程中，黑客可能会对传播的信息进行恶意篡改，由此导致读卡器接收到的数据也被改变。这种攻击方式能否成功取决于变频技术的应用。由于 100%变频信号与 10%变频信号的解码原理完全不同，黑客采用的攻击方式也是不同的。对于 100%变频信号而言，黑客需要发出射频信号对原始信号进行干扰，从而导致接收器收到错误信号；而 10%的变频信号中，解码器只能测量 82%等级的信号和 100%等级的信号，黑客尝试发出信号并在原始 82%等级的信号上叠加，从而导致 82%等级的原始信号被误认为是 100%等级，实现了对数据的篡改。

（3）嵌入信息以破坏原始数据

移动支付过程中，黑客可能在读卡器和移动终端的信息交换过程中嵌入信息。这种攻击方式要想取得成功，黑客必须在设备发送响应信息前嵌入信息流。若嵌入的信息流和原始发送的响应信息流重合，便能够达到破坏原始数据的目的。

针对上述安全威胁，可采取的防范措施如下。

一是防止机密信息被窃听，应尽量保证手机支付时采用 NFC 被动模式。但这种手段不能完全确保机密信息的安全性，要想完全解决窃听问题，需在通信双方之间建立一条安全信道，完成端到端的安全传输。

二是防止重要信息被篡改，可以在 NFC 主动模式下采用 106 kBaud 的载波调制速率，黑客篡改上述射频范围内信息的概率几乎为零。同时，由于 NFC 设备发送信息时具有检查射频域的能力，若发现攻击迹象可即刻停止发送。

三是防止嵌入信息对原始数据造成破坏，可以设置设备较快的响应速率，使得黑客无法在设备发出响应消息前发送信息，也就无法嵌入信息。此外，设备在做出响应的同时，应具备监听信道的能力，查看是否有异常，进而判断本次响应消息的发送是否安全。

5.4　手机钱包

手机钱包业务的应用目的是用手机实现钱包的原有功能，进而为消费者带来极大的便捷性，这种支付理念很可能成为移动支付的发展方向。手机钱包将消费者的手机号和银行卡绑定，使得消费者仅需携带手机便能完成移动支付，不受时间和地域的限制。消费者可以利用 SMS、话音、WAP 等方式对自己的指定消费账户进行管理。

5.4.1　手机钱包概述

手机钱包是移动支付应用中的脱机支付方式，在目前市场上备受推广。手机钱包利用 RFID 非接触式卡模式在脱机的情况下也能完成交易，并采用多级密钥体系为移动支付提供安全保障。该支付模式为小额支付的扩展，面向那些要求在短时间内完成支付且交易金额较小的消费者。

使用手机钱包，用户能够完成话费充值、查询账户余额、买彩票、捐款、订阅报刊等多项业务。总体来说，可将购买的商品或服务分为 3 类：第一类是一般意义上的商品或服务，第二类是流量等增殖业务，第三类是订购电影票、机票等服务。

当前，各国运营商均已将手机钱包技术应用于移动支付中。日本 NTT DoCoMo 于 2004 年提出 FeliCa 读写器计划，进而促进支持非接触式智能卡终端的推广，而 NTT DoCoMo 会按照 FeliCa 终端销售的特定比例收取费用。韩国的消费者将移动终端视为信用卡使用，同时，韩国大部分商家均支持手机银行功能。在中国，手机钱包业务同样得到了大力推广，主要集中于票务服务、软件服务、彩票、电子杂志等方面，但当前只局限在小额支付方面，后续尚存在较大的发展空间。此外，运营商对手机钱包的安全性能高度重视，交易相关信息经多重加密，并且银行内部通信使用专线网，有效确保了安全通信。

手机钱包业务的参与者包括消费者、商品或服务提供商、支付业务提供商以及移动运营商。消费者是手机钱包业务的具体使用者，也是手机支付的发起方，他选择利用手机完成对商品或服务的支付；商品或服务提供商的职责是向消费者出售商品或服务，并向支付业务提供商发起购买请求，向消费者发送认证信息等；支付业务提供商负责管理消费者与商品或服务提供商之间的交易行为，并为消费者的账号信息提供登记平台，保证账号信息的安全性；移动运营商是消费者与支付业务提供商之间的桥梁，并对他们的身份进行认证。基于运营商的手机钱包运营模式如图 5-19 所示。

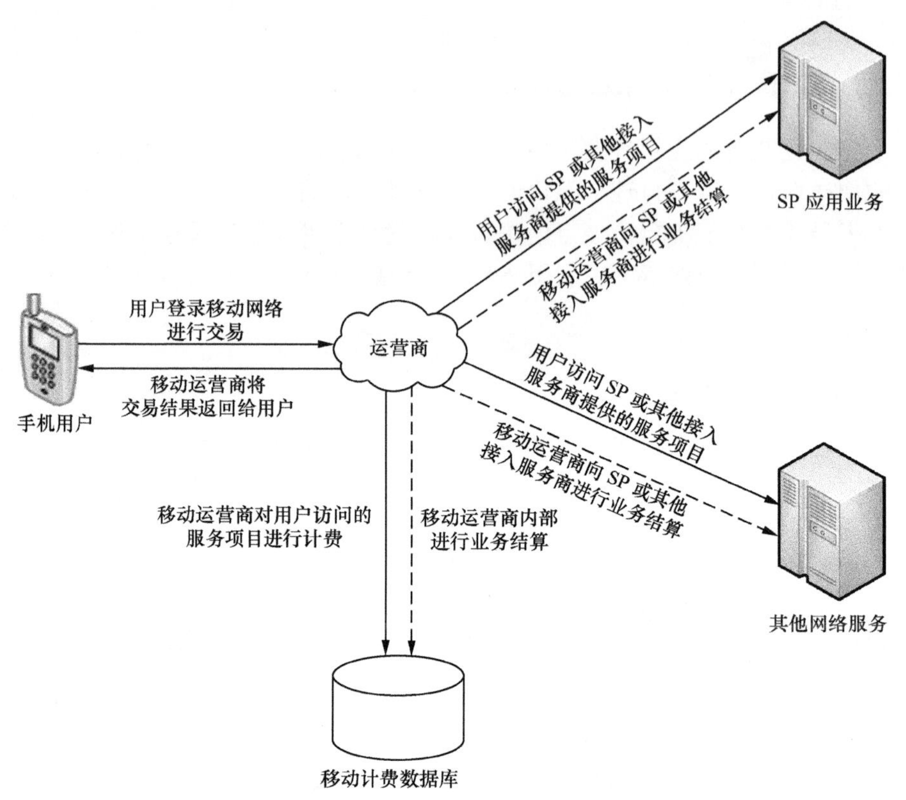

图 5-19　基于运营商的手机钱包运营模式

消费者使用手机钱包支付时，只需后台账户系统对其授权，由用户的移动终端靠近 POS 终端便可实现支付。脱机消费的实现主要由于移动终端的 SIM 卡内置了 RFID 非接触式模块，终端电池能对其供电，进而完成脱机消费。

支付使用的电子现金存储于 SIM 卡的电子现金池中，与支付主账户相独立。对于 SIM 卡而言，与手机钱包账户是一对一的关系，一张 SIM 卡无法开设多个账户。出于安全性考虑，消费者使用手机钱包进行支付时，每日交易、每笔交易均限制了额度，从而防止因手机丢失带给消费者严重的经济损失。

相较传统的面对面支付和网上支付，手机钱包支付方式包含下述优势。

一是简单便捷，可小额支付。手机钱包的支付流程没有登录认证等繁琐操作，并且每笔支付金额、每日支付金额均有限制，在带来较好用户体验的同时，也提供了一定的安全性保障。

二是扣取话费支付，支付费用直接扣取手机话费，不需要额外支付。

5.4.2　手机钱包的支付流程

手机钱包支付流程[22]如下。

① 消费者持银行卡到相应的银行办理开户，银行为消费者的账号开通电子钱包功能；

② 消费者持移动终端利用移动网络从银行网站下载手机钱包应用程序，并设置银行卡与手机号码的绑定功能，通过银行卡的设置确定支付使用的默认银行卡；

③ 消费者可利用移动网络向银行发出充值请求，该请求任意时刻均可得到满足；

④ 消费者在选定欲购买的商品或服务后，对支付的物品和金额进行确认；

⑤ 移动支付操作前需先启动 NFC 功能，将 NFC 移动终端在读卡器的附近约 10 cm 范围中晃动；

⑥ 商品或服务提供者利用移动网络对支付参与方进行身份认证，若通过认证，具体执行支付；

⑦ 支付成功后，消费者会收到此次支付的相关信息，包含支付时间、金额等内容。

相较传统支付，手机支付模式具备的优势包含下述 3 个方面。

一是手机钱包存储于消费者的手机内，信息加密与数字签名功能均在手机上实现，运营商仅充当移动网络提供者的角色，在一定程度上保证了手机钱包的安全性。

二是手机钱包的发行者是银行等金融机构，移动网络仅为消费者提供下载服务，同样保证了消费者的使用安全。

三是移动通信网络的使用不受时间限制，消费者能够随时发送或接收信号，因此，消费者能够利用移动网络随时对手机钱包做充值、查询等操作。

5.4.3　手机钱包的密钥管理机制

为了保证手机钱包的使用和交易的安全性，移动支付体系中设计了多级密钥体系，密钥主要包括 OTA 密钥、POS 服务系统密钥、PSAM 卡密钥、业务密钥等[23]。

密钥体系还可往下依次划分，OTA 密钥包括业务下载密钥、远程文件管理密钥和远程应用管理密钥。其中，业务下载密钥保证 STK 应用与下载补丁时数据的完整性和正确性；远程应用管理密钥用于保证手机钱包等应用中相关数据的完整性、正确性。每张卡片的远程应用管理密钥均不相同，同时，每张卡片与 OTA 下载服务器共享远程应用管理密钥。

POS 服务系统密钥又可分为主密钥、密钥加密密钥和工作密钥。其中，主密钥用于对密钥加密密钥实施加密保护，存储于硬件加密机中，且无法读取。一个 POS 服务系统中仅有一个主密钥，采用 AES 算法进行加/解密计算。密钥加密密钥用于对主密钥实施加密保护，使用 3DES 算法进行加/解密计算，每台 POS 终端的密钥加密密钥均不相同。在 POS 服务系统中，密钥加密密钥由主密钥加密后存储于平台数据库中，POS 服务系统中维护着一个 POS 终端和密钥加密密钥的映射关系表。工作密钥主要用于对个人标识码（PIN）进行加密，对报文进行鉴别。

PSAM 卡密钥具体分为卡片主控密钥和卡片维护密钥。卡片主控密钥是卡片的控制密钥，对于 PSAM 卡而言，每张卡只有一个主控密钥，并且不同卡片的主控密钥均不相同。卡片维护密钥用于对卡片 MF 区域的应用维护。

业务密钥可分为业务根密钥、子密钥、消费密钥、TAC（交易认证）密钥等。密钥应用于手机支付体系的不同阶段，所起的作用均不相同。保护手机钱包安全性的密钥有 TAC 密钥、消费密钥等，TAC 密钥主要用于生成交易认证码，进而实现对交易过程完整性的检验；消费密钥用于保证交易的安全性，以防伪造卡或者伪造 POS 终端进行交易。

5.4.4 手机钱包的安全问题

手机钱包的安全问题集中于交易过程中的信息安全与账户安全两部分。当前，利用多级密钥体系及其相关的密钥管理机制，能确保交易信息的机密性与交易过程的完整性。若用户丢失手机，可将用于支付的主账户申请 SIM 卡挂失，进而将支付账户变更为挂失态。挂失态能够关闭用户与支付后台的数据传输功能以及远程支付功能，但手机钱包内存储的电子现金仍可脱机支付。现有的安全防护措施仅利用限制单笔消费最大金额、账户总金额等，但这些措施对于用户而言，能够实现的风险规避程度是十分有限的。

日常生活中，如果用户丢失手机，因不法分子无法获取其支付密码，主账户的金额不会被窃取。但对于手机钱包中的现金而言，与交通卡相似，脱机情况下可进行支付。该安全隐患严重影响着用户体验，如果不解决，手机钱包便无法展现自身优势，后续的推广应用势必有较大的困难。

鉴于手机钱包潜在安全风险的分析，提议采用下述措施提高手机钱包的安全性。一是给用户的 STK 菜单提供密码保护。当用户使用手机执行脱机支付操作时，可以通过对 STK 菜单密码的验证完成对用户的身份认证，如充值、转账、修改消费额度等操作。该方式使得不法分子盗取用户手机后，由于无法获取 STK 密码，不能对手机钱包账户执行操作。

二是对手机钱包进行锁定。由于手机钱包与手机号码相绑定，当主账户申请挂失并冻结后，可以由后台将挂失指令推送至 SIM 卡的 STK 菜单上，随后 STK 菜单对手机钱包进行锁定，这样使得手机钱包无法执行任何功能。

以上两种方式能够对手机的脱机消费进行限制，很大程度上保证了手机钱包的资金安全，特别是针对手机丢失的情况，大大降低了用户金钱被窃取的可能性。

参考文献

[1] 黄伟. 移动智能终端操作系统安全策略研究[J]. 现代电信科技，2013, (6).

[2] 华锦芝，冀乃庚，吕旭峰等. 手机支付的终端安全威胁及应对措施综述[J]. 软件产业与工程，2012, (6):28-31.

[3] 王琼，施涛. RFID 技术在手机支付领域中的应用[J]. 电子测试，2009, (6).

[4] 陈华君，林凡，郭东辉等. RFID 技术原理及其射频天线设计[J]. 厦门大学学报（自然科学版），2005，44（增刊）.

[5] 王璇，武丹怡. RFID 在移动电子商务近距离支付中的应用研究[J]. 价值工程，2011, (24).

[6] 陈拓明. RFID-SIM 卡芯片集成技术研究及应用[D]. 长春理工大学，2013.

[7] 雷洪斌. 基于 NFC 技术的手机支付研究[D]. 上海交通大学，2007.

[8] 唐煜舟. 基于 2.4 G RFID 技术的移动支付系统的设计与实现[D]. 上海交通大学，2011.

[9] 余恬恬. RFID 安全认证协议的研究与设计[D]. 西南交通大学，2007.

[10] 易璐. RFID 技术在移动电子商务的研究与应用[D]. 湖南大学，2009.

[11] Auto-ID Center. 860～960 MHz Class I Radio Frequency Identification Tag Radio Frequency & Logical Communication Interface Specification Proposed Recommendation Version 1.0.0. Technical Report MIT-AUTOID-TR-007[Z]. 2002.

[12] The free encyclopedia[EB/OL]. http://en.wikipedia.org/wiki/FaradayCage.

[13] HJORTH T. Supporting privacy in RFID systems[J]. Master Thesis, 2004.

[14] JUELS A, RIVEST R L, SZYDLO M. The blocker tag: selective blocking of RFID tags for consumer privacy[A]. Proceedings of the 10th ACM Conference on Computer and Communications Security, CCS, Washington DC, United States[C]. 2003. 103-111.

[15] WEIS S. Security and Privacy in Radio Frequency Identification Device[D]. Cambridge, MA, USA: MIT, 2003.

[16] OHKUBO M, SUZUKI K, KINOSHITA S. Hash-chain based forward-secure privacy protection scheme for low-cost RFID[A]. Proceedings of the 2004 Symposium on Cryptography and Information Secunty(SCIS 2004)[C]. 2004.

[17] GAO X X, XIANG Z, WANG H, *et al*. An approach to security and privacy of RFID system for supply chain[A]. Proceedings of the IEEE International Conference on E-commerce Technology for Dynamic E-business, CEC-East 04, Beijing, China[C] 2004. 164-168.

[18] 戴尔俶. 基于 NFC 技术的移动支付系统设计与实现[D]. 电子科技大学，2010.
[19] 金倩，耿力. 基于 RFID 的手机支付技术及标准[J]. 信息技术与标准化，2008, (3).
[20] 蒋华，徐晨，袁红林. 基于 NFC 的移动商务模型研究[J]. 信息技术，2006, (2): 65-67.
[21] 武捷，郝文江，浮欣等. NFC 手机支付技术安全性浅析[A]. 全国计算机安全学术交流会论文集[C]. 2010.
[22] 李翅. 基于 JavaCard 和 NFC 技术的手机钱包关键技术研究[D]. 湖南师范大学，2009.
[23] 艾芮荟. 关于解决手机钱包资金账户安全问题的思考[J]. 科技信息，2011, (9).

第 6 章 基于WAP和App的移动电子商务安全

在传统电子商务平台的商品展示、用户体验、技术底层非常成熟的今天，在线战场的优势已属于“红海”优势，失去了竞争力。移动电子商务应用的技术开发、用户体验设计、支付安全等问题已成为移动市场新的竞争点。有实力的电商平台及银行系统纷纷涉足无线移动市场，设计开发自己平台的 WAP 应用及移动 App，满足已经习惯移动数字化生活用户群的需求，使其在手机、平板电脑等终端完成商品的选择、参照对比、询价议价到最终的交易支付[1]。

另外，在电子商务平台官方移动应用外，更多的移动应用程序开发商针对用户群的不同需求开发了众多 SNS 社交类以及网购推荐类应用，为传统电子商务平台开辟了移动市场的推广渠道。

本章将主要就第二代和第三代移动电子商务技术（即基于 WAP 和 App）的安全风险和解决方案进行全面介绍。

6.1 基于 WAP 的移动电子商务现状

以短信为基础的第一代移动电子商务技术存在着许多严重的缺陷，其中最严重的问题是实时性较差，查询请求不会立即得到回答。此外，由于短信信息长度的限制也使得一些查询无法得到一个完整的答案。这些令用户无法忍受的严重问题也导致了一些移动电子商务系统的部门纷纷要求升级和改造现有的系统。

第二代移动电子商务系统采用基于 WAP 技术的方式，手机主要通过浏览器的方式来访问 WAP 网页，以实现信息的查询，解决了第一代移动访问技术的部分问题。

WAP 支持当前主流的嵌入式操作系统，并且支持多数无线终端设备。由于 WAP 采用二进制传输数据，可以对数据进行压缩，其优化功能能够满足低带宽通信。虽然目前基于 App 的移动电子商务迅猛发展，但是 WAP 仍是目前移动电子商务开展的一种重要承载技术，移动用户可以不受时间地点的限制、随时随地接入互联网络。该技术的应用和发展在低带宽通信背景下为移动电子商务提供了一个更为广阔的发展空间。表 6-1 为国内主要银行和机构手机支付平台网址。

表 6-1　国内主要银行和机构手机支付平台网址

银行（支付机构）名称	手机支付平台网址
中国建设银行	wap.ccb.com
中国工商银行	wap.icbc.com.cn
中国农业银行	wap.abchina.com
中国交通银行	wap.95559.com.cn
中国银行	mbs.boc.cn
中国银联	wap.umpay.com
支付宝	wap.alipay.com

6.2　基于 WAP 的移动电子商务安全方案

WAP 是无线终端和 Internet 之间通信时使用的开放性全球标准。WAP 包含若干协议，用于对无线通信设备规范化、标准化，不仅定义了用户访问内容的具体格式，还规定了通信使用的协议。通过 WAP 技术，不论用户身在何地，都可利用手机获取海量的 Internet 信息资源。

WAP 应用系统中包含 3 类实体，分别是 WAP 客户端、WAP 网关以及 WAP 服务器[2]。

① WAP 客户端：具有 WAP 浏览器的移动终端，包括移动电话、PDA 等。

② WAP 网关：连接客户端与服务器之间的纽带，它能够使原有的 Web 服务器技术直接应用于无线网络环境。WAP 网关的重要组成部分有协议网关和信息内容编/解码器。协议网关的主要功能是将信息在 WAP 协议栈和 Internet 协议栈之间进行转换，即将浏览器发送的 WAP 格式请求信息转换为 WWW 能够理解的格式；而信息内容编/解码器利用压缩编码的方式，达到减少网络数据流量的目的，提高传输速率。

③ WAP 服务器：服务器内存储的 WAP 内容和应用是用 WML 或 WMLScript 编写的。WAP 服务器可视为虚拟主机，内部存储着大量信息，用户能够对其进行查询、访问等操作。

WAP 应用模型为客户端/服务器（C/S）结构，具体如图 6-1 所示。

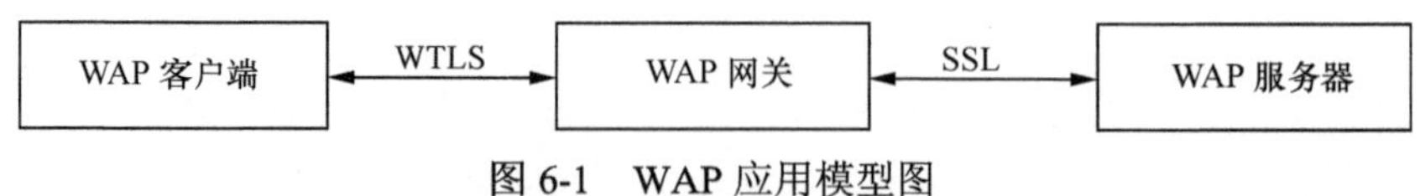

图 6-1　WAP 应用模型图

基于 WAP 的移动电子商务模式正得到越来越多用户的关注，也是欧美各大运营商和移动通信制造商组织的各大论坛中讨论最多、论证最成熟的。早期，WAP 应用运行于电路交换之上，所需费用较高，用户量较少，同时，应用程序数量少、速度慢等原因，使得第一代 WAP 手机并未得到广泛应用。伴随着 3G 时代的到来，WAP 有了更合适的承载技术，势必得到更大的发展[3]。

6.2.1 WAP 1.x 与 WAP 2.0 的安全性

WAP 1.x 由于无法提供端到端的加密与身份认证，并且数据的解密在连接移动网络与 IP 网络的 WAP 网关上进行，因此，不能提供可靠的保护机制，无法满足大额交易的安全需求。这一缺陷在 WAP 2.0 中得到了改进。

WAP 2.0 不仅完全兼容 WAP 1.x，还能够满足 WAP 1.x 的所有安全需求，安全性得到较大的加强。同时，WAP 2.0 还针对 WAP 1.x 中存在的问题和当前移动通信的发展趋势，补充了若干安全规范和标准。

部分设备制造商的 WAP 1.x 设备号称能够提供完全的端到端安全服务，但事实上，这是通过把 WAP 网关与应用服务器捆绑在一起实现的。WAP 2.0 对此加以规范，提出了利用 WTLS 实现的传输层端到端的安全解决方案。

WAP 2.0 中规范了针对无线环境进行优化的 TCP，并认为可以直接在无线设备上使用 TCP 协议，因此，传输层的安全性可以通过 SSL/TLS 协议得以实现，这为传输层端到端的安全传输提出了解决方案。同时，WAP 2.0 中还对 WPKI 和数字证书进行说明，为无线应用客户的证书请求和使用提供了参考标准。

利用运营商管理的 WAP 网关，连接有线网络安全传输与无线网络安全传输的方式，不适合对安全性要求较高的公司。对这些公司而言，拥有自己的 WAP 网关或许是较为可行的解决方案。推出 WAP 2.0 之前，部分无线设备制造商提出过移送 WAP 网关至企业内部的解决方案，但因为缺乏统一的操作规范，并不是很方便。针对上述问题，WAP 2.0 给出了一个统一的、易于操作的规范，即《WAP-187 传输层端到端安全》。

传输层端到端安全的体系结构[4]如图 6-2 所示。

受信主/缺省拉网关、受信推网关以及无线端口代理是无线设备接入互联网的必要元素，都由运营商进行维护。源服务器 a 与源服务器 b 为互联网上普通的 WAP 服务器或 Web 服务器，一方面，无线终端利用拉网关对它们进行访问；另一方面，源服务器 a 与 b 能够利用推网关把信息推送给无线终端。图 6-2 中的安全域表示企业内部网络，WTLS 为无线终端与安全域之间的数据传输提供端到端的安全服务[5]。

此处提到的“端到端”是指无线终端到企业内部安全下级拉网关之间的端到端安全，而安全下级拉网关与源服务器 c 之间的安全通信是通过 TLS 实现的。因为只有无线设备和企业内网才能访问安全下级网关，互联网上的黑客无法访问，极大地降低了 WAP 网关上信息被窃听的安全风险。

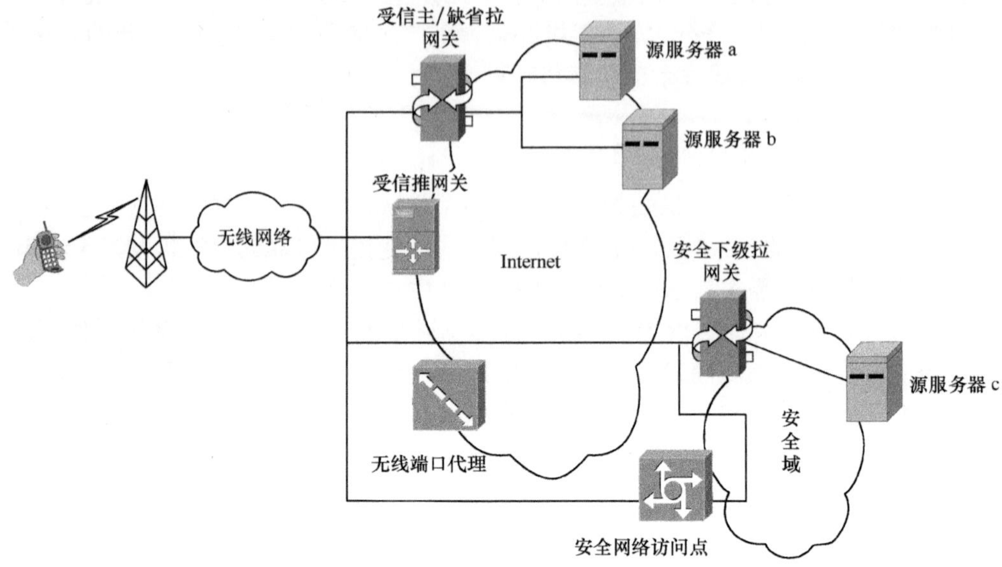

图 6-2　传输层端到端安全架构

图 6-2 所示的模型中，假设用户已经手工配置或者利用 WAP 的引导/提供机制配置好了受信拉/推网关及无线端口代理的相关参数，无线移动终端访问源服务器 c 的步骤[4]如图 6-3 所示。

① 用户利用移动终端选取想要访问的服务器 URL；

② 移动终端上的用户代理向缺省拉服务器发送 WSP（无线会话协议）请求选择的 URL；

③ 缺省拉服务器转发请求消息给源服务器；

④ 源服务器向缺省拉服务器发送响应消息 HTTP“错误状态码 300”，同时，消息体中携带一个 XML 导航文档；

⑤ 缺省拉服务器得到 300 的错误码后，对 XML 导航文档的正确性进行验证；

⑥ 若验证通过，则缺省拉服务器把 XML 导航文档发送给用户代理；

⑦ 用户代理将导航文档中包含的安全下级拉网关的配置参数进行缓存；

⑧ 用户代理利用 WTLS 协议，在与安全下级拉网关之间建立一条安全的会话通道；

⑨ 之后，用户代理向安全下级拉网关发送想要访问的 URL；

⑩ 安全下级拉网关把接收到的 URL 转发给安全域内的源服务器；

⑪ 安全域内的源服务器利用安全下级拉网关把 WML 形式的结果文件发送

给用户代理；

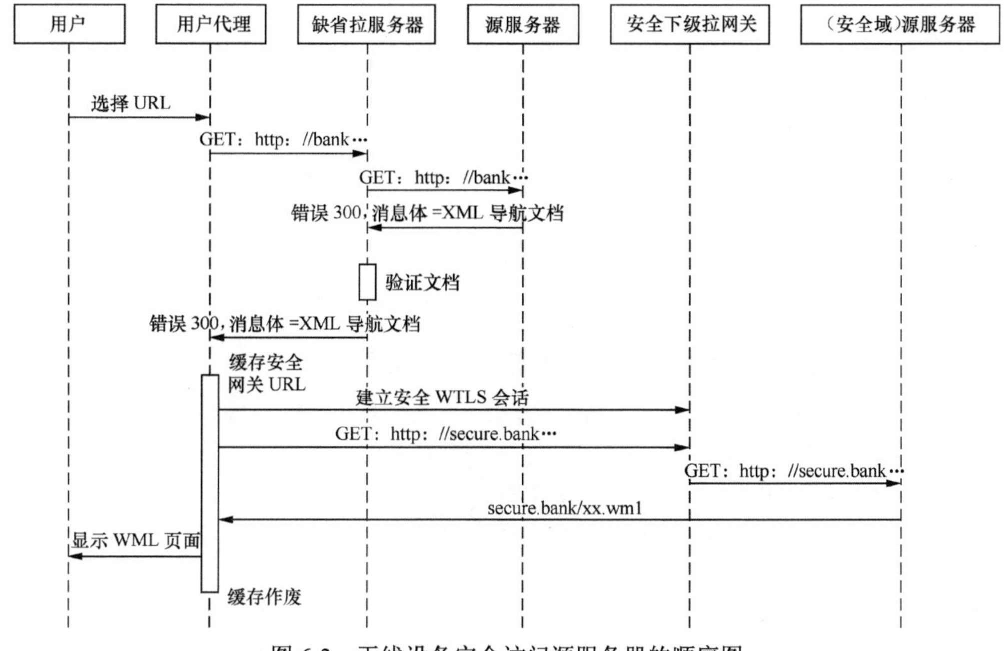

图 6-3　无线设备安全访问源服务器的顺序图

⑫ 用户代理显示相应的 WML 结果页面；

⑬ 用户代理将缓存的安全下级拉网关的配置参数作废。

上述过程得以实现的前提条件是，用户代理和 WAP 网关都必须能够处理导航文档。导航文档与连接文档相似，都是 WAP 2.0 引导/提供机制下规定的一种 XML 文档。

6.2.2　基于 WAP 的移动电子商务模型及安全问题

基于 WAP 的移动电子商务模型中，重要组成单元包括 WAP 移动终端、WAP 网关和 WAP 内容服务器。

首先由用户利用移动终端对想要访问的 URL 发起请求，该请求由无线网络发送至 WAP 网关后，WAP 网关把 WAP 协议的访问请求转换为 HTTP 协议，利用互联网传输该请求至内容服务器。内容服务器对用户请求进行处理后，返回处理结果至 WAP 网关，WAP 再将 HTTP 协议的信息转换为 WAP 协议传给移动终端，进而实现移动电子商务交易[6]，具体如图 6-4 所示。

本章的研究重点为 WAP 网关协议，因为在第 4 章中介绍的 WTLS 协议和 SSL 协议之间不兼容，WAP 网关和内容服务器间传输的数据不能保证端到端加密，

WAP 网关上的数据在特定时间是明文形式，存在被黑客窃听的可能性。上述移动电子商务模型还存在交易抵赖等安全问题，很可能阻碍移动商务的后续发展，须引起各参与方的高度重视。

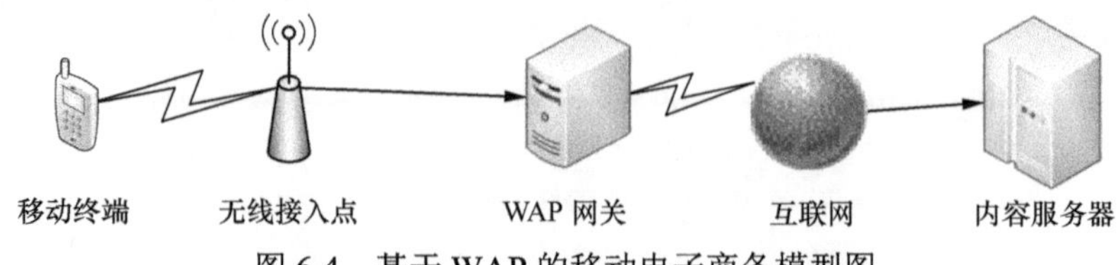

图 6-4 基于 WAP 的移动电子商务模型图

6.2.3 基于 WAP 的移动电子商务安全解决方案

针对 WAP 协议栈和 WWW 协议栈结构相似的特点，基于 WAP 的移动电子商务安全解决方案中，使用 WPKI（无线公钥基础设施）体系对无线网络中的公钥和数字证书进行管理。该体系中规定了可信的第三方认证中心为移动终端、WAP 网关、内容服务器发放数字证书，并进行身份认证，认证中心的证书体系为各参与方提供身份与密钥的安全性保障。基于 WPKI 的安全模型[6]如图 6-5 所示。

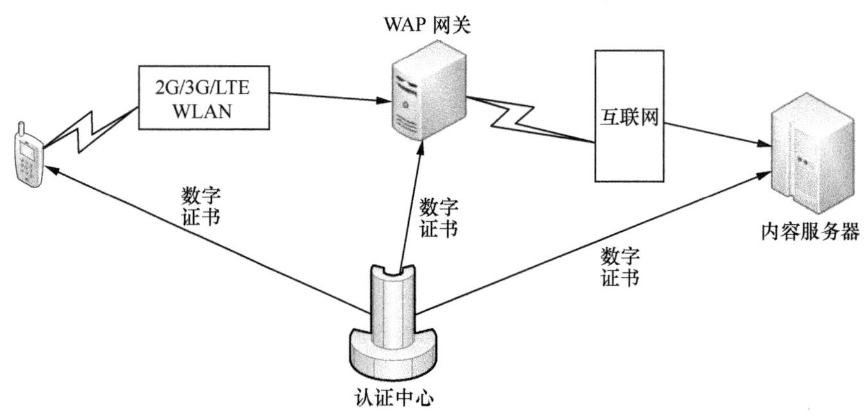

图 6-5 基于 WPKI 的移动电子商务安全模型

针对终端接入层存在的安全问题，可通过在移动终端的 SIM 卡中嵌入 WIM（无线个人身份模块）解决。嵌入 WIM 的 SIM 卡即为 SWIM 卡，具备存储密钥等机密信息的功能，并且能够防止黑客的恶意篡改。同时，SWIM 卡能在短时间内完成 WTLS 的三级加密，并为用户提供身份认证和数字签名功能。

对于通信链路层的安全问题，可利用 WTLS 协议为通信链路上传输的信息提供机密性、完整性保证，并为通信参与方提供身份认证服务。其中，机密性利用在通信双方之间建立的安全信道，以保证端到端的加密传输；完整性依靠原始信息的消息认证码（MAC）功能实现；身份认证功能由数字证书提供。

网关协议层的安全问题可由 WPKI 体系中的数字证书与密钥管理功能解决，移动终端与服务器间交互的信息通过加密、数字签名实现端到端的安全保障。

应用服务层的安全问题主要集中于交易抵赖行为方面，针对此问题，可利用数字签名技术解决，客户端与服务器端都要使用自己的私钥对交易信息进行数字签名，凭借已经签名的记录作为仲裁的依据。

6.3　WIM 的安全应用

6.3.1　WIM 概述

WIM（WAP Identity Module，WAP 身份模块）的主要作用是将原先由移动终端实现的安全功能转移到防篡改设备中实现。这里所说的防篡改设备指智能卡或者 SIM 卡。智能卡内部含处理器，能够实现加/解密和散列功能。相较利用移动终端上的应用软件实现安全功能，WIM 实现有着诸多优点：具有良好的性能，能够利用它设计加/解密芯片；较强的数据存储能力，能够存储经常访问的重要数据，包括私钥、共享密钥等，能够利用它们建立长时间的会话。由于智能卡中已存储这些重要数据，移动终端中无需备份。纵使手机被不法分子窃取，对方也无法获取其中的重要数据信息。此外，在手机电池耗尽的情况下，密钥也不会丢失，并且无需重新建立。

把私钥等敏感数据与手机相分离有诸多好处，最重要的优势在于用户能够将手机和智能卡分开保存，这就解决了用户的身份认证和针对设备的合法性认证问题。

WIM 是一个独立的安全模块，主要用于存储和处理用户身份认证和授权所需的信息。该功能的实现都以 WIM 中能够存储敏感数据为基础，同时，要求与密钥相关联的操作能够在 WIM 中执行。

智能卡为实现 WIM 的方式之一[7]。在移动电话中，这可以是用户身份模块（SIM）卡或者是扩展的智能卡。电话和智能卡的交互在命令－响应协议中进行详细说明，可使用应用协议数据单元（APDU）。这些规范是基于智能卡的 ISO7816 系列标准和相关 GSM 规范[GSM11.11]的。

WIM 的基本特点是要具备防篡改的能力。因此，需要采用特定的物理硬件来保护，这样就不能提取或者修改模块中的信息，通常智能卡都是采用这类保护技术。平常的移动电话和 PDA 不能看作是防篡改的设备。

PKI 功能（包括用私钥进行 WTLS 客户端鉴别和 WMLScript 数字签名）可以

在通常的 PDA 或电话中利用应用软件实现，并使用密码保护、加密功能，但是这些操作不能看作是 WIM 的操作。

6.3.2 WIM 的结构

WIM 与 WAP 的分层结构模型关系[7]如图 6-6 所示。WAP 协议的分层和功能与 OSI 参考模型［ISO/498］的上层很相似。

WIM 是防篡改的设备，主要用于提高安全层和应用层中特定功能的安全性。WIM-SAP（WIM 服务访问点）用于对 WIM 实现共有的功能进行描述。

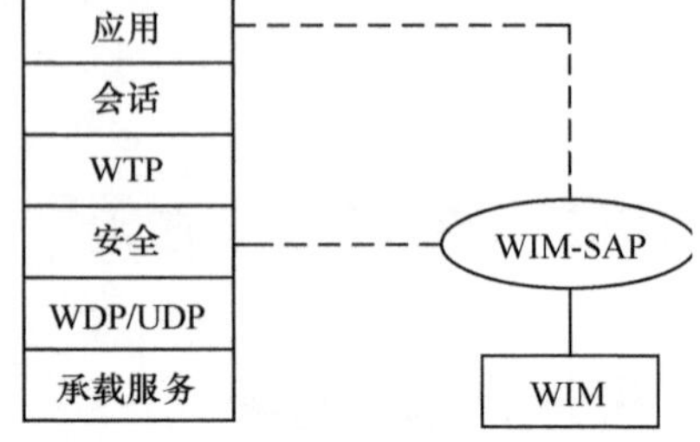

图 6-6 WAP 参考模型中的 WIM

WIM 可以定义为一个独立的智能卡应用程序，也可以作为多应用程序卡的一部分，这类卡可能包含了别的应用程序，例如 GSM、SIM。WIM 应用程序的设计采用智能卡技术，利用通用的加密标准接口，例如 ISO781，使 WIM 应用于 WAP 以外的应用程序，例如 SSL、TLS、S/MIME 等。

6.3.3 WIM 的安全应用

通过使用 WIM 技术，WAP 能够为移动电子商务提供身份认证和不可否认性服务，并且为 WTLS 中实现的消息提供了机密性和完整性的保证。

在 WTLS 中，WIM 主要用于在握手期间执行加密操作（特别是用于客户端鉴别）和保证 WTLS 的安全会话。

WIM 还可以用于保存永久的私钥和执行与之相关的操作，包括以下两个方面。

- 在选定的握手方案需要时，为鉴别客户端进行签名操作（例如 RSA）；
- 使用固定的客户端密码进行密钥交换操作（例如在 ECDH_ECDSA 握手中的 ECDH 密钥）。

在一些握手方案中（例如 RSA），随机数作为预主密钥的一部分，有必要产生高质量难预测的随机数。WIM 能够产生随机数供移动设备使用。

同时，WIM 会保存它所需要的证书，包括 CA 证书和用户证书。保存信任（根）CA 证书从安全角度来讲非常重要：它们不能被改变，但可以公开。CA 证书可以由 WIM 的发布者来保存或者由后来的用户保存。如果有很多证书，可能需要把它们保存在移动终端中。这些证书可以被改变。因此，移动终端应该能够从中下载新证书，并且自己保存这些证书或者将其保存在 WIM 中。

从安全角度来看，没必要将用户证书保存在防篡改的地方。但是，就逻辑和方便的角度而言，将证书保存在 WIM 中还是很有用的。值得注意的是，在 WTLS

中，服务器会从自己的资源中检索客户端的证书，还有一种情况是将证书的 URL（而不是证书）保存在 WIM 中。

WIM 采用它所支持的算法来维护信息，移动终端从 WIM 中检索信息。永久密钥对在 WIM 中产生或者作为生产和个人化过程的一部分。WIM 可以保护安全会话和私钥。WIM 支持的功能概括如下。

- 计算（ECDH 密钥交换）或者产生（RSA 密钥交换）预主密钥；
- 为每一个安全会话计算和保存主密钥；
- 基于主密钥派生和输出密钥。

因此，用于计算的主密钥和预主密钥是与 WIM 相关联的。

密钥是有生命周期的，生命周期是在 WTLS 握手过程中协商的——极端情况是仅用于一个消息。当用户从安全 WAP 应用中退出时，手机便可以将这些密钥从内存中删除。在需要的情况下，这些密钥可以一直从主密钥中派生。

获得消息加密密钥的攻击者可以读取在密钥刷新配置中协商的消息（特别情况下仅为一个消息）。使用 WIM 的应用级安全包括数字签名和解密，这两个操作都会使用私钥，而且私钥存储于 WIM 中。这些操作是通用的，它能够应用于 WAP 和 WAP 之外的应用程序。

（1）解密

当应用程序接收到消息密钥时，由于该消息密钥是用与 WIM 中私钥对应的公钥进行加密，因此，首先需进行解密操作。移动终端将这个封装的密钥发送给 WIM，WIM 利用私钥解密后返回给移动终端。之后，移动终端使用该密钥解密消息。

（2）数字签名

数字签名用于鉴别和不可否认目的（例如对文档进行签名或者确认交易）。对于不可否认目的，通常使用单独的密钥，同时要求用户对每一个签名输入鉴别信息（PIN）。需要注意的是，为了支持不可否认性，签名密钥不能离开防篡改的设备。

对数据的签名，首先由移动终端计算数据的散列值，根据应用程序的要求对数据进行格式化，并将格式化后的数据发送给 WIM。WIM 用私钥计算数字签名并返回数字签名。

（3）签名验证

在这种情况下需要进行签名验证，即应用程序需要有签名验证的能力。但是，移动终端中没有验证算法或者验证算法在 WIM 中执行的效率更高。在验证过程中，移动终端发送公钥、签名以及数据的散列值给 WIM，WIM 返回验证的状态。

WAP 是在无线网络传输慢、手机处理能力弱、内存小、屏幕小的背景下提出并广为应用的。目前，随着越来越多智能手机处理能力的加强，浏览器支持

HTML、CSS 以及 JavaScript，运营商流量资费下降，带宽大幅提高，移动电子商务对网页的适配及流量的控制需求越来越少。自 2013 年以来，基于 WAP 的应用逐渐减少[8]。

此外，由于 WAP 使用的加密认证的WTLS协议建立的安全通道必须在 WAP 网关上终止，形成了安全隐患，所以 WAP 网页访问的安全问题对安全性要求极为严格的政务系统来说也是一个严重的问题。这些问题也使得 WAP 难以满足用户的要求。

6.4 基于 App 的移动电子商务应用

随着 4G 移动网络的逐渐普及，智能大屏手机市场份额逐渐扩大，移动电子商务受到青睐。同时，移动终端 App 因具有快捷方便、无所不在的特点已在全世界范围内掀起热潮，并成为电子商务的主流发展模式之一。移动互联网发展让用户与信息的交融更加及时。通过 App 的使用，人们可以随时随地收发电子邮件、查阅交易股票、订购商品、收发红包、预约专车。本节将就 3 种主要的基于 App 的移动电子商务应用，即手机银行应用、手机支付应用和移动电子商务社交应用，分别进行介绍。

6.4.1 基于 App 的手机银行应用

智能移动终端不仅功能强大，而且便于携带，加上 3G/4G 网络技术的发展，使得智能移动终端以及移动终端应用得到了迅猛普及与发展。智能移动终端中最为常见的就是智能手机，以智能手机为载体的电子银行——手机银行 App 应用也随之产生。手机银行是银行业金融机构通过针对智能手机开发的移动应用程序提供金融服务的业务模式，这类应用程序目前主要以 Google 公司的 Android 系统和苹果公司的 iOS 系统为平台。手机银行的操作流程是用户首先在智能手机下载安装手机银行客户端软件，启动软件并登录账户，然后通过软件提供的菜单向银行后台服务器发起查询、转账、支付等请求，服务器进行身份验证后响应请求从而完成业务[9]。

手机银行 App 的服务范围、业务功能和发展不再局限于提供传统意义上的银行业务。与购物、社交等领域具有单一应用功能的 App 客户端不同，商业银行的 App 客户端在横向整合银行业务、移动支付等功能的同时，还在不断地纵向延伸，例如加入一些电子商务、生活服务类应用。以招行为例，目前招行的 App 客户端里的功能和应用已经有近 50 个大类、数百个小项，而这个数字还在不断增加中[10]。

手机银行 App 未来会有更多的应用与功能被整合在一起，包括银行卡、公交卡、会员卡等，只要有一个手机，支付结算、生活服务等各项需求都可以得到满足。在不远的将来，银行的 App 客户端将全面整合移动金融四大板块的功能，即移动银行、移动支付、移动生活和移动营销。

自交通银行于 2009 年 11 月推出首款 iOS 网银客户端以来，中国已有 50 家银行推出手机银行或平板电脑等移动客户端，交易额也迅猛增长。据不完全统计，目前已有工行、招行、浦发、民生、宁波等 50 余家银行推出了 App 客户端。有的银行还针对不同的手机操作系统推出了多个版本。从手机银行的用户数量来看，工行、建行的用户数遥遥领先于同行，而在股份制银行中，则数招行最多。虽然 App 客户端越来越多，但是在不断的发展中，各个手机银行 App 都变得越来越相似。

一般来说，手机银行 App 可通过移动通信网络无线办理银行业务，为用户提供安全、便捷、即时的移动在线金融服务，比如账户管理、转账汇款、自助缴费、金融理财、移动支付，可实现查询、转账、信用卡、贵金属、理财等功能，并可随时查看股票、基金、期货等行情。

例如，工商银行 App 客户端按照客户习惯分为常用功能、投资理财、移动生活三大屏。同时，用户可浏览基金、外汇和贵金属行情，查询工商银行理财产品以及存贷利率等金融讯息，查看优惠活动等。此外，工商银行还与第三方公司合作，专门为商旅人士和广大影迷朋友设计了机票预订、手机充值、电影票这 3 项服务；招行将保险、基金、理财等信息都集合到“金融助手”里，登录账户后在主界面明显位置会有手机银行专享理财提醒，方便用户直接购买。招行手机银行还提供多种理财工具。招行客户端比较特别的还有手机号码转账功能，只要填写收款人手机号码，即可转账，且有多重机制保障安全；农行“金穗领航”App 能够为市民提供苏州市大范围内网点、自助银行地图服务，市民还可通过该软件实时了解附近的农行网点和排队信息。

除了手机银行 App 之外，微信银行的“微站”也不断升温。自从第一个“吃螃蟹”的招商银行于 2013 年 7 月上线微信银行后，短短一个多月的时间，广发、浦发、平安、工行也纷纷“跑马圈地”，推出各自的微信银行。从招商微信银行的功能介绍中可以窥探大部分微信银行的主要功能：微信智能客服、借记卡账户查询、转账汇款、信用卡账单查询、信用卡还款、手机充值、生活缴费等。

据和讯网银行频道发布的《2013 手机银行市场调研报告》显示，手机银行在手机网民中的使用率已达 52%。统计也显示，用户在使用手机银行时对资金安全问题的关注程度极高，手机银行用户希望有更多的安全措施，对资金安全的担忧也导致移动支付进一步推广的阻力较大。对任何单位和个人来讲，银行任何业务系统的安全永远是第一位，系统涉及用户的账户数据信息交互，要对用户的账号、密码、交易、关联信息等数据在传输、交互、存储等过程中严格保护，各个数据转发节点都要考虑周全，全程实行高等级加密，对存储在数据库中的密码、账号等核心数据信息要进行全方位保护[11]。

6.4.2 基于 App 的手机支付应用

手机 App 支付极大地便利了人们的生活，App 可以同时和金融、餐饮、商业等不同的产业合作，通过线上、线下等多个应用场景，可以进行手机或固定电话缴费、校园一卡通充值、网购支付、水电缴费、信用卡还款及账单付款等涉及生活方方面面的便捷支付，其发展前景非常广阔。根据易观智库《2013 年中国第三方支付市场季度监测》数据显示，2013 年中国移动支付市场进入爆发式增长阶段，总体交易规模突破 13 010 亿元，同比增长率高达 800.3%。2013 年基于移动互联网的新型移动支付方式（如手机钱包客户端、应用内支付等）发展迅速，代表未来移动支付发展的主要方向，而原有的短信支付方式占比逐渐下降[12]。

由此可见，手机 App 支付的发展速度将越来越快。手机 App 支付目前之所以发展潜力巨大，是因为其有一个巨大的优势，即通过对其使用可以掌握用户特性。在当今这个数据价值巨大的时代，对用户即消费者的了解意味着无限商机和对商业策略调整方向的掌握。当前，手机 App 支付的主要代表是支付宝和微信支付，均支持短期理财产品、打的软件支付优惠等。

此外，传统电子商务平台大部分实现了在终端上部署 App，例如，阿里巴巴无线客户端（Alibaba Mobile）是阿里巴巴推出的一款移动电子商务终端，主要为 B2B 类电子商务提供相关的业务功能。该客户端将阿里巴巴网站的主要业务移植到了移动终端，最终的目标是使用户能够在移动终端进行业务信息获取、信息搜索、交易沟通等功能[13]。

6.4.3 基于 App 的移动电子商务社交应用

手机社交网络也将成为智能手机的热点应用，移动电子商务应用中最成功的就是一系列娱乐服务。用户不仅可以从移动门户上下载音乐、视频、屏保、手机图铃到移动设备上，还可以进行博彩、交互游戏、发送数字贺卡和看手机电视等[14]。

社交 App 大致分布在以下范围。

① 社交方式：分为微信、飞信、微博、SNS、邮件、通讯录、BBS、LBS。

② 关系方式：分为熟人社交、陌生社交、兴趣图谱等。

③ 信息传递方式：有文字、语音、视频等。

智能手机相对于传统 PC 有很多新特性，比如可以随身携带随时使用，可以拍照摄像，带有传感器，并附有 LBS 功能等。因此，通过手机进行名片管理和人脉拓展成为一项很重要的商务应用。从原来的短信到现在的微信，从原来的个人主页到现在的微博，人们越来越多地使用不同的通信方式。移动电子商务社交 App

在生活中发挥着重要的作用。

安全问题是制约移动电子商务发展的核心和关键问题。随着人们开始接受并采用移动设备接入互联网，移动安全性问题越来越受关注。而且，移动设备的功能越丰富，这种安全性顾虑就越突出，安全问题在某种程度上决定着移动电子商务的发展程度。

6.5　基于 App 的移动电子商务安全威胁

基于 App 的移动电子商务安全风险涉及用户手机客户端软件、通信网络及银行后台 3 个方面，因此，移动电子商务的安全解决方案必须通盘考虑这 3 个方面的风险因素。服务器端安全防护体系的设计、实现和维护一般由专业人员负责，对手机银行安全构成威胁的最大短板在客户端及通信网络两个方面[15]。本章将重点介绍客户端方面的安全威胁，通信网络方面的威胁读者可以参考[16]。

6.5.1　手机恶意软件威胁

目前，针对移动电子商务的手机恶意软件泛滥，重灾区为使用 Android 操作系统的手机。百度手机卫士与易观智库联合发布《中国手机安全市场现状研究报告》显示，2014 年一季度跟移动金融相关的手机病毒样本量就达到了 12 万种。支付类病毒感染用户总数达到 1 126.75 万，给用户造成经济损失高达 7 500 万元。而在整个手机支付过程中，19.74%的支付类病毒可以读取用户短信。这里的“用户短信”包括用户支付交易的手机验证码。该验证码若被黑客利用，再结合窃取到的用户手机号码等隐私信息，可以取消数字证书等设置，从而破解用户的支付账号。这类病毒如短信盗贼（a.remote eneity）可转发和拦截各类手机用户短信到指定号码；还有盗信僵尸（a.expense.regtaobao.a）可将中毒手机变成被黑客远程控制的机器，发送短信注册淘宝账号，同时可拦截、屏蔽支付确认短信，盗取手机支付确认验证码和手机资费，甚至威胁手机支付 App 的账户余额。

针对移动电子商务的手机恶意软件种类各异，据腾讯手机管家安全专家统计，支付类病毒的特征中，默默联网的占 61.09%，其次是默默删除短信的占 37.30%，默默发送短信的占 30.10%，读短信的占 19.74%。另外，还有包含子包、默默安装、默默卸载等特征的病毒。手机支付病毒能够窃取支付宝、网银、微信支付的账号和密码，直接给移动支付用户造成财产损失。近年来二维码扫描流行，一些用户缺乏使用网络的安全意识和警惕性，随意扫描二维码。有些二维码隐藏病毒，被扫描后会让终端立即中毒或留下潜在的威胁，一旦时机成熟，不法分子就会发起攻击，进入用户的终端系统[17]。

1. 国际案例分析

2013年9月22日，某终端安全测试组监测到一种源于韩国通过短信传播的手机恶意软件Kakaobe，短信中包含一个网址链接，用户点击后，即在用户不知情的情况下自动向手机通讯录中的联系人群发短信。测试组利用终端第三方软件测试环境迅速开展测试，确认该恶意软件存在隐私窃取、资费消耗、诱骗欺诈等恶意行为。

该软件通过访问短信中的网址链接，自动下载kakaobe.apk程序。通过以下行为进行传播，达到非法目的。

（1）伪装为GooglePlay后台运行

该程序安装后在主屏生成图标，伪装为GooglePlay应用，启动后弹出GooglePlay主界面，并在后台运行恶意程序，用户无感知，无法正常退出。

（2）群发短信

启动后读取用户的通讯录信息，从网络端获取短信模板，给通讯录中的每个联系人发送短信，短信的内容通过网络获取，包含恶意程序的URL链接，造成该恶意程序大量传播。

（3）安装恶意伪装程序

应用启动后同时启动服务，遍历已安装的应用，如果匹配到已安装的应用为韩国银行应用，提示用户应用有更新，诱骗用户升级，用户确认后将原应用删除，然后从服务器端下载经过篡改的同一应用并安装。导致用户的原始应用被更新为经过篡改的伪装程序。

（4）上传用户证书

获取用户的数字签名证书，打包成ZIP文件后，上传到程序中指定的FTP服务器上，造成用户的证书信息泄露。

2. 国内案例分析

近期百度发现最有危害性的手机银行病毒叫“银行悍匪”，这个病毒模拟了23～25家银行的钓鱼界面，包括支付宝的钓鱼界面[18]。

与上文提到的Kakaobe类似，“银行悍匪”的技术原理很简单但很有效，就是先下载一个母包，分析一下你手机上装有什么支付软件，假设你有银行界面软件，它就把自己的银行模拟器再下载到你手机上。但是当你点一下真的银行App软件启动时，“银行悍匪”会在你手机上第一时间把真正的银行App关掉，界面只会闪一下，然后运行它自己界面上模拟得跟银行一样的假账户。一旦你在自己手机上点开山寨银行App，你的账号、密码就会被黑客拿到。

随后，“银行悍匪”会自动再运行真的银行App，界面再闪一次后，山寨的银行App会被卸载，了无痕迹。而且，对于普通用户，一旦下载针对Android系统的“银行悍匪”，用户中招率为百分之百，完全没有识别能力。银行卡被盗可能就是1 min的事。

目前，国内外对智能手机平台上的安全问题研究并不成熟，而手机病毒无论是数量还是种类都增长迅速，其破坏力和影响力也与日俱增，带给当前的智能手机持有者越来越多的困扰。病毒可以利用图片、文字和音频等下载，电子邮件和短信的发送、二维码的扫描等方式传播。病毒运行往往会造成用户系统及软件运行异常（停止运行、关闭和崩溃等）、终端硬件运转异常，进而导致数据泄露和恶意吸费等问题。针对电子商务的软件病毒主要将目标锁定在移动支付上。

6.5.2　App 非法访问威胁

授权验证手段单一是造成 App 非法访问的主要源头[15]。传统网上银行经过多年的发展完善，已经具备了多种授权验证手段，如密码、软硬件数字证书、电子口令卡、手机短信动态密码、图形识别验证、预留信息验证等，大多数商业银行的网上银行已经启用了双重验证机制，安全风险防范能力基本成熟。然而手机银行由于技术条件的限制，目前大多依靠单纯的密码验证授权，部分手机银行在资金划转和支付结算时附加了短信动态密码二次验证，授权验证手段较为单一。

移动设备硬件弱点是造成 App 非法访问的第二大因素[16]。如果采用手机实现移动电子商务交易，手机中的重要信息都是存储在 SIM 卡中，因此，SIM 卡是标识移动终端用户的一个重要设备。一旦手机丢失，则其他人可以复制 SIM 卡中的这些重要信息来进行攻击和欺骗。如果在电子商务交易中使用移动设备来进行用户鉴权，那么 SIM 卡丢失后非法窃取者还有可能伪装成真正的用户参与到电子商务的活动中来。

6.5.3　App 篡改或仿冒威胁

2012 年中国互联网产业年会的报告指出：60%的 App 是被篡改过的，存在着不同程度的隐私窃取、恶意扣费等风险。据了解，当一款 App 被恶意篡改时，轻则导致用户手机被植入垃圾信息、广告，重则会导致隐私信息泄露、被恶意扣费等。

在对 BAT 公司的手机金融产品（百度钱包、支付宝和微信）的监测中发现，一旦从不安全的来源处下载一个山寨版应用，比如一个山寨的支付宝，原有的 BAT 产品都不能幸免地被关闭，而且完全没有对用户的安全预警能力。

作为一种重要的 App 篡改手段，重打包攻击（Repacking Attack）者可利用以下步骤开展攻击[17]。

① 反编译 APK（Android Package，Andriod 安装包），取得反编译代码文件。

② 静态分析反编译代码文件得到程序逻辑，动态调试寻找突破口。

③ 修改反编译代码文件，在关键部位加入恶意代码。

④ 对恶意程序重新打包测试，并签名发布。

6.6 基于 App 的移动电子商务安全方案

智能移动终端以密码模块为可信根建立智能移动终端的整体安全防护体系[18]。在终端可信引导层、应用层、框架层、系统内核层相应的防护技术，形成一个完善的智能移动终端防御体系。在终端可信引导层，对操作系统进行完整性校验时，采用终端可信引导技术；对于应用层安全防护，采用防病毒、防木马、防丢失的相关措施保证应用层的安全。对于终端框架层，主要采用通信控制技术防止终端被控制，杜绝与外界的非法链接；最后，在操作系统内核加固技术层，基于操作系统强制访问控制这一启动框架，实现对终端操作系统的关键进程和文件的保护，防止系统关键进程和文件被篡改，保障移动电子商务信息安全。

在移动电子商务用户方面，建议不要在有公共无线网的地方进行电子支付，不要随便进入不知名的网页进行软件下载及用户名的登录，抵制山寨手机，同时要经常进行 App 软件升级和添加手机安全卫士进行漏洞排除和杀毒，全方位地管理好用户自身的 App 运行。

下文将对如何保障基于 App 的移动电子商务安全做全面介绍。

6.6.1 App 可信来源保障

从客户的角度，应该下载官方软件，杜绝山寨支付网银类 App。iOS 用户可直接从苹果商店下载，苹果官网上架的应用都是经过检测的。Andriod 用户可以下载的方式有很多种，多种方式也相应增加了风险，因此，建议 Andriod 用户首先安装一个手机防护软件，之后再到其安全市场去下载应用，这样可以保证应用的安全性。

从监管的角度来看，政府主管部门应完善相关法律法规，加强对移动互联网的管制[19]。通过第三方电子认证机构建立网站和移动 App 识别体系，摒弃传统的企业及自我审核模式，实现可信网站应用的验证升级。同时，监督运营商从技术层面解决终端用户所需的垃圾短信、号码伪造、用户信息泄露等无法从终端层面解决的问题。

6.6.2 强认证机制保障

为实现强认证机制，可采取以下几种措施。

（1）强密码机制[15]

无论计算机还是手机应用，用户名密码机制都是目前最普及的授权验证手段，通常也是登录系统的第一道防线，而强度较低的密码无疑让密码验证机制的安全性大打折扣。因此，手机银行客户端在设置登录口令时应采取强密码机制，并将系统登录密码、账户查询密码、资金支付划转密码分开设置，以提高第一道防线的安全性。

（3）多种验证机制

在基本的密码验证机制上，采取动态电子口令卡、数字证书、预留信息验证、短信动态密码等二次验证机制，在采用二次验证机制时应避免验证路径与授权发起路径重叠。如果手机硬件条件允许，应尽可能采取指纹、人脸、虹膜等生物识别技术以强化验证级别。

（3）行为模式分析策略[15]

用户的行为模式通常具有规律性，如大部分人经常出现在某个城市的某些区域，即便出差旅行，也不可能前后几分钟便相差上百公里，因此，商业银行可在取得用户同意的前提下，采集用户的手机型号、手机号码、各时间段的地理位置、登录 IP、密码错误次数等信息，建立每个用户的行为模式，银行后台系统对每次授权验证请求均进行行为模式的分析，一旦发现行为异常，应立即提高身份验证级别甚至中止业务办理，并由客服人员通过预留的非登录手机号联系客户进行确认，这种策略不仅可以大大降低手机失窃之后的风险，也可防范假冒、中间人等网络攻击。

（4）执行用户身份合法性认证[20]

移动终端的便携性导致其很容易被丢失，同时也是被盗的主要对象。为了防止这种情况发生而导致第三者登录支付客户端软件进行恶意支付，需要定义一套完善的用户身份合法性认证机制：如果是借记卡，验证要素可以是客户端登录账户（唯一 ID）、支付密码和短信验证码；如果是贷记卡，验证要素可以为客户端登录账户（唯一 ID）、卡片有效期、CVN 和短信验证码。这种方法能帮助应对安全威胁。

（5）密码控件

密码控件是运行在 Web 端与服务器端用来保护密码明文的端到端加密工具。用户在手机输入登录密码和转账密码后，客户端首先利用和手机银行服务器端协商的密码加密公钥对输入密码加密，然后经过数据传输，最后由手机银行服务器完成通信链路的解密，由手机银行应用服务器发往核心进行密码验证。手机网页中用户输入密码后，网页中会存有明文不够安全的风险，所以需要使用手机本地程序，调用随机产生的按钮出现随机的键盘来完成。整个过程分为以下几个步骤。

① 通过发送请求得到密码公钥；

② 通过随机顺序输出按钮形成键盘；

③ 通过键盘按钮的 ID 映射成不同的字符，得到明文；

④ 对明文通过密码公钥做 RSA 加密；

⑤ 返回密文。

建立密钥更换机制。加密机制建立后，可以保证数据密文传输。加密是通过密钥完成，假如密钥被恶意盗取，则加密的密文就会被解密，加密就会变得没有意义。出于安全考虑，密钥必须时常更换，更换机制如下。

① 在登录时发送请求获取公钥，程序通过 VAR 表查询并返回；

② 判断 VAR 表中密钥生成时间，相隔超过指定时间，则发送接口 TK01 请求更换，存入 VAR 表；

③ 在更换后加密过程会提示错误“会话超时请重新登录”，在重新进入应用后会重新获取密钥。

6.6.3 App 完整性保护

App 完整性保护可以通过代码混淆和程序加固加壳处理两种方式防止 App 被篡改和盗版。

1．代码混淆

从代码混淆工作上，尽可能混淆更多的核心代码，保护好客户端的源代码；添加 APK 的完整性校验，防止恶意客户端替换、篡改客户端程序。

对于重打包攻击，目前可以采用签名检查、文件校验、代码混淆以及源码加壳的方式来进行保护。众所周知，Java 字节码反编译较为容易。因此，常使用 SDK 工具集里面的 Proguard 工具对 Class 文件进行混淆处理，使得代码中的类名、方法名与变量名置换混淆的同时，对字节码进行优化处理，缩减体积。目前，国内外的混淆工具非常多，按其技术原理可具体分为数据混淆、控制混淆、符号混淆、预防性混淆等。上述 Proguard 便属于符号混淆。数据混淆则是通过改变数据存储与数据访问的方式，使程序语义更加复杂，从而增大反编译的难度。而控制混淆将代码中多个循环的控制流进行拆分或转化为递归，从而保护代码。预防性混淆简单易行，其利用反编译器的 Bug 与漏洞，在代码中放置特定语句来使得反编译器失效，从而避免被破解。

然而，混淆处理过的代码虽说晦涩难懂，但资深攻击者仍然可分析出其逻辑结构，并进行逆向。因此，对程序进行加固加壳处理就显得很有必要。

2．加固加壳处理

目前，国际上较为有名的加壳工具有 Dex-Guard 等，而国内安全厂商提供的加壳加固服务也较为优秀。此类方案大多利用加密、NDK、封装类多项技术，通过自定义 Class-Loader 来动态加载已被加密的 JAR 文件。经过加固方案处理过的 App 文件结构清晰，但整体逻辑被很好地保护，有效地实现了 App 的加固与加密。此外，加固对 App 的性能与稳定性影响很小，保证了移动应用的用户体验。

为支付客户端增加代码完整性验证[20]。如果代码完整性无法保证，虽然不会直接泄露敏感信息，但可能会导致客户端被植入恶意软件，带来间接风险。为了防范恶意病毒对客户端代码的修改和破坏，需要在客户端中加入代码完整性验证机制。在客户端代码发布前用特定的密钥对其进行签名，同时在客户端的启动代码段中增加验证签名的逻辑代码。这样，客户端每次启动时，都会执行客户端代码的完整性验证，如果验证失败，则会提醒用户重新下载或者更新支付客户端。同时，完整性验证相关的公钥等敏感数据可以在编译过程中利用混淆机制进行妥善保护。

6.6.4 终端环境安全

增强终端环境安全主要有如下方法。

① 安装权威查杀支付类病毒软件。例如 360 手机卫士、腾讯手机管家、百度手机卫士等。

② 手机不 Root，不要安装不明软件，不要连接不明 Wi-Fi。对于 iOS 系统和 Andriod 系统来说，管理员权限就是一道防护门，系统 Root 之后相当于大门敞开，完全暴露在外，而普通用户对系统编码的知识了解少之又少，根本无法知道系统何时被入侵，何时被植入木马。因此，手机最好不要 Root。

③ 手机、平板电脑等安装防火墙和杀毒软件。同时，用户不应随便打开陌生人发来的文件、邮件、短信和网络连接等。在使用 SD 卡等内存卡交换数据时，注意防止病毒感染。此外，技术生产商需要加大对移动终端设备安全性的思考，研发安全性能较好的操作系统。

④ 移动终端的第三方软件安全管理。终端的第三方恶意流氓软件泛滥，已经严重影响了移动电子商务在人们心中的安全形象，业界对其深恶痛绝。未来的第三方应用商店将会成为政府、相关机构管制的主要目标，做到成立报备、运行、定期汇报，以管控恶意软件的传播渠道。未来还要成立一套长效的管理机制，以有效地遏制流氓软件的传播。此外，相关法律法规对互联网犯罪的监督，惩罚也将落实到位，从源头上治理恶意软件、流氓软件等互联网违规行为。

⑤ 采用超时机制。超时分为两种情况。第一种是当用户长时间不使用系统，会话自动超时需要重新登录，以保护用户在不知情时被他人窃取和非法操作。通过应用服务器配置 Session 超时时间毫秒值来完成。第二是单笔交易发送时间超时，可能导致用户长时间等待从而产生误操作或重复操作。通过 WebLogic 服务器 WTC 配置超时时间可控制交易无响应时及时收到超时应答。

⑥ 运用可信技术保证移动终端的通信安全。可信计算通过信任的传递机制在系统中建立一个信任根，然后从信任根到硬件平台，到操作系统，再到应用，一级度量认证一级，一级信任一级，建立信任链，把这种信任扩展到整个移动互联网系统中。采用移动终端可信模块，保证移动终端之间通信通道的安全，保证

用户个人私密信息的安全，防止用户私密信息被泄露，防范恶意代码、病毒的感染。移动终端在启动后，通过可信模块对用户进行证明，检测移动终端的安全。通过信任的传递机制保持移动互联网平台的可信不被破坏，在移动互联网可信环境下，移动终端是可信的，移动应用是可信的，从而整个平台的安全得到了保证。

6.6.5 个人敏感信息安全保护

客户端安全性主要体现在对用户账号信息的保护上[9]。绝大多数手机客户端都采用了自定义键盘的方式输入密码，并对自定义的键盘字母、数字的位置进行了随机化处理。该方式可以有效地防止手机木马以键盘输入记录的方式盗取用户账号。相反，没有采用自定义键盘，或者对自定义键盘的键位并未做随机化处理的客户端，黑客可以通过键盘消息记录、屏幕录制等方式进行密码盗取。大多数网银客户端进入登录界面后都会看到一个登录框，部分银行客户端采用账号、密码、验证码 3 个框进行验证，防止攻击者进行撞库攻击。还有些银行会采取设备绑定的方式限制客户端登录条件。这种保护策略在设计上是非常有效的，能够在一定程度上阻止大部分账号盗取攻击方式。一般来讲，银行都会对用户账号登录失败的次数进行对比，虽然绝大多数银行都采用了锁定错误限制的锁定机制，但是各个银行限制次数不同，若无验证码，则可能导致撞库攻击。

在用户使用方面，不要轻信任何 U 盾升级、网银升级等诈骗短信，不要打开短信中的任何陌生网址。

不要把所有鸡蛋都放在同一个篮子里。手机、身份证分开放，手机中不要存储用户的任何身份证信息，包括各种短信、聊天平台，发送完毕要删除。

手机一定要设定解锁密码。这种情况下如果手机丢失，请参照如下步骤：① 挂失手机卡、手机支付所使用的银行卡，冻结支付宝等第三方支付账户；② 如果开启了 iCloud 或者是 Andriod 的远程控制功能，则远程删除手机中的所有数据；③ 重新办理电话卡，修改银行卡密码，修改第三方支付软件密码。

对于短信劫持攻击，可通过权限扫描与检测，及时禁用可疑程序相关权限[17]。从用户角度来说，避免下载非正规渠道或市场的 App，安装应用时注意权限相关风险提示，可降低感染短信劫持类病毒的概率。及时升级系统也是有效避免攻击的渠道之一。此外，攻击者利用劫持短信实施恶意转账时，通常需提前获取受害人的个人身份等隐私信息，才可最终重置用户支付账户。因此，确保个人网上信息的安全，也可有效降低短信劫持类攻击的成功率。

目前，由于 Android 系统的开放环境，对于短信劫持的防护仍然局限于威胁发生后的安全环境检测与排查，未有成熟有效的主动防御机制，所以仍需用户提高自身的安全防护意识。

确保用户数据安全输入[20]。在支付过程中，用户常常需要输入登录账户、支付密码、智能卡 PIN 和 CVN 等敏感信息。为了保证这些信息在输入过程中不被非法窃取，要求输入键盘为自定义软键盘。该键盘必须具有过滤功能，即根据功能不同只显示所需的字符信息，且显示为乱序。同时，要求输入密码等敏感信息时，输入框应显示为字符“*”。

运行时动态清除内存数据碎片残留。支付客户端运行过程中不可避免地会在手机终端内存中出现、残留支付敏感信息，如会话密钥、支付密码等。为此手机支付客户端需要具有适时清除内存中残留敏感数据的功能，同时要求相关检测单位在做客户端测评和认证时，应该采用内存扫描工具对运行时的状态进行扫描检测，从而有效防范恶意代码通过扫描内存数据获取支付敏感信息。

构建智能终端的数据泄露防护体系[19]。针对数据的使用泄露、存储泄露和传输泄露，从移动终端用户身份安全、移动终端网络接入安全、数据通信安全、应用访问控制安全、数据存储与访问控制安全等多个环节构建智能移动终端的数据泄露防护体系。采用加密手段对数据进行加密保护，从源头上确保数据安全；在数据流转和存储在网络平台、应用系统、移动存储设备和终端等环境中采用不影响工作效率的加密技术，确保信息安全和工作效率之间的均衡；对于存储移动终端核心信息的服务器和数据库等进行全面地动态加密保护，有效避免对服务器数据的窃取和泄露。

提升用户的自我管理水平。在智能手机用户数量不断激增的同时，需要加强用户安全宣传，不断提高自我防范意识。进行垃圾短信、骚扰电话和恶意广告的过滤；加装防毒软件，定期查杀木马、清理系统、查看上网流量并对联系人、短信、通讯录进行加密、备份；要有选择地下载应用，避免安装来源不明的软件，只安装可信的应用软件；要在手机上安装包二维码检测工具，在断开的情况下扫描二维码；避免登录陌生的没有任何安全措施的 Wi-Fi 热点，只连接可靠的主机或其他终端设备；关注存储使用状况以避免成为木马病毒传播的载体等，从而实现智能终端的个人管理安全。

6.6.6　基于 SIM 的移动统一认证

针对 App 的个人信息泄露频发、多账号和多密码难于记忆等问题，基于 SIM 的移动统一认证服务引起了广泛重视，欧美相继出台用户信息保护法案。目前 GSMA（Global System for Mobile Communications Assembly，GSM 协会）、OMA（Open Mobile Architecture，开放式移动体系结构）、ETSI（European Telecommunications Standards Institute，欧洲电信标准化协会）等国际标准组织正在积极推进基于 SIM 的移动统一认证相关技术研究，以便在全球范围推广相关业务。

值得一提的是，GSMA 于 2013 年提出个人数据项目，目的是号召全球运营商、厂商联合起来，通过基于 SIM 的移动统一认证技术来取代传统用户认证方式，以更好地保护用户个人数据。并于 2013 年 6 月召开了个人数据中国 3 家运营商合作论坛，希望通过 3 家运营商的相互沟通、研讨，提出符合我国国情、行业共同需求的、基于 SIM 的移动统一认证业务需求，以规范我国市场，推进该业务在我国的部署。

GSMA 推动基于 SIM 的移动统一认证中重要的一项研究是构建一种网络编程接口安全机制，防止业务开放平台上的第三方应用获取用户的用户名、密码，从而肆意访问用户的受保护资源。目前，参与的商家有中国的移动、华为，以及国外的阿尔卡特朗讯、德电、爱立信等运营商和设备商。

下面来比较一下基于传统 CS 模式的认证方式与基于 SIM 的移动统一认证方式。在传统的 CS 模式中，用户若想访问自己受保护的资源，如用户隐私数据，必须首先输入用户名、密码进行登录，这样应用端就会获取用户的用户名、密码。一旦应用被恶意代码感染，黑客就可以肆意访问用户的信息。随着业务平台能力的逐渐开放，用户的信息往往存储于开放平台上。这样，传统的应用转变为第三方应用，可以通过接口与业务平台实现对接。第三方应用携带恶意软件的威胁要远远大于 CS 模式下的应用，如果还像 CS 模式一样将用户的隐私通过网络编程接口发送至第三方应用，那么在用户没有主动更改密码的前提下，第三方应用可以肆意地访问用户在业务平台上的信息。为此，GSMA 提出了一种新型网络编程接口认证安全框架，如图 6-7 所示。

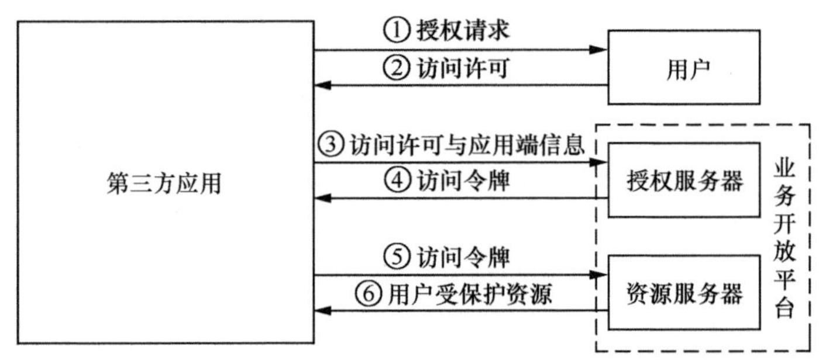

图 6-7　网络编程接口认证框架

第三方应用要通过网络编程接口访问用户在业务平台上受保护的资源时，第一步要向用户终端发送请求访问的信息；若用户同意，第二步反馈一个访问许可给第三方应用，此时，用户不需要将自己的密码发送给第三方应用，只需确认同意第三方应用访问其受保护资源；第三步，第三方应用通过接口发送用户访问许可与该应用的信息至业务开放平台的授权服务器；第四步，授权服务器通过授权认证后，反馈给第三方应用一个访问令牌，此时，用户已将自身的用户名密码发送至授权服务器并通过认证，由此达到了不发送用户密码至第三方应用的目的；第五步，第三方应用将访问令牌发送至业务平台上的资源服务器请求访问用户受保护数据；第六步，资源服务器通过令牌认证，若认证成功，资源服务器将返回用户数据至第三方应用。

目前，虽然国内尚未出台专门针对基于 SIM 的移动统一认证技术规范，但已经开展基于 SIM 的移动统一认证的需求分析和技术研究。如何使运营商开放自身认证鉴权能力尚在讨论中。

6.6.7 云端联动机制

国度、机构、团体之间的界限清晰与信息流域跨国度、跨应用的现状形成了鲜明的对比。云技术的出现为多方协作铺平了道路。加强云端的协作、云查杀、分享安全经验和信息，才能形成一致的力量，才能让黑客无处遁形，保证移动电子商务的有序进行。

在移动电子商务时代的大背景下，信息安全与信息保护成为制约移动电子商务发展的重要障碍，信息安全不仅有用户个人使用习惯的隐患，也有技术设备带来的安全威胁。为此，一方面要从技术上不断完善移动支付手段，增加个人信息安全保护意识；另一方面，要健全相关法律法规，提升移动电子商务的安全管理级别，形成全社会共同维护信息安全的氛围。

参考文献

[1] 朱萌萌. 数字技术在电子商务网站移动客户端中的应用[D]. 北京工业大学，2013.
[2] 何毅俊. WAP 中 WTLS 安全性研究[D].中南大学，2007.
[3] 范荣真. 基于 WAP 的移动电子商务安全的探讨[J]. 商场现代化，2008,(28).
[4] 秦晋. WAP 安全研究[D]. 北京邮电大学，2003.
[5] 范新普. WTLS 安全性研究[D]. 北京化工大学，2008.
[6] 刘宁，潘果. 基于 WAP 的移动电子商务安全问题与对策[J]. 技术应用，2012.
[7] 尚昆，鲍立威. 具有 WIM 功能的智能卡实现[J]. 计算机与现代化，2002,(7).
[8] Wireless application protocol [EB/OL]. http://en.wikipedia.org/wiki/Wireless_Application_Protocol.
[9] 熊卫东. 手机银行客户端安全探索[J]. 金融科技时代，2014,11.
[10] LRS. 和手机银行 App 有关的那些事[J]. 电脑迷，2013,(24).
[11] 肖科. 基于 Android 平台的移动银行客户端系统的设计与实现[D]. 湖南大学，2012.
[12] 郝慧丽. 浅析我国移动支付领域手机 App 支付的发展与监管[J]. 商场现代化，2014,8.
[13] 谢晋. 基于 Android 的阿里巴巴移动客户端的设计与实现[D]. 哈尔滨工业大学，2012.
[14] 李晶. 浅谈移动电子商务社交 App 软件发展趋势[J]. 科技广场，2014,1.

[15] 李大伟. 移动支付技术安全问题探析[J]. 甘肃科技，2014,2.
[16] 程慧. 移动电子商务安全问题研究[J]. 品牌，2014,11.
[17] 陈曦. 移动金融终端安全研究[J]. 信息安全与通信保密，2014,11.
[18] 王兴泉，张宁. 移动电子商务时代的信息安全与信息保护[J]. 兰州学刊，2014,12.
[19] 姚晓毅. 移动互联网环境下智能终端安全防范策略研究[J]. 计算机光盘软件与应用，2014,(14).
[20] 华锦芝，冀乃庚，吕旭峰等. 手机支付的终端安全威胁及应对措施综述[J]. 软件产业与工程，2012,6.

第 7 章 第三方支付安全

7.1 第三方支付简介

伴随着电子商务技术的迅猛发展，用户的关注重点逐步由支付安全性向支付信用方向转移。这表明安全性带给用户的困扰不断被削减，取而代之的是用户对交易参与方的信用度越来越关注。

为了建立交易参与方之间的信任关系，从而保证移动商务支付的有序进行，引入可信的第三方作为中介，在消费者与商品或服务提供者之间进行信用中转的支付方式应运而生。该方式对交易参与方的行为约束是通过改变支付流程实现的，第三方的介入使得移动商务支付的可信度大大增加，有效解决了用户之间对信用的猜疑问题，是第三方支付平台的思想基础。

7.1.1 第三方支付平台

移动电子商务过程中，消费者与商品或服务提供者（商家）之间的交易并非面对面进行，物流和资金流也是分离的，这种缺乏信用保证的支付方式致使消费者和商家间的博弈出现，商家由于担心发货后无法收取钱款，不愿意先发货，消费者担心支付后不能按期获取商品或服务，也不愿先支付，最终导致交易双方都不愿意让步，电子商务交易活动无法正常进行。

第三方支付平台为消费者和商家提供了公共的、可以信任的中介服务。顾名思义，第三方支付平台是指由第三方机构（并非银行等金融机构）投资运营的网上支付平台。第三方支付平台提供商利用通信技术和信息安全技术，在银行与商品提供方之间建立连接，能够对商品提供方的信用进行担保，进而为移动商务活动的各参与方提供资金支付、流转以及查询等服务的多功能平台。

第三方支付平台能够整合多种银行卡支付方式于一个电子界面，扮演着电子商务交易参与方与银行之间纽带的角色，承担着交易结算中和银行对接的功能，进而促进电子商务交易的简单化、便捷化。第三方支付平台对电子商务交易的影响见表 7-1。

表 7-1　第三方支付平台对电子商务交易的影响表

	无第三方支付平台参与的交易	第三方支付平台参与的三方交易
支付完成的可能性	不确定	若愿意购买将进行支付
支付的便捷性	不确定	多个支付接口，支付较便捷
交易过程对双方的约束	无	消费者和商家能够彼此相互评级，第三方支付平台对卖家有处罚措施
支付风险	有风险	风险较小，任意一方有抵赖行为时，能够合理仲裁

目前，国内网上支付主要包含两种方式，一种是利用公网和银行专用网之间的支付网关完成支付；另一种是将第三方支付平台加入公网中，利用第三方支付平台和支付网关相连接完成支付。本章主要介绍第二种支付方式。

第三方支付平台的体系架构中，参与主体包括消费者、商家、第三方支付平台、银行以及认证中心等。基于 SET 协议的第三方支付平台体系架构[1]如图 7-1 所示。

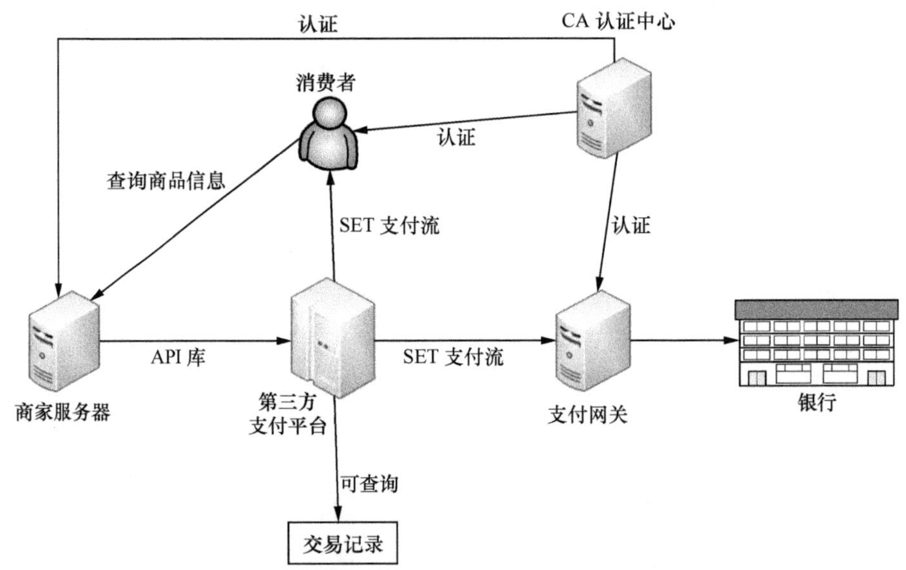

图 7-1　基于 SET 协议的第三方支付平台体系架构图

消费者在电子商务网站上选取商品后，在选择支付方式时，网站一般能够提供多达几十种银行卡在线支付方式。由于不同的银行卡能够在不同商务网站上实现支付，消费者需要在多家银行开通多个个人账户，并且还需分别开通网上支付功能。对于消费者而言，上述过程异常繁琐，网上购物成本也会大大增加，还会影响消费者的网上购物体验。

在第三方支付平台被引入后，消费者与商家只需分别在平台进行注册，与不同银行的交涉、协议签署等工作便都可由第三方支付平台完成，为消费者和商家提供了极大的便捷性。并且，第三方支付平台也推广了小额支付业务，使银行赚取利润。对于第三方支付平台而言，与之合作的银行越多，业务的推广范围便越广，也能获取更多消费者的青睐，这也是支付平台能够长期发展的首要因素。

第三方支付平台的推广，主要由于其具备下述 5 点优势[2]。

（1）交易简单化

第三方支付平台和诸多银行合作，提供了不同银行卡的网关接口，为网上支付的实现带来了极大的便捷性。对商品或服务提供方而言，不需要拥有多家银行的认证软件，操作较为简单。

（2）成本下降化

第三方支付平台能够促进银行与商品或服务提供方之间的合作。对商品或服务提供方来说，第三方支付平台能够减少公司的运营成本，包括交易时间与人工成本均有所下降。另一方面，银行能够利用第三方提供的系统提供服务，节省支付网关的成本，数据处理的速度和效率均得以提高。并且，第三方支付能够降低因交易中出现的诈骗行为产生的安全风险，进而提高交易的成功率。

（3）服务多样化

第三方支付平台能够提供包括增值服务在内的多项服务，并且为用户提供实时的交易查询、交易分析功能。增值服务包括为商家的电子商务网站提供智能查询服务、二次结算模式、为消费者提供方便的退款服务、为消费者和商家提供不可否认性服务等，创造良好的网上交易氛围。

（4）不可否认性服务

第三方支付平台能够对交易参与方的行为进行详细记录，进而为后续可能发生的抵赖行为提供有力的证据。

（5）提升企业竞争力

由于第三方支付平台使支付效率与企业利润均得以提高，必将促使更多创新性业务出现。同时，第三方支付平台开拓了企业的新型业务，拓宽了业务覆盖范围，带给消费者更多选择。正是因为第三方支付机构获取了消费者的信任，从而得以放心参与移动商务交易活动。

总地来说，在当前针对支付安全性与交易信用度的解决方案中，第三方支付平台的可行性较高，更容易被消费者和商家所接受。

7.1.2　第三方支付流程

第三方支付模式中，商品提供方无法获取消费者的信用卡账户信息，这也能够防止账户信息在网络传输过程中被窃取。B2C 交易模式中，商品提供方的信用会受到约束和控制，故后续也应当把消费者作为信用约束点，进而实现双方利益的兼顾。平台对商品提供方的约束手段有针对商品提供方的信用进行评级。若商品提供方违约，则需缴纳违约金。第三方支付平台总体流程如图 7-2 所示。

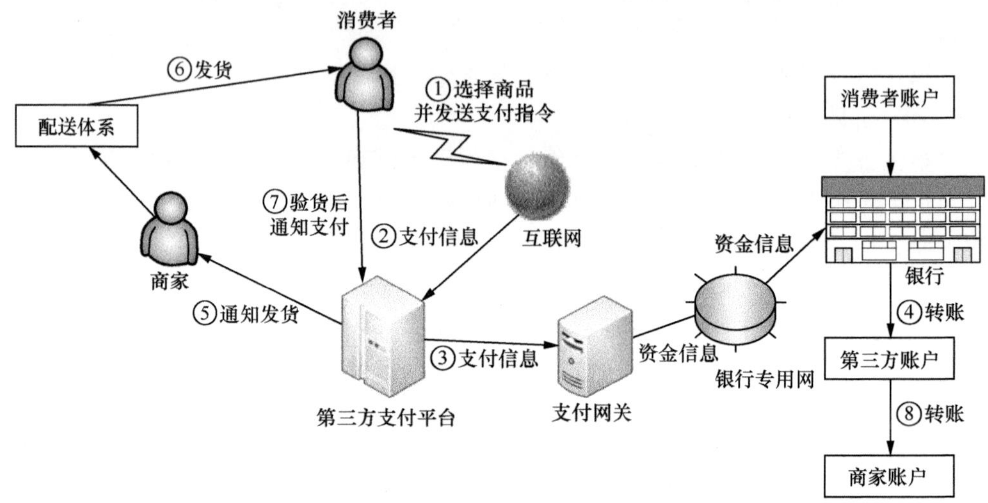

图 7-2　第三方支付平台总体流程图

针对上述要求，B2C 模式的第三方支付流程中[3]，消费者有设置商家发货时间期限的权利，若在规定时间内尚未发货，消费者能够选择将支付钱款转回个人账户或者暂存于第三方支付平台。而平台对消费者的约束为在商家未违约的情况下，若未出现商家逾期发货、商品有质量问题，消费者不能取消交易。

以 B2C 模式为例，第三方支付流程如图 7-3 所示。

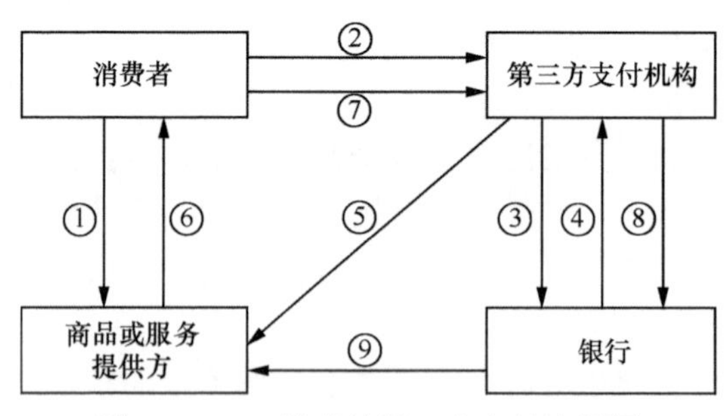

图 7-3　B2C 模式的第三方支付流程图

① 消费者在电子商务网站上选取商品，选定后在网站上下订单。

② 消费者选取第三方作为支付中介，用借记卡或者信用卡将钱款转至第三方的支付账户，并且设置发货期限。

③ 第三方支付机构把消息者的相关支付信息传递至银行。

④ 银行对消费者的账户余额进行检查，实施冻结、扣款或转账操作，并通知第三方支付机构相应的操作结果。

⑤ 第三方支付机构通知商品提供者消费者已付款，并要求商品提供者在规定时间内发货。

⑥ 商品提供者接收到通知后根据订单内容发货，并且在交易网站上做相应记录，消费者能够在商务网站上查询商品状态，若商家在限定时间内未发货，第三方支付平台会告知消费者交易失败，消费者可选择把钱款转回自己的账户或者暂存于第三方支付平台。

⑦ 消费者接收到货物后对货物的真伪、质量进行验证，若没问题则通知第三方支付机构付款；若有问题或者和商家的承诺不符，则告知支付平台拒付钱款，并且把商品退给商家。

⑧ 第三方支付机构接收到消费者的转账申请后，将其账户上的钱款支付给商品提供方。

⑨ 银行将相应钱款从第三方支付机构账户转给商品提供方。

上述支付过程中，能够得出第三方支付平台作为信用中介解决了消费者与商家之间的信任问题，并且第三方无法获取双方交易的具体内容，包括消费者和商家的基本信息、消费者的账号信息等。与传统资金划拨交易方式相比，第三方支付能够保证货物质量，并对交易诚信、退换要求等内容进行规定，在商务交易过程中，较好地对交易双方的行为进行约束和监督。

7.1.3　第三方支付运营模式

第三方支付平台的运营模式包括 3 类，分别是独立的第三方网关模式、具备电子交易平台且有担保功能的第三方支付网关模式以及由电子交易平台支持的第三方支付网关模式[4]。

1. 独立的第三方网关模式

所谓独立的第三方网关，是指与电子商务网站无关联，第三方支付机构为签约消费者提供的服务共享平台，该平台能够提供与订单、支付相关的多项增值服务。消费者可从平台前端选择特定的支付方法，而平台后端与诸多银行相连接。平台的主要功能是负责和不同银行之间的账务清算，并为商家提供订单管理，为消费者提供账户查询功能。“百付通”“首信易”支付均采用这种运营模式。

使用这种运营模式的第三方支付平台的特点有：内部设有独立网关；有较好的灵活性；通常都有政府支持。同时，能够根据消费者的规模和特点确定提供的商品，以此收取交易的服务费。这类平台的用户以中小用户和有结算需求的政企公司为主。

该运营模式的缺点是缺乏可靠的信用评价体系，抵制信用风险的水平还需提高，并且技术含量一般，可被复制。

2. 具有电子商务和担保功能的第三方支付网关模式

这种运营模式的第三方支付平台，可以和电子商务平台合作开发，与各大银行之间建立长期合作关系，是依靠公司自身实力与信用度承担担保的支付平台。它凭借电子商务平台与担保支付平台吸引商品提供方的注意力。

在消费者下订单后，利用该平台提供的账户完成相应的钱款支付，之后第三方支付机构给商品提供方发通知，告知他已收取钱款，可以发货。消费者收到商品后进行检验，若没问题，则通知第三方支付机构付款给商品提供方。

这类运营模式的特点是主要面向中小型客户（包括个人），并为其提供服务，以收取交易服务费、店面费的方式获取利润。并且，该机构有着自己的用户资源，根据历史交易记录建立与用户相关联的信用评价体系，提供较好的可信度。

但该运营模式也面临着一些问题：认证程序比较复杂；出现交易纠纷时难以仲裁；钱款暂留于第三方支付机构账户有吸储嫌疑等。违背了第三方支付机构的经营性质。

目前，这类第三方支付模式拥有较为广阔的市场，特别是支付宝与安付通占据着绝大部分市场份额，腾讯的财付通也不甘示弱，吸引着越来越多用户的注意力。后续需要加强和银行等金融机构、物流公司、认证中心的合作，为第三方支付模式创造更好的发展空间。

3. 由电子交易平台支持的第三方支付网关模式

这类运营模式中，网上支付平台是由电子商务平台建立起的支付网关，与第二种支付模式的不同之处在于，这里提到的电子商务平台指独立运营，并且能够为消费者提供特定商品或服务的网站。起初，网站为了向用户提供自发配送产品以及实时支付的服务功能而搭建，后来逐渐发展到提供专业化的支付服务。

这种类型的在线支付机构起步较早，依赖于发展较为成熟的电子商务公司，曾具备强大的后盾与巨额资金支持，并且吸引了诸多参与网上购物的消费者。最典型的代表是云网支付@网。但因该公司业务调整，已于2011年9月起终止支付服务。

7.2　第三方支付的安全风险

7.2.1　典型风险

一般来说，第三方支付都建立在开放的互联网基础上。在移动互联网快速发展的大背景下，第三方支付更是大量地以移动客户端的方式向终端用户提供服务。受智能终端运行环境安全缺陷、移动互联网恶意程序泛滥、用户安全意识薄弱等多方面因素的影响，第三方支付存在诸多安全隐患，典型的有以下几个方面。

（1）支付系统安全机制缺陷

第三方支付的主要参与者包括用户、商品或服务提供商、银行，整个过程中又涉及资金的流转，因此，如何设置逻辑严密的业务流程，采用合适的身份认证机制和数据加密机制，使用户、商家、银行之间能够在安全环境中完成整个支付流程显得尤为重要。在公开的支付系统入侵事件中，支付系统安全缺陷是主要原因，黑客可以通过业务漏洞控制支付业务周边系统，进而渗透到 BOSS 或网管等重要的运行支撑系统中，网络安全中的防火墙、入侵检测等安全措施均可以被绕过。常见的支付系统安全缺陷见表 7-2。

表 7-2　常见的移动支付系统安全缺陷

支付系统安全缺陷	攻击原理及防范措施
弱口令	黑客利用弱口令进入支付系统周边支撑系统，如后台管理系统等，上传木马控制支付系统，应定期更换口令
SQL 注入	利用 Web 业务系统的过滤不严格漏洞，盗取数据库密码，进入业务系统，应加强输入过滤
认证绕过	黑客利用支付系统只在客户端进行验证的缺陷，通过截取数据分组，修改认证结果进入支付系统，应采用客户端和服务器端联合认证
信息泄露	支付客户端没有对用户账号和身份进行必要的屏蔽，在转账、密码找回等环节泄露用户信息给黑客，应对敏感信息进行必要的屏蔽
短信发送	支付业务短信发送网关管理不善，可以被利用制造短信炸弹，应对具有转播能力的短信发送功能实施严格的权限管控
支付接口数据篡改	支付接口设计缺陷，黑客可以在网络中拦截支付并修改支付数据提交银行，用 1 分钱可以购买任意价格的商品，应该加强物品价格和支付价格的验证机制

（2）终端操作系统漏洞

操作系统是移动终端的重要组成部分，终端功能实现的诸多安全隐患均与操作系统相关。目前，主流的移动终端操作系统均不可避免地存在系统安全漏洞。根据美国国土安全部（DHS）及联邦调查局（FBI）的最新内部通报文件显示，目前全世界已经有超过 44%的 Android 系统智能手机都有安全漏洞，并且极易遭受恶意软件的侵害。而苹果 iOS 操作系统的高危漏洞数量比 Android 更多。黑客往往会利用操作系统的漏洞，轻而易举地盗取用户的机密信息，获取 Root 权限控制终端，修改终端应用软件，伪装成合法用户使用应用软件，甚至直接完成移动支付。

（3）手机恶意软件

在经济利益的驱使下，一些不法分子通过创建恶意仿冒的山寨应用、在正常应用中植入恶意代码、假冒权威机构发布恶意程序下载地址等手段，诱骗用户安装使用手机恶意程序。有些恶意程序静默地发送业务订购短信，耗费用户账户余额。还有一些恶意程序在用户不知情的情况下运行于后台，将用户的账号、支付密码和交易验证码等机密信息传输到黑客控制的地址，使得黑客得以控制用户账号，修改账户密码，转出账户金额。

以“假面银贼”木马软件为例，如图 7-4 所示，它能够模仿手机淘宝应用窃取用户的支付信息，屏蔽来自银行或电信运营商的支付短信确认，进而隐秘地盗取用户钱财。

图 7-4　木马启动后伪装的界面

（4）不安全的通信信道

移动支付用户手机如果连接预置的“免费 Wi-Fi”陷阱，不法分子可以在短时间内利用数据分组分析工具窃取用户手机上的支付宝密码、网银密码、信用卡账户密码等敏感信息，将用户账户中的资金转移。

（5）终端丢失与卡安全

移动终端上往往存储着短信、通讯录、备忘录、照片等个人信息，一旦终端丢失，将导致存储于移动终端的所有用户信息泄露。此外，不法分子还可能利用已经安装于用户终端的支付软件或 NFC 芯片，结合用户终端收到的短信验证码等信息，以用户的身份执行移动支付操作，给用户带来经济损失。

7.2.2　防护建议

针对上述安全风险，建议重点采用以下措施加强移动支付安全防护。

（1）加强支付业务安全评估工作

在支付业务上线、运营的过程中，定期进行业务安全评估工作，排除常见的移动支付系统业务漏洞和基础安全漏洞，掌握系统安全态势，积极应对新出现的安全挑战。建议对表 7-3 所列要点进行重点安全评估。

表 7-3　移动支付业务安全评估重点内容

评估对象	安全评估内容
终端安全	重点评估客户支付信息泄露、用户登录流程绕过、密码找回功能常见缺陷、超时登出、与服务器交互参数修改等项目
平台与软件安全	重点评估 SQL 注入漏洞检测、Struts2 等组件漏洞检测、上传漏洞、Nigix 解析漏洞、文件遍历漏洞检测
业务流程安全	传播内容是否违规、计费流程是否合规、与银行接口是否可以篡改、购物车数量、单价、运费是否可以修改、登录模块是否有错误次数限制等
安全管控	弱口令、空口令检测；DNS 区传送检测；密码管控机制

（2）加强支付类应用软件的安全防护

终端操作系统漏洞难以彻底清除，支付类应用软件需加强自身安全防护，防止不法分子利用漏洞开展攻击。一方面，可通过加固技术，防止关键信息暴露或遭受篡改；另一方面，应对官方发布的正版应用进行认证标识，帮助用户甄别山寨应用，远离钓鱼威胁。

（3）建立应用软件安全审核机制

移动终端应用软件能够通过应用商店、网站、论坛等诸多方式下载获取，为防止论坛、网站提供的应用捆绑恶意代码，扰乱终端支付环境，需建立完善的应用软件审核机制。应用程序需要先通过测试、审核、认证等环节才能上线发布。此外，对于已经发布的应用程序，需开展跟踪监测，防止应用升级和联网带来的新生安全风险。

（4）采用端到端的安全加密方法

手机支付过程中，支付密码等信息皆在互联网上传输，一旦加密机制不够严谨，黑客便会乘虚而入，窃取甚至篡改网络中的重要信息。因此，对于涉及支付安全的关键信息需采用端到端的加密方式。

（5）建立可靠的身份认证机制

为防止移动终端被不法分子盗取使用，移动支付系统需建立安全可靠的身份认证机制，有效识别是否为用户本人操作。除手机验证码之外的多因素认证手段应广泛采用，如指纹认证、手机 U 盾等。

（6）增强用户移动支付安全意识

主管部门和运营单位应该通过安全教育，加强用户利用手机支付的安全意识，主动识别、屏蔽诈骗行为，不随意安装来源不明的应用，不随意泄露用户个人信息，主动安装手机安全卫士等个人安全防护产品等。

7.3 典型产品及其安全机制

7.3.1 一般安全机制

目前，国内的第三方支付产品主要有支付宝、微信支付、贝宝、财付通、和包等。信息安全是第三方支付产品健康发展的重要保障，这些支付产品都无一例外地选择了多种安全措施来确保支付安全，这些措施包括 SSL 加密、登录验证码、口令卡、U 盾、手机动态口令、安全控件、数字证书等，这些措施都有力地确保了网上支付过程中的交易信息安全。

1. 采用 SSL 协议保障底层安全

到目前为止，几乎所有主流第三方支付都采用安全套接层（SSL）协议作为底层协议，客户端和服务器之间进行数据通信都必须构建安全通道，所有信息都经过加密传输，安全性大为提高。虽然 SSL 曾被爆出存在“心脏滴血”漏洞，但目前仍然是使用最广泛的加密传输协议。

2. 采用数字证书保护用户账户安全

包括支付宝、财付通、快钱等在内的多家第三方支付产品都推荐用户使用数字证书来确保数据传输过程的安全，通过使用数字证书，即使用户发送的信息在传输过程中被他人截获，甚至不慎丢失了账户、密码等信息，仍能够确保账户安全、资金安全和核心数据安全[5]。

3. 采用手机验证保护用户账户安全

数字证书安全级别虽然较高，但由于其实现技术复杂，使用便捷性较差，给计算机水平不高的普通用户带来了使用上的困难，于是以支付宝等为代表，推出了手机短信的动态口令登录方式，既有效保护了用户的账户安全，还成功绕过了数字证书的备份、导入等复杂操作。SSL、静态密码和短信动态口令相结合的方式已逐渐成为被用户、商户和第三方支付广泛接受的安全保障措施。

4. 采用 U 盾或与银行 U 盾绑定保护用户账户安全

第三方支付企业虽然是民营企业，但为了保护用户账户安全，不少企业向银行等金融机构看齐，不断提升安全保障措施。现在不少第三方支付还能够提供类似于银行网银 U 盾这样的工具，既方便了用户，又保证了用户的使用安全，还有的第三方支付产品通过和银行密切合作，引入银行的 U 盾来登录、管理用户的第三方支付账户。

5. 多重安全技术策略确保用户安全

随着网络支付市场的不断发展，第三方支付产品越来越重视自身的安全能力，以支付宝为代表的一批产品在安全实践过程中不断创新，采取“SSL+支付密码+手机短信动态验证码”的多重安全措施复合共用的方案，极大地增强了在线支付抵御风险的能力。

7.3.2　支付宝

支付宝是阿里巴巴于 2003 年推出的网上支付平台，在短时间内便拥有了较大数量的客户群，成为使用最为广泛的网上支付工具之一，用户遍及 B2C、C2C 以及 B2B 领域。

7.3.2.1　支付宝简介

支付宝[7]自 2003 年由淘宝网推出起，便免费面向广大用户，其门槛低的特点为支付宝带来了丰富的客户资源。它不仅和国内多家银行建立了长期合作关系，还和若干知名企业合作，如金山为其提供在线杀毒功能。同时，支付宝自身具备强大的担保功能，利用“全额赔付”政策为交易双方提供可靠的安全保障。

为了应对因网银的相关操作较为复杂而引起的客户流失率高问题，支付宝在 2006 年底和建设银行合作，联合推出了创新产品——卡通。起初，消费者要想使用卡通，必须先办理双方合作推出的联名支付宝龙卡。2008 年 8 月底，支付宝用户数首次达到 1 亿。2010 年底，卡通的升级换代产品——快捷支付诞生。消费者使用快捷支付时，只需填写少量基本信息，便可利用手机动态口令校验功能实时开通该业务。同时，开通流程与支付流程可以合二为一，减少了用户的操作步骤，有效降低了用户流失率。支付宝快捷支付使网上支付的成功率从原来的 60% 左右大幅提高到 90%以上。

2011 年 7 月，支付宝发布了手机条码支付服务，该方案的目标是为广大用户提供不需要额外费用的低成本收款服务。条码支付作为一项新的解决方案，为线下用户的支付提供了新的解决思路。

2012 年 6 月 15 日，支付宝推出针对移动终端的超级转账服务，付款人只需在手机支付宝客户端上选择“手机转账”，之后从通讯录中选取收款人的手机号码，填写金额后便可完成转账。如果收款人没有支付宝账户，就会收到一条来自支付宝的提醒短信，此时回复自己的银行卡账号，即可收取相应款额。

支付宝是致力于国内市场的网上支付平台，与我国当前的经济环境相适应，同时，符合广大消费者的消费习惯，有着较好的发展前景。

7.3.2.2 支付宝提供的支付方式

消费者使用支付宝有多种支付方式，包括卡通支付、网上银行支付、国际卡支付、网点支付、货到付款。

（1）卡通支付

支付宝账户和银行卡相结合，消费者付款时无需登录网银，只要输入支付密码，便可使用银行卡账户上的余额完成支付。这种支付方式的优势在于能够防止网银的密码外泄，犹如刷卡一样安全、便捷。目前，卡通支付已支持国内 37 家银行。支付宝卡通支付的具体特点如下。

① 消费者在输入支付密码后立刻充值或支付，不需要开通网上银行；

② 支付宝具备实名认证功能，收款账户必须通过实名认证；

③ 一个支付宝账户可以绑定多个银行和多张银行卡；

④ 消费者可以随时在支付宝网站查询银行卡账户余额；

⑤ 消费者能够实时提取现金，真正实现零等待。

（2）网上银行支付

使用支付宝付款时，可以自由选择任一银行的网银进行支付。支付宝支持全国 14 家主流银行网银。

（3）国际卡支付

支付宝还支持香港地区发行的带有 VISA/MasterCard 标志、开通 3D 认证的信用卡，只需在付款时登录相应网银，即可购物。

（4）网点支付

支付宝在全国 3 万个线下网点均突破了互联网的限制，消费者可以在线下网点进行充值、付款等操作。此外，消费者还可以在中国邮政、连锁便利店的拉卡拉终端、连连支付空中充值店使用现金或银行卡购买支付宝充值码，或为网上交易的订单直接付款。

7.3.2.3 支付宝的安全特性

在移动支付领域，安全性和便捷性是相互矛盾的。如果采用先进的技术能够解决安全问题，可能会导致操作流程的复杂化，就会影响客户体验，而便捷的目的是去争取更大的市场份额，相应地也会增加风险。

支付宝的总体策略是带给用户便捷的体验感，并将相对较难的安全防范工作交给银行与支付宝共同完成。以快捷支付为例，在快捷支付过程中，用户不需要做任何准备工作，只要拥有一张银行卡，根据提示输入卡号、绑定的手机号等基本信息便可便捷、安全地完成网上支付。支付宝和银行会通过专线对用户的基本信息进行校验，所有快捷支付信息均会利用硬件进行加密处理，并且通过支付宝和银行的特殊专线进行传输。同时，快捷支付还提供了和银行安全等级相当的支付密码、数字证书、手机校验码等安全产品，进而保障每一笔交易的安全性。

支付宝提供了下列 6 项主要的安全措施，来确保资金交易的安全。

（1）数字证书

数字证书是使用支付宝账户资金的身份凭证之一，用于加密用户的身份信息、交易信息等，并确保账户资金安全。用户申请数字证书后，只能在安装数字证书的电脑上支付。当用户换电脑或重装系统时，只需用手机校验即可重新安装数字证书，所以需要确保用户支付宝绑定的手机可以正常使用。

（2）宝令（手机版）

宝令（手机版）是支付宝推出的，免费安装在手机客户端上基于动态口令的安全认证产品。申请成功后，在用户进行付款、确认收货等关键操作时，显示 6 位动态密码，安全方便，确保用户的账户资金更加安全。

（3）短信校验服务

用户开通后，在电脑上用支付宝账户余额（含余额宝）和快捷支付进行交易操作时，支付宝会向用户绑定的手机发送手机校验码（手机客户端付款时无需校验）。

（4）支付盾

支付盾是支付宝于 2007 年起开始推出的 USB Key 产品，将数字证书和运算密钥装载在 USB 硬件里，运算密钥是不可读取的，只能被使用，具有极高的安全性。用户激活支付盾后，只有在插入支付盾的情况下，才能进行付款、确认收货、体现等涉及金额支出的操作。

（5）宝令（PC 版）

宝令每分钟生成一个新的动态口令，供用户在付款等操作时输入进行验证，能有效确保用户的账户资金安全。

（6）安全控件

支付宝推出的安全控件，主要具备两大功能。首先在客户端侧加密保护用户在支付宝输入的密码等敏感信息安全，其次有效保护用户使用支付宝服务的交易安全。

除此之外，支付宝还提供了在业界较为突出的安全服务[8]，主要体现于下述 3 个方面。

（1）账户密码的安全设置

支付宝账户包含两个密码，分别是登录密码和支付密码，二者的功能各不相同。登录密码在账户登录时使用，主要用于查询账户信息等基本操作；支付密码在资金流转所涉及的任意步骤均会使用。在资金运转过程中，登录密码和支付密码缺一不可。并且密码在一天之内仅允许两次输入错误，若出现第三次输入错误的情况，系统会即刻锁定账户。

（2）账户设置短信提醒功能

当用户针对支付宝账户进行修改密码、申请提取现金、使用余额付款、更新银行账号、修改基本信息等操作时，会收到相应的短信提醒，以便对已执行过的操作进行进一步的确认。若短信提醒的相关操作并非自己发起，用户能够及时检查支付宝账户并联系客服人员，从而保障账户的安全。

（3）双重身份认证功能

支付宝对商家采用双重身份认证的方式，分别是身份证认证方式和银行卡认证方式。支付宝不仅通过和公安部身份证号码服务中心合作，检验商家身份的真实性，还和多家银行合作，通过用户在银行登记的实名制信息，对用户的身份信息进一步校验。相较单利用手机号码或身份证号完成认证的方式，双重身份认证方式能够带给用户更加可靠的安全保证。

7.3.2.4 手机木马盗取支付宝账户

尽管支付宝设计了较为完善的安全机制，近两年还是发生了多起不法分子利用手机木马骗取用户支付宝账号信息，进而窃取用户资金的案件。例如，2013年“双十一”期间，媒体报道了多起扫描二维码，造成支付宝账号资金损失的事件，经调查是用户扫描的二维码被植入了“隐身大盗”手机木马，从而导致手机被黑客控制，窃取了手机绑定的支付宝账户资金。用户应对终端支付类应用软件的安全使用予以重视。

以“隐身大盗”为例，木马通常采取连环攻击手段骗取账户信息，在用户安装完伪装成淘宝等流行应用的“大包”后，诱导用户再安装一个伪装成账户安全验证的“小包”，大包专门窃取账号密码、身份证号等，“小包”则暗中监控、识别受害者短信并联网上传验证码信息。下面介绍木马的工作过程。

1. 伪装为常用应用的“大包”

① 通过二维码传播：传输方式更隐蔽，将木马应用的下载链接生成为二维码，通过扫描二维码即可下载。

② 伪装为常用应用诱导输入账号和密码：界面伪装成常用应用，启动后显示登录界面，诱导用户输入用户名和密码。

③ 窃取手机号码并连同账号密码联网上传：应用启动后读取用户的手机号码，连同用户输入的用户名和密码一起发送到指定的服务端。

④ 诱导安装“小包”：联网下载“小包”，下载后诱骗用户安装“小包”。

⑤ 诱骗输入身份证和支付密码并上传：诱骗用户输入身份证号和支付密码，将输入的信息联网上传到指定服务端。

2. 在后台静默运行的“小包”

① 开机自启动静默执行：小包安装后，开机自启动，隐藏图标，在后台静默执行，一般用户无法察觉。

② 监控并拦截验证码短信：判断手机接收的短信号码和内容，对普通短信放行，对银行、第三方支付平台、运营商等特殊号码发来的短信进行屏蔽和上传。

③ 盗取账户资金：通过以上过程，用户的手机号、短信和身份证号都能被木马黑客掌握，手机绑定的支付宝账户也将完全沦陷，黑客可以完全操控用户的支付宝账号，还可能进一步盗刷支付账号绑定的银行账号。该木马病毒将给手机支付用户带来巨大的安全隐患。

7.3.3　财付通与微信支付

2005 年 9 月，腾讯公司正式推出在线支付平台——财付通[8]，其服务核心是为互联网上的交易提供在线支付功能。个人用户在财付通网站完成注册后，即可在二十多万家购物网站上购物。一方面，财付通支持全国各大银行的网银支付；另一方面，消费者也可以直接充值到财付通，利用财付通完成支付。财付通与拍拍网、腾讯 QQ 有着较好的合作，如果按照交易额计算表，财付通在第三方支付平台中位居第二，仅次于支付宝。

近年来，腾讯公司旗下的移动社交产品微信日益火爆，并于 2013 年 8 月推出微信支付，借助微信平台为广大微信用户、商户提供在线支付服务，其支付和安全系统由腾讯财付通提供支持。财付通持有互联网支付牌照，并具备完备的安全体系。为了最大限度确保用户交易的安全性，同时考虑产品体验和用户心理感受，微信支付形成了一整套独特的安全机制和手段，包括硬件锁、支付密码验证、终端异常判断、交易异常实时监控、交易紧急冻结等。此外，微信结合其自身优势，还结合用户 QQ 号码、手机号码进行账号捆绑，以提高用户账号的安全级别。

2013 年 10 月 17 日，微信支付宣布与中国人保财险（PICC）合作，为用户推出全额赔付的保障，提出“你敢付，我敢赔”的口号，保护用户财产安全，提升用户体验。用户如因使用微信支付造成资金被盗等损失，将可获得 PICC 的全赔保障。用户在申请赔付时，只需提供相应的损失真实性证明和身份证明，即可获得全赔保障。

7.3.4　贝宝

贝宝是由上海网付易信息技术有限公司与 PayPal 公司合作，为中国市场量身定做的网络支付服务。贝宝利用 PayPal 公司在电子商务支付领域先进的技术、风险管理与控制以及客户服务等方面的能力，通过开发适合中国电子商务市场与环境的产品，为电子商务的交易平台和交易者提供安全、便捷和快速的交易支付支持。

贝宝提供网上转账、网上支付、在线销售收款等网络银行相关的服务，不过贝宝本身并非网上银行，而是为用户使用网上银行提供更多方便的一种服务。贝宝实行双认证机制，这一机制增加了一层安全保障，当用户登录时多了一个回应的步骤，以确认是用户本人，即使有了用户账号和密码，双认证机制还可以预防未授权的登录。

消费者使用贝宝支付的前提条件是，消费者和商家都注册了贝宝账户，并且商家同意贝宝支付，具体支付流程如图 7-5 所示。

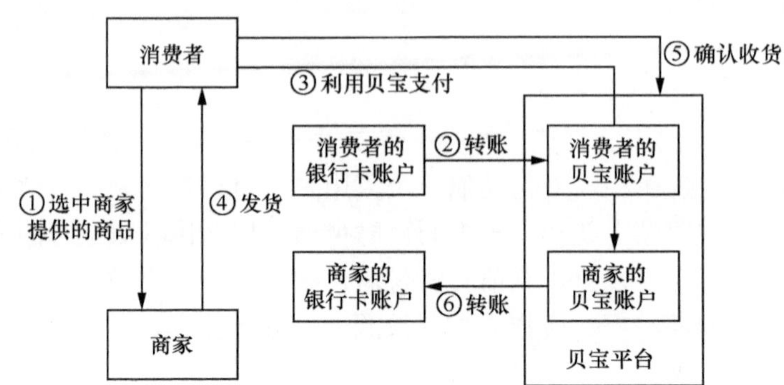

图 7-5　贝宝支付流程图

① 消费者浏览网站，选中商家提供的商品；

② 消费者利用银行卡账户向自己的贝宝账户充值；

③ 消费者利用贝宝方式向商家付款，金额转至商家的贝宝账户；

④ 商家的贝宝账户收款，并发货给消费者；

⑤ 消费者接收已购买的商品，若验证无误，则在贝宝平台上确认收货；

⑥ 商家贝宝账户的钱款转入商家的银行卡账户。

7.3.5　和包

和包是中国移动面向个人和企业客户提供的一项领先的综合性移动支付业务，让客户享受到方便快捷、丰富多彩、安全时尚的线上、线下支付体验。用户开通和包业务，即可方便快捷地进行线上支付（互联网购物、充话费、生活缴费等）；持 NFC 手机和 NFC-SIM 卡的用户，还可享受和包刷卡功能，把银行卡、公交卡、会员卡装进手机里，实现特约商家（便利店、商场、公交、地铁等）线下消费。2014 年，和包全网注册用户数超过 1 亿，全年月均使用用户数超过 7 000 万，全年累计交易额超过 3 000 亿元，比 2013 年增长 130 %，业务保持快速增长势头。和包的产品体系如图 7-6 所示。

和包平台建立了系统的安全体系，主要从安全战略规划、安全运营管理以及用户安全、基础设施安全、应用安全、数据安全等几个方面入手，下面重点介绍几种保护用户和数据安全的技术手段。

（1）加密机

和包平台在前置应用域、核心应用域、前置应用域的 POS 服务平台应用服务器侧、测试应用域等地部署了加密机。通过加密机上的密钥系统对密钥进行加密，或是对加密后的密钥进行核对，从而完成对密钥处理，通过硬件方式实现加密、解密和核对，在安全上对密钥进行单独处理，提高了系统的安全性。

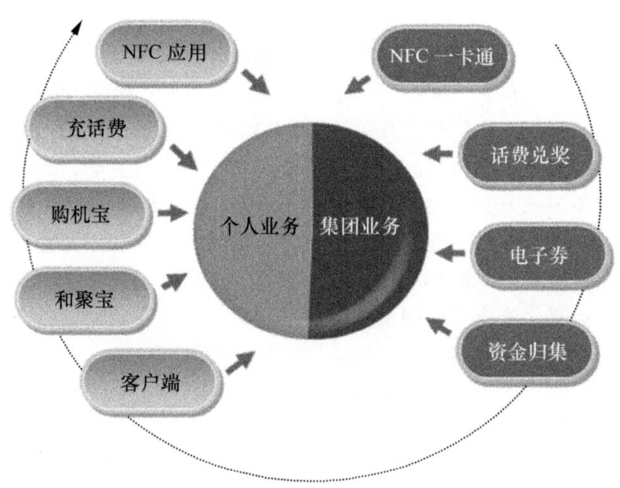

图 7-6　和包产品体系

（2）密码控件

为了提升手机支付账户的安全性，防止账户密码被木马程序或病毒窃取，手机支付精心设计并推出安全控件，该安全控件实现了在 SSL 加密传输基础上对用户的关键信息进行再次的多重加密，能够有效防止木马程序截取键盘记录。

和包控件有如下几个用途。

① 防木马记录密码：手机支付系统登录密码和支付密码都是用密码控件输入，从而可以避免用户电脑中了木马病毒导致密码泄露。

② 防外挂软件：使用安全控件有效地从系统驱动层杜绝键盘记录，防止外挂软件利用手机支付平台应用包装成应用产品。

③ 防钓鱼链接生成：安全控件生成的密文跟后台生成的随机因子做异或处理，从而有效地防止链接重放，避免订单支付链接盗用被利用为钓鱼链接。

（3）交易安全监控

系统每天对用户的交易情况进行监控，发布安全监控日报，如“修改昵称密保问题密码”“密码重置、修改”“电子券购买”“验证码下发”“注册检查”“忘记密码”“注册”“快捷支付”等百余种交易，发现交易 IP 集中、某类交易激增等异常情况，立即进行行为分析，并采取相应的管控措施，如强制用户修改密码、限制 IP 交易、黑名单管理等。

参考文献

[1] 张华. 我国电子商务中的第三方支付平台分析[D]. 湘潭大学，2008.

[2] 李二亮，刘云强. 浅议第三方支付平台[J]. 电子商务，2005,(9):92-94.

[3] 黄长宇. 电子商务第三方支付运行与监管研究[D]. 湖南大学，2007.

[4] 赵颖. 第三方支付的模式分析及问题探索[D]. 对外经济贸易大学，2006.

[5] 王哲，魏敏. 我国第三方支付的安全性问题分析[J]. 当代经济，2011,3:116-117.

[6] 首信易支付荣获“中国互联网最具创新能力企业奖”[EB/OL]. http://finance.sina.com.cn/stock/usstock/mtszx/20140630/080019558098.shtml, 2014.

[7] 彭惠新. 支付宝：提供安全、快捷的支付解决方案——支付宝网络技术有限公司副总裁、金融事业部总经理樊治铭访谈[J]. 中国信用卡，2012,8.

[8] 肖江. 从支付宝看中国电子商务中的第三方支付平台[J]. 现代商业，2007,17.

[9] 刘峰. 财付通的品牌突围[J]. 经理人，2013.

第 8 章 网上金融安全

随着移动支付、大数据、云计算以及社交网络等互联网信息技术的迅猛发展，以 P2P（对等网络）、第三方支付、网络贷款以及金融机构线上平台为代表的网上金融模式，不可避免地会对传统金融模式产生巨大影响。

网上金融是互联网和金融相结合的新产物，是利用互联网与移动通信技术实现资金运转、支付以及信息中介等业务的新兴金融模式[8]。网上金融主要包含 3 个方面。

一是移动支付方面，消费者个人与企业都能在央行的支付中心开设银行账户或者证券登记账户。现金流转移、商品支付等操作完全在移动互联网上完成，以资金电子化方式取代传统的现钞流通。

二是信息处理方面，社交网络产生并且传播信息，搜索引擎提供信息的排序、搜索等服务，云计算技术提供在短时间内处理海量数据信息的能力，最后输出信息序列。信息处理的上述过程使得信息具有公开化、集中化、显性化等特征。

三是资源方面，由于资金供给与需求的消息直接在 Internet 上发布，供给方和需求方能够相互联系并达成交易共识，最终完成交易，构造一个公正、透明化的网上交易环境。同时，中小型企业融资、借款、贷款等问题更易获取合适的解决途径。

根据中国人民银行《2013 年支付体系运行总体情况》显示，2013 年我国互联网支付笔数高达 153.38 万亿笔，总金额为 9.22 万亿元，同比分别增长 56.06%和 48.57%。

网上金融之所以在短时间内呈现出较好的发展态势，关键在于它提供的便捷性、高效性服务，并且推动了普惠金融的快速发展。但是，互联网金融诞生不久，现已成熟完备的互联网技术尚存诸多安全漏洞，并且大部分互联网公司的信用度不能与银行相比，若政府监管不到位，企业管控不严格，很可能出现安全事件，给企业、消费者带来严重的损失。因此，互联网金融要想稳步向前发展，解决安全问题为重中之重。

8.1 网上银行安全

8.1.1 网上银行概述

网上银行[1]（又称网络银行或在线银行）指银行等金融机构使用网络技术在互联网上开展银行业务的方式。对客户而言是一种全新的享受银行服务的方式。用户不受上网方式、时间以及空间的限制，只要能够接入互联网，便可安全、方便地管理资产，享受银行提供的服务。

巴塞尔银行监管委员会对网上银行的定义为利用电子通道提供零售、小额产品与服务的银行，这里的产品和服务指账户管理、存贷业务、电子账务支付、金融顾问及其他电子支付的产品与服务。人民银行对网上银行的定义为利用计算机、移动终端（包括手机、掌上电脑等）以及其他智能设备，通过 Internet 向用户提供银行业务和其他金融服务。

世界上第一家网络银行——安全第一网络银行（Security First Network Bank，SFNB）成立于 1995 年 10 月 18 日。近年来，在全世界范围内，网上银行蓬勃发展，数量日益增加。我国网上银行起步于 1996 年，中国银行于 1996 年 2 月在国际互联网上建立了主页，首先在互联网上发布信息。随后，工商银行、农业银行、建设银行、中信实业银行、民生银行、招商银行和华夏银行等金融机构相继开办了网上银行业务[2]。

网上银行之所以能够在短时间内快速发展，获得大量用户的支持，主要是因为和传统银行相比，网上银行具备下述 3 点优势。

（1）便捷性

网上银行不受时间、空间、交易方式的限制，在任何时间、任何地点，只要用户能接入互联网，便可随时随地对自己的银行账户进行查询、转账等。

（2）效率高，成本低

相较传统银行，利用网上银行办理业务的速度更快，节省了用户的时间，极大地提高了工作效率，也降低了银行的经营成本，加快了资金周转。

（3）个性化

网上银行能够针对消费者的需要提供个性化服务，有利于企业或者个人理财，能够满足中小投资者的需求。

毫无疑问，网上银行的快速发展带给广大用户诸多便利和益处。但是，不能忽视当前网上银行所面临的安全风险和隐患。事实上，和传统银行业务相比，网上银行所承担的安全运行风险更大。

8.1.2 网上银行面临的安全问题

网上银行可视为传统银行业务在 Internet 上的拓展，它是 B/S 架构的复杂 Web 应用程序集。网上银行的安全问题主要包括 6 个方面：体系架构的安全问题、应用系统的安全问题、客户端的安全问题、网络中传输的数据信息安全问题、法制不健全带来的安全问题、用户安全薄弱带来的安全问题[3]。

1. 体系架构的安全问题

体系架构在网上银行系统中起着举足轻重的作用，直接决定了网上银行的安全度、灵活性和可维护性。正是网上银行业务的重要性、特殊性，使得它对安全性的要求高于其他 Web 应用程序，因此，体系架构的设计至关重要。对我国网上银行而言，能够预测的安全风险主要分为内部安全风险与外部安全风险两大类，其中，内部安全风险一般由银行内部员工的非法操作引起，而外部安全风险主要指病毒、木马以及黑客发起的网络攻击等。

现阶段，我国银行中具备独立开发体系架构的银行数量较少，大多数银行的体系架构由第三方公司完成开发，并且进行后期的维护。银行系统发生安全事件，就需要第三方公司提供技术支持。这种对第三方公司过度的依赖现状无形中给银行系统留下了潜在的安全隐患。

2. 应用系统的安全问题

网上银行应用系统安全是指主机安全、网络安全、数据库安全等方面。主机安全主要包括系统安全检测、入侵检测、反病毒等内容；网络安全指利用 SET 协议或 SSL 协议对网络中传输的数据信息进行加密，并且保证只有通过认证的通信才能在客户端和服务器之间建立连接，还对数据的完整性进行检验；数据库安全指要具备针对突发事件的应急处置能力，主要指数据备份、数据恢复等内容。

我国银行普遍对网络与信息安全建设较为重视，网络安全防范措施得到总体提高。但与此同时，黑客的攻击手段也随之提高，破解手段层出不穷。同时，应用软件系统在开发过程中，不可避免地存在安全漏洞，一旦被黑客利用，将造成严重的损失。

3. 客户端的安全问题

我国网上银行客户端的安全问题可总结为两方面，一方面是传统输入控件的安全性不够强，不法分子能够利用恶意代码窃取用户输入的账号信息，进而盗取网上银行的金额；另一方面是部分网上银行未提供数字证书存储介质，难以为网上支付提供安全保障，存在一定的安全隐患。

4. 网络中传输的数据信息安全问题

当前，为了保证网络中传输的数据信息安全，较常使用的安全协议为 SSL 协议和 SET 协议。SSL 协议能够提供加密和完整性校验服务，但缺少数字签名机制，交易双方发生争执时无法仲裁。相比之下，SET 协议的安全机制较为全面，能够保证传输数据信息的机密性、完整性以及不可否认性，但协议自身较为复杂，不易于具体实施。

5. 法制不健全带来的安全问题

目前，我国网上银行安全运行所需的法律规范不健全，缺少相关的法律制度支撑。在网上银行交易管辖权、境外信息的合法性以及法律适用性等方面，缺少特定的法律进行规范，特别是网上银行监管方面的法律几乎为空白。

发展迅速的信息科技，使得在未经许可的情况下收集用户个人信息成为可能。同时，网上银行使用者的账号信息、交易信息等隐私缺少特定的法律予以规范，造成用户隐私泄露的安全隐患。

6. 用户安全意识薄弱带来的安全问题

一方面，用户的安全意识不够强，对假冒网站的识别力不足，对保护个人账号信息的安全，进而确保交易安全的重视不够。用户可能在不经意间，将网上银行的账号泄露给不法分子；另一方面，黑客窃取用户隐私的方式层出不穷，越来越隐蔽，对用户的个人信息形成巨大的冲击。

8.1.3 网上银行采取的安全措施

为应对当前网上银行面临的安全问题，建议采取如下措施。

1. 完善网络安全体系架构

可靠的体系架构是网上银行得以成功运行的前提。目前，网上银行应用软件的开发一般采用分层的方式，包括 Web 应用层、数据通信层和数据源层。软件开发人员应对上述 3 个部分进行明确区分，当出现安全威胁时，有助于迅速分析威胁出现的原因，能够在短时间内得以控制并找到威胁来源。同时，银行应逐步提高内部人员的开发及系统维护能力，第三方人员由负责开发逐步向辅助配合过渡。

2. 提高应用系统的安全性

可以强化防火墙设置，进行安全域的划分，有效实现内外网隔离；加强访问控制措施，完善身份认证机制，进一步保证网上交易的安全；建立完备的网络安全监控系统，实现 7×24 h 的安全监控；建立详尽的安全日志机制，对日常操作进行实时检查，一旦发现异常，及时阻断，尽可能将损失减小。

3. 强化客户端的安全防护措施

可采用安全性能较强的客户端输入控件替代传统的网页控件，进而防范恶意代码捕获键盘输入的信息，并且可加入验证码机制，进一步防范黑客对网上银行账号进行暴力攻击。同时，网上银行应能够提供安全性较高的数字证书或者类似 USB Key 的数字证书存储介质，使用数字证书时，应采用我国较为权威的数字证书机构提供的证书。

4. 采用较为完善的数据加密技术

要想保证网络中传输信息的安全性，必须具备较为完善的数据加密技术，进而防止黑客窃取机密信息。由于SET协议为公认的网上交易国际安全标准，能够对交易各参与方进行多点认证，并且对交易的各环节也能够认证，具备较强的安全性。因此，我国的网上银行应采用SET协议。

5. 完善网上银行的管理制度与法律体制建设

对于安全而言，三分靠技术，七分靠管理。管理在安全体系建设、安全防范中起着举足轻重的作用，而安全技术必须与完善的管理制度相结合，才能充分发挥作用。网上银行应建立相关的安全管理制度，明确人员的筛选录用政策、职责划分，开展安全教育、安全检查等，规范软件开发人员、安全维护人员、业务操作人员的行为，规定安全扫描、安全监控工具的使用，建立密码管理制度，对于内部机密信息，建立金库模式。

从国家层面而言，应该加强对银行业的监管，特别地，应严格控制网上银行的准入。同时，银行应建立针对安全事件的监控、预警体系，进而提高对安全事件的实时发现、实时处理能力。

法律制度建设方面，2005年4月1日，《电子签名法》正式通过，成为我国电子商务领域的第一部法律。后续的法律制度建设较为滞后，对我国电子商务的发展有较大的制约性。因此，亟需健全适应电子商务的用户个人隐私、企业商业秘密以及信息保护的法律法规。同时，应继续完善我国在计算机犯罪方面的法律法规，并加强宣传教育，保障网上银行的安全运营。

6. 全面提升用户的安全防范意识

对于用户而言，一方面，在设置密码时应尽量使用较为复杂的密码；另一方面，应警惕虚假网上银行链接，严格利用银行的官网完成支付。同时，应采取可靠的安全认证机制，例如数字证书，进一步提高安全保障。

对于银行而言，应加强对用户使用网上银行的培训和教育，指导用户辨别网上银行的真伪网址，并且对用户如何保护自己的隐私进行提醒。

安全问题不仅和网上银行的后续发展前景密切相关，也影响着电子商务的总体发展轨迹。解决当前网上银行潜在的安全风险、进而推动电子商务的发展显得刻不容缓。完善网上银行的安全防护体系并非银行一家的责任，需要社会各界的共同努力。

8.2　网上证券安全

8.2.1　网上证券概述

随着移动互联网的快速发展和不断完善，越来越多的投资者开始利用互联网资源进行证券交易等相关活动，包括获取证券市场资讯、网上委托买卖证券等一系列服务，网上证券交易已成为促进证券交易市场快速发展的一种重要方式。

与传统的证券交易活动相比，网上证券交易活动在交易过程中借助了互联网这一新颖的途径，具有即时性、虚拟性、灵活性、交互性强等特点，同时，信息具有保密性和不可否认性[4]。根据网上证券交易的特点及其快速发展的趋势，网上证券交易的安全问题成为证券市场监管者和投资者等参与者共同关注的一个重要问题，加强网上证券交易的安全建设，关系到证券交易活动中所有参与者的信息安全与合法权益，对促进证券交易市场的稳定和健康发展具有重要的意义。

在中国证券市场发展历程中，信息技术承担了重要的角色。证券市场在建立初期引入了信息技术，初步实现了证券交易等关键活动的电子化。随着证券市场规模的不断扩大，行业利用高性能计算机和卫星通信等技术满足了证券交易功能和性能的要求，保证了证券市场的快速发展。同时，相关行业标准的健全和管理模式的创新促进了网上证券交易市场的规范发展。信息技术的飞速发展，对证券市场产生了深远的影响，改变了证券市场传统的发行、交易和清算模式，促进了网上证券自动化交易的发展。网上证券交易以其快速便捷、经营成本低的优势，被很多证券公司及其营业部采纳，网上证券交易已经成为证券市场的主要交易方式。

网上证券交易的虚拟性、即时性与开放性等特点，使其成为当前证券公司较为高效便捷的交易渠道之一，网上证券交易量也逐年上升，促进了证券交易业务的快速发展。然而，正是由于网上证券交易的高效性以及网络传输的开放性，为网络攻击者提供了可乘之机，网上证券交易面临的安全问题也越来越多，安全防范工作面临着巨大的挑战。

近年来，危害网上证券交易安全的事情层出不穷，全国出现了多起盗用证券账户和密码、恶意操作账户、证券资金非法转移等案件，“证券大盗”等病毒、木马的攻击形式也不断更新[4]，许多证券公司都面临着黑客入侵的情况。这些危害网上证券交易安全的事件给投资者和证券公司带来了巨大的经济损失，影响了网上证券交易的信任度，因此，保证网上证券交易安全，不仅保障了证券交易参与者的合法权益，而且有利于证券交易市场的健康长远发展，具有十分重要的意义。

8.2.2 网上证券面临的安全问题

证券交易市场的快速发展和互联网的开放式特点，使网上证券交易面临了很多信息安全的问题，特别是证券交易涉及资金数据和证券买卖信息，其安全性更加重要。网上证券交易系统需要保护账户信息、交易信息的安全，防止身份诈骗、数据篡改、信息泄露等安全威胁。

目前，我国大部分网上证券交易系统采用的是客户端/服务器（C/S）架构模式，这种架构交互性强、处理速度快，同时能够集中存储数据，提高了数据处理能力，具有并发处理能力强、数据响应时间快等特点，因此，广泛应用在网上证券交易系统中。根据 C/S 架构的特点，网上证券交易系统的安全问题可以从客户端、服务器、通信网络以及管理手段 4 个环节进行分析。研究网上证券交易的安全现状，为设计网上证券交易全局协同的整体安全防护体系奠定了基础。

客户端面临的安全威胁主要来自于客户端复杂多样的运行环境和不安全的身份认证方式。由于用户群体的多样性，导致客户端存在各种不确定的因素。在客户端复杂的运行环境中可能存在木马、病毒等恶意代码，并可能有网络钓鱼等黑客攻击。同时，不安全的身份认证方式会导致账户信息的泄露、窃取或篡改等威胁，无法满足账户信息在可靠性、保密性方面的要求。

网上证券交易系统服务器端的安全问题主要来自于非法入侵、防火墙攻击、病毒威胁等，黑客通过非法入侵或者伪造特定传输格式数据分组，通过外网与内网传输非法数据，恶意操纵或篡改内网数据，造成较大的业务风险。同时，服务器端的稳定性以及受到非法攻击、软/硬件故障后的系统恢复能力对服务器端完成证券交易活动也十分重要，实现系统的内网和外网安全隔离是保障网上证券交易的重要内容。

证券交易活动的交互性强，因此，在客户端、中间件、服务器之间存在很频繁的通信，开放式的网络环境让攻击者有机可乘。通信网络传输中重要的是账户信息、资金信息以及证券交易信息等，其正确性、完整性以及保密性十分重要。用户的个人账户密码等机密信息在通信过程中可能被黑客拦截并窃取，从而黑客对账户信息进行非法篡改，冒充目标人进行各种交易活动以获取非法经济利益，使账户信息被泄露或篡改，造成各种经济风险。除了破坏通信传输的正确性和完整性，黑客会进行信息阻塞攻击，导致交易变慢或中断，破坏了通信传输的即时性，影响证券交易的正常过程。

由于证券交易涉及资金链，因此，网上证券交易的安全问题不仅涉及技术方面，还与管理方式有关。管理模块自身的缺陷以及来自外部的恶意干扰，会破坏交易活动的可追溯性，导致交易不可查，影响了证券交易活动的信任度。根据网上证券交易即时性和不可否认的特点，交易活动需要采用完备的管理手段，记录交易活动的完整记录，考虑交易过程的可监控性、交易内容的可查性、网上交易系统的独立性等[4]。

8.2.3　网上证券的安全防护策略

针对目前网上证券交易系统面临的安全风险，一些安全防护策略被相继提出。构建网上证券交易全局协同的整体安全防护体系，需要在各环节充分使用多种安全技术，配合有效的管理方式，保证网上证券交易活动安全正常地完成。

根据目前客户端面临的威胁，客户端的环境安全和安全的身份认证机制是保证网上证券交易顺利进行的基础条件。为防止攻击者利用客户端自身的缺陷调试、篡改程序进行攻击，一些客户端程序具备抗逆向分析、抗反汇编等安全防范设置。同时，需要设置客户端的安全模块来提高客户端的安全性。

现有的客户端安全模块的功能主要包括：实时监控、进程空间冻结防止非法插入、防止木马后门攻击、通过监控注册表与文件关联启发预警等[5]。目前的客户端安全模块通过监控相关数据特征并且启动预警，防止恶意攻击，避免恶意软件或攻击对客户端环境的干扰。

身份认证机制是保证客户端安全的重要技术，可以有效避免非法交易。目前，身份认证技术主要包括以下 4 种方式：口令识别（动态口令、静态口令）、数字证书认证、生物特征识别、硬件绑定[4]。为保证数据保密性，通常需采用双向认证机制，数字证书包括用户名称、公钥、证书版本、密码算法标识、证书有效期等信息，在交易过程中通过数字签名来进行交易双方的身份认证。

目前，大多数证券公司采用的是自签证书，部分公司采用了公认的第三方 CA 提供的数字证书，并具备吊销列表（CRL），现有基于 PKI 的网上证券交易系统主要由 CA 证书签发中心、CA 分布式管理中心、OCSP 服务器、RA 证书注册中心等部分组成[6]，虽然各证券公司的网络情况不同，但总体方案如图 8-1 所示。

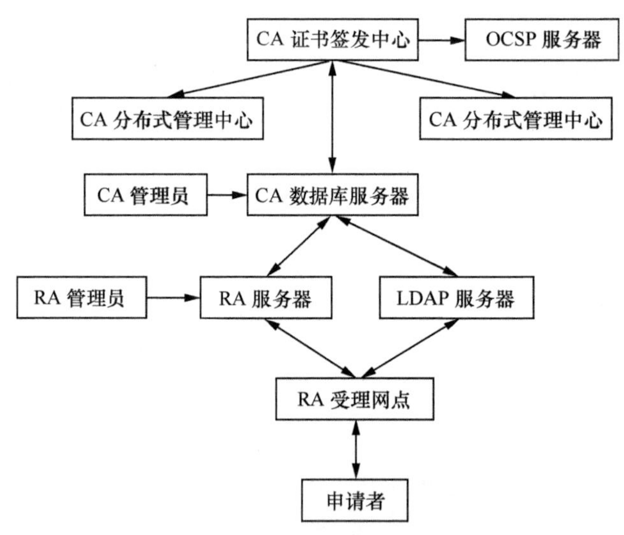

图 8-1　PKI 系统设计网络结构

网上证券交易系统的服务器端完成核心业务的处理，因此，保证服务器内部网络的安全是网上证券交易最重要的内容。目前主要采用的方法主要有网络防火墙技术、非法入侵检测、病毒检测技术、硬件隔离技术等，从各方面加强服务器的安全。

防火墙可以有效进行访问控制，保证主机之间的访问和对服务的请求在符合安全策略的情况下正常进行，且能够阻止非法访问。部署在网络出口的防火墙，可以限制外部人员只能访问对外的应用服务器；部署在系统内部的防火墙，可根据访问规则控制系统内部的网络访问。为了加强访问控制的效果，一些双层防火墙技术也被应用到网上证券交易系统中。

目前，非法入侵检测技术在先进特征库和检测策略的指导下，能够对溢出攻击、木马后门、SQL 注入攻击、间谍软件、僵尸程序、流行蠕虫攻击、即时通信等[5]常见的攻击行为进行有效实时阻断，对内部网路进行防护。同时，辅助安全扫描软件对网络漏洞和病毒进行检测，以有效修补漏洞，查杀木马、病毒等。

利用硬件隔离技术可以根据特定需求，设计相关联的软件保证内外网按照特定格式和要求传递数据分组，有效防止非法数据的通过。当前证券行业使用较多的是硬件隔离方案，主要包括串口隔离系统和安全机隔离系统。硬件隔离方案可以检查、记录两端的通信数据分组，并且可以根据客户端数据分组的特征和对应的服务器号将数据发往不同的服务器。

网上证券交易活动的交互性强，在客户端、中间件、服务器之间存在很频繁的通信，保证通信安全十分重要，在整个通信期间，经过认证的通信线路应一致保持安全链接状态[7]。

首先，基于网络基础设施确保通信线路的健壮和可用，目前大多采用双通信链路、多机备份、负载均衡等技术方法[5]，保证重要数据的网络通信畅通无阻；其次，采用规范的通信协议和标准的安全认证方式，保证数据传输过程安全；最后，基于证券交易数据的保密性，加强中间件的系统防护，对数据分组的关键交易字段进行加密和验证，采用国家标准的加密方法和安全协议，防止数据分组在传输过程中被监听、篡改、重放及窃取，保证传输中数据分组的正确性、完整性、保密性等。

仅依靠计算机安全技术无法真正解决信息安全问题，因此，网上证券交易在采用有效的信息安全技术基础上，需要配合完善的管理方式，通过日志管理系统、安全评估、安全审计等方式，确保网上证券交易的可溯性、可查性以及不可否认性。目前，可通过日志管理系统对交易过程进行监控，记录完整的交易记录，保证交易内容的可查性，为日志审计、安全评估和安全审计提供可靠的基础数据。

8.2.4　网上证券的发展前景

随着互联网技术的快速发展，利用信息技术在证券市场上应用会越来越广泛，网上证券交易将成为证券市场的主要发展方式，因此，如何保证网上证券交易中的安全问题为当务之急。网上证券的发展前景主要体现在下述几个方面。

（1）网上证券交易竞争日益激烈，增长速度将逐步放缓

随着互联网技术的迅猛发展、电信基础设施的日益成熟，网上证券交易的发展前景异常广阔，但值得一提的是，网上证券交易的增长速度将变缓慢。网上证券交易初期，大量券商的加入，使得交易速度迅猛增长。后期，券商增加的速度将放缓，必然导致网上证券交易的增长速度也放缓。

（2）网上证券价格竞争将向服务竞争过渡

网上证券交易初期，价格竞争为最主要的竞争手段。随着后期进一步发展，逐步由价格竞争向服务竞争过渡。全面而及时的资讯信息、便捷的个性化服务、丰富多样的下单软件，获得了越来越多网上证券用户的青睐。如果将焦点集中在价格上，不利于证券业持续稳定的发展前景。

（3）新的交易方式层出不穷，App 抢占先机

网上证券交易发展初期，券商便与 IT 公司合作，尽可能地使客户享受到优秀的网上证券交易服务。随之而来的是丰富多样、层出不穷的交易方式，从早期的 PC 下单，到如今的移动终端，大大提高了交易的便捷性。App 作为当前主流交易工具，受到广泛好评。

本节阐述了网上证券交易的概念以及发展现状，并就网上证券交易面临的安全问题进行了分析，并对现有的安全策略进行了探讨，结合多种安全技术手段和管理方法，构建全局协同的整体安全防护体系。随着网上证券交易参与者的增多以及互联网安全技术的发展，网上证券交易安全会受到越来越多的人关注，网上证券交易的相关法律和监控制度也会越来越健全。

8.3 网上保险安全

8.3.1 网上保险概述

随着 Internet 与信息技术的迅猛发展，网上保险应运而生。保险公司与客户之间的传统业务，例如投保、理赔及给付等，都可在互联网上实现。

网上保险是指保险公司以信息科技为依托，以 Internet 为主要渠道，开展企业活动的经济行为。其中，核心思想为保险公司建立网络化的管理经营体系，并且利用 Internet 和客户交换信息，通过网络进行保险业务的宣传、营销等。

网上保险最早出现于美国，美国国民第一证券银行首创利用 Internet 销售保险单，在一个月之内，销售保单金额高达上千亿美元。1997 年初，美国 81%的保险公司有网址，其他尚未设置网址的保险公司也在短时间内尽快设立。而美国加利福尼亚州的保险公司用户数从 1997 年的 66 万增加到 1999 年的 300 万。据

Forrester 调查显示，1997 年，美国家庭购买的汽车、住宅、人寿保险金额为 3.91 亿美元；1999 年，美国家庭在网上购买的汽车保险金额达 5 亿美元；2004 年，美国家庭在网上购买的汽车保险金额高达 118 亿美元。

相较美国而言，网上保险业务在我国的起步较晚。1997 年，我国第一家保险网站——中国保险信息网正式开通运行，标志着我国保险行业正式进入网络的大门；2000 年，我国首次推出国内第一家保险网站——网险，真正实现了网上投保[8]。

网上保险业务的优势主要体现于下述 4 个方面[9]。

一是网上保险能够为保险公司提供全面的信息化管理服务，工作效率得以提高。

网上保险的开展，使得公司内部从数据处理到信息传递，从公司的重要决策到为投保用户理赔，从保险营销到资金周转，都是利用网络进行的。这种网络化、信息化的管理方式，极大地提高了内部员工的工作效率。同时，保险商品自身不存在物流限制，在网上交易中更加方便快捷。

二是网上保险不受时间和地域的限制，能够增加销售额。

在传统保险业务中，由于用户的时间有限，并且厌于和陌生的推销人员进行交流。相比之下，网上保险突破了时间和地域的限制，能够随时随地为用户提供全方位的保险服务，更受用户青睐，投保客户数量随之增加，销售额上升。

三是网上保险能够降低保险公司的经营成本。

相较传统的保险业务，网上保险利用 Internet 销售保单，保险公司的经营成本得以大幅度下降。在线销售保单的方式，能够省去支付给代理的佣金。根据美国布兹艾伦和哈米尔顿计算，保险公司利用 Internet 出售保单、提供服务的方式，能比通过电话或代理人出售的方式节省 58%～71%的成本。

四是网上保险能够依据客户需求，快速为客户提供服务并提升服务质量。

Internet 能够便捷地把保险相关业务提供给客户，以便客户根据自己的需要，选取最合适的险种。同时，保险公司能够在网上与客户进行交流，并针对客户的需求，提供个性化的服务。

8.3.2 基于 PKI 的网上保险安全

对于网上保险而言，它自身的安全性显得格外重要，是否能够保证客户重要信息的机密性、完整性，是否具有法律约束力，在发生争议时能够仲裁，是大家普遍所关注的。现阶段在保险公司开展业务过程中，需要一个被大家普遍所认可的信誉机构对网上保险各参与者的身份进行认证，基于此，网上保险业务中引入了 PKI 安全体系，进而提供全方位的安全性保障。

网上保险业务中，为了保证 PKI 体系中私钥与证书的安全性，特引入 USB

Key，作为证书及私钥的安全载体。USB Key 不需要类似读卡器的外设，能够和 USB 接口直接相连接，使用起来异常方便。同时，USB Key 内置加密算法，能够自行生成密钥对。加密、签名都在 USB Key 内部完成，无法从外部获取私钥，极大地提高了网上保险业务的安全性。同时，在密钥与证书的全生命周期中，从密钥生成、证书申请成功到密钥与证书的到期，都需对 USB Key 规范进行使用和管理[10]。

PKI 信任体系中，CA 认证中心为权威认证机构，在网上保险中的具体应用是：为保险公司内部人员发放并且管理数字证书，进而搭建一个能够提供授权服务、身份认证服务，保证交易数据的机密性、完整性以及不可否认性的认证系统。网上保险平台总体模型[11]如图 8-2 所示。

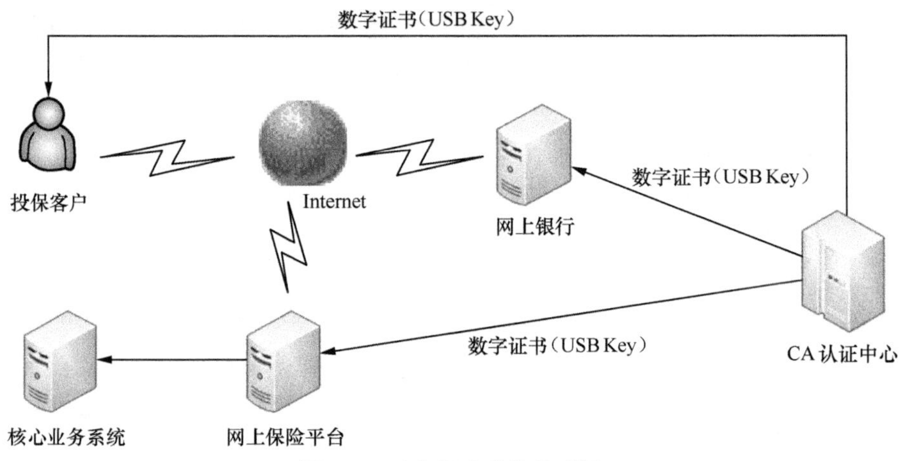

图 8-2　网上保险总体模型图

8.4　互联网金融安全

伴随着 BAT 等互联网大佬们一系列针对金融行业渗透的动作以及网贷、众筹等新业务的快速发展，互联网已有全面颠覆传统金融业游戏规则、倒逼金融改革的态势。与此同时，传统金融行业也积极应战，在改革政策的推动下努力转型。在互联网金融与金融互联网疯狂发展的同时，不少网络黑客和贪婪的内幕交易员也向这个领域“疯狂聚集”，使得互联网金融安全成为当今热点话题。

事件一：2013 年 8 月 30 日，证监会披露对光大乌龙指事件调查结果。当日，光大证券首先获知其交易系统出现问题，却未选择戒绝交易，反而在信息公开前将股指期货合约等大量卖出，构成“内幕交易”行为。光大证券处以超过 5.2 亿元巨额罚款。

事件二：2014 年 2 月 28 日，世界最大规模的比特币交易所运营商 Mt.Gox 宣布破产，因交易平台的 85 万个比特币被盗一空，公司已经向日本东京地方法院申请破产保护。

事件三：2014 年 3 月 20 日，国内最大、最具影响力的 P2P 网络借贷行业门户网站“网贷之家”发布公告：自 2014 年 3 月 16 日起，网贷之家官网持续多日受到黑客的严重恶意攻击，持续 10 min 的 30 G 流量攻击，同时数万 IP 的 CC 攻击，短短几小时内 6 亿次的连续攻击[12]。

目前，互联网金融面临着各种各样的风险，比如电商的小贷风险、网络借贷的风险、众筹融资风险、网络货币基金风险、第三方支付风险、监管缺失风险以及系统安全性风险等。目前，第三方支付存在的信用风险是比较严重的，第三方支付方拥有转移资金的机会，从而给用户资金带来风险。违约风险是目前互联网金融最大的信用风险，在融资业务中表现为借贷人违约，无论是 P2P、众筹，还是网络银行，由于信息不对称或者事先没有通过信用报告了解对方的信用状况，结果出现借款人违约。互联网金融在我国处在起步阶段，没有对应监督和法律约束，缺乏门槛和相应行业规范，整个行业面临的政策和法律风险，加剧了金融市场的不稳定。

截至 2015 年 3 月，我国 P2P 网贷平台数量达 2 143 家，2 月新增平台 52 家，同比上升 23.81%。P2P 网贷行业在饱受争议的同时，也在不断的发展中为行业带来了一些启发。

互联网金融信用风险的防范措施，可以概括为两个方面[13]。

一方面，建立统一的征信系统。由于目前我国互联网金融企业拥有的数据是独立完成的，和央行征信系统相互隔离，有必要建立一个统一的综合性征信系统。当前情况是，央行信用记录尚未覆盖众多小微企业以及个人，可以将企业在工商部门的一些登记信息，包括工商信息、纳税信息、司法诉讼方面的记录等都纳入企业的信用记录，并编制企业的信用报告。此外，将传统金融机构和新型的互联网金融机构所拥有的信息，逐步纳入征信系统。

另一方面，由监管机构牵头，建立互联网金融行业的信用惩戒机制，具体可概括为 3 个方面：一是由行政监管部门进行行政性的约束和惩戒，建立行业黑名单制度和市场退出机制；二是开展市场化的惩戒和约束，建立基准的评价体系和评价方法，完善披露制度和信用制度，对市场中的交易进行约束和限制；三是进行行业性的约束和惩戒，通过行业协会制定行业的治理规则，对违规失信按照情节轻重，实行行业内警告、通报、批评、公开谴责等措施。

参考文献

[1] 舒志军. 中国网络银行的现状、问题及前景[J]. 中国金融电脑，2002,(9).
[2] 陈艳. 网上银行的安全运行问题及其对策[J]. 经济与社会发展，2004,(4).
[3] 聂进，雷雪. 网上银行安全及相应对策探讨[J]. 武汉大学学报（人文科学版），2006,(3).
[4] 高天毅，李颖君. 网上证券交易中安全性研究与技术应用[J]，科技咨询，2010,(12):249.
[5] 陈静，马丽. 网上证券交易系统安全机制的研究[J]. 解决之道，2011,(5).
[6] 刘华春. 基于 PKI 的网上证券交易系统的构建[J]. 计算机技术与发展，2009,(7).
[7] 纪文平. CFCA 认证在网上证券交易中的应用[J]. 电脑开发与应用，2002,(15).
[8] 殳宇. 基于 RIA 技术的网上保险系统的研究与实现[D]. 上海交通大学，2009.
[9] 高雷，杨爱军. 欧美网络保险的最新发展及对我国的启示[J]. 保险研究，2010,(11).
[10] 张洪美. 基于 PKI 的 USB Key 在保险系统中的研究与应用[J]. 信息安全与技术，2012,2.
[11] 邬可可. 中国人民财产保险（PICC）电子商务平台设计与研究[D]. 江西师范大学，2007.
[12] 蓝盾信息：浅谈互联网金融安全[EB/OL]. http://safe.it168.com/a2014/0401/1609/000001609075.shtml, 2014.
[13] 互联网金融：安全问题成行业瓶颈[EB/OL]. http://culture.people.com.cn/n/2014/1101/c172318-25951103.html, 2014.

第9章 移动电子商务平台安全

移动电子商务平台承载着移动互联网电子商务业务的流程，存储和管理着海量的用户数据与业务数据。对移动互联网电子商务平台的安全防护至关重要。目前，各大移动互联网巨头均对移动电子商务平台安全高度重视，投入大量人员、资金建设平台安全防护机制。当前，具有开放性的移动电子商务平台已在移动互联网发展中占据了越发重要的地位。作为一种新兴的平台和业务运行模式，其安全防护相比一般的电子商务平台具有更加鲜明的特点。本章主要对移动互联网移动电子商务平台安全防护的体系与机制进行系统介绍。

9.1 移动电子商务平台

当今的移动互联网，业务类别与内容已高度丰富，业务数据早已是海量级别。移动智能终端的巨大进步使得亿万用户成为网络内容的创造者和传播者，新一代移动通信技术为移动数据的传输提供了极大的便利，并使得移动互联网在地理上可以覆盖每一个角落。但不要忘记，所有的业务和数据都需要电子商务平台的支撑。通过客户端与电子商务平台的交互，移动互联网业务得以运行，业务流程得以实现，业务的内容和数据得到高效、系统的组织与管理。

9.1.1 移动电子商务平台的概念

从技术角度讲，移动电子商务平台是信息系统与移动互联网电子商务业务逻辑的结合体[1]。

电子商务平台首先是信息系统，同时又是不同信息系统的组合，比如计算机系统、通信网、操作系统、数据库系统、伺服系统等，这些信息系统构成了电子商务平台的软硬件基础。

业务逻辑是移动电子商务平台的标识，是一个电子商务平台区别于其他业务平台的最主要特征。当电子商务平台承载了移动互联网业务，它就是移动电子商务平台。不同的业务逻辑对底层信息系统及其组合方式有不同的要求，并最终反作用于对底层信息系统的组合与实现方式。

移动电子商务平台是移动业务运营的基础平台。平台运营商通过提供业务、计费等标准接口，可快速引入和推广新业务，其他企业也可借助平台资源推出自己的新业务。

9.1.2 移动电子商务平台的特征

移动电子商务平台具有如下特征。

① 以电子商务业务为中心。移动电子商务平台的主要目的是支撑移动电子商务业务的开发、部署、执行、管理、控制和运营。

② 以提供能力为宗旨。通过开放分布式计算架构，将网路能力、基本服务资源抽象成业务模块，并通过开放接口向上层应用开放，使得应用可以更便捷地开放，并通过分布式结构支持上层应用的执行。

③ 具备管理支撑能力。负责管理业务的接入、计费、用户管理等多项运营级的支撑功能。

④ 提供业务开发支持。主要包括业务生命周期管理、编程模型、开发环境等。

9.1.3 移动电子商务平台提供的服务

移动电子商务平台提供的服务包含以下 3 个方面。

① 信息查询。主要通过与用户的需求互动，向用户提供定制化的、精确匹配的信息服务，例如移动搜索、位置服务等。用户作为主要业务的主要需求方，平台通过各种技术手段实现用户所需的服务。平台的实现一般需要各类专业技术的支持，比如搜索引擎、GPS 定位等。同时也需要防止平台的技术能力被滥用或用作恶意目的。

② 业务办理。为其他的业务提供支持，比如掌上营业厅平台、校讯通等生活服务类平台。通过移动电子商务平台，用户无需到业务营业场所现场即可成功办理业务。

③ 电子支付。平台主要为电子商务等业务提供便捷的支付手段。随着互联网金融的发展，平台逐步具备了理财、融资等金融能力。比如支付宝、微信支付、手机“和包”、网上银行等。因与用户的个人信息和财产安全密切相关，平台在业务逻辑设计、业务功能实现的安全性方面有较高的要求。

9.1.4 移动电子商务平台的技术架构

所谓技术架构，是指移动电子商务平台的组件构成、设计思路及协作方式，它决定了业务提供者如何去实现和提供目标业务。一个电子商务平台的技术架构由多种因素决定，其中最重要的是业务类型与容量需求。

- 业务类型因素。移动互联网业务的多样性决定了移动电子商务平台的技术也是多种多样的。
- 业务容量因素。随着移动互联网业务规模的扩大、用户的增多，对电子商务平台在性能、功能方面的要求也会不断提高。业务发展初期一般采用简单的技术架构即可实现业务功能、满足用户需求。当用户数量增大到一定程度，原有技术架构不能满足业务需要时，平台的架构往往变得更加复杂。

电子商务平台种类众多，规模大小不一，复杂度各有不同，但其一般具有如图 9-1 所示的技术架构。

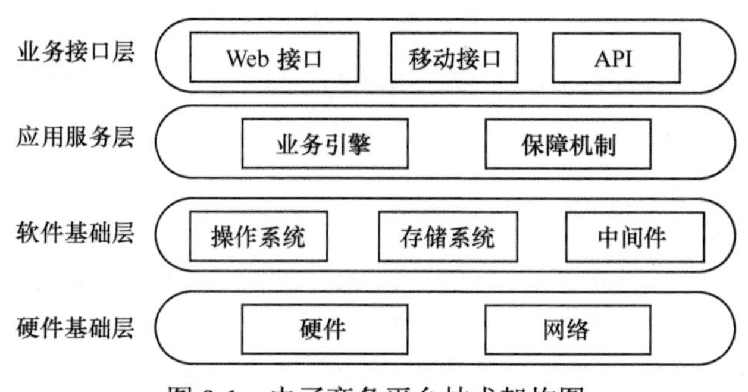

图 9-1　电子商务平台技术架构图

（1）硬件基础层

硬件基础层主要是指电子商务平台运行的硬件基础设计及其物理环境。硬件主要是指承载着平台所有功能的服务器；网络为平台内部服务器提供通信条件，也为平台与用户之间提供数据传输的物理接口；还有一些必要的物理条件，如机房、配电等，则不在技术架构的讨论范围。对于处于业务初期的平台，其硬件服务器可以是几台普通的计算机，一条普通的宽带连接即可满足业务需求。对于如微博、微信、支付宝、苹果等大型业务而言，平台常常需要部署服务器集群或者云端，甚至需要建设自己的数据中心。海量的数据传输与用户访问需求也导致巨大的网络带宽需求，对网络传输能力与稳定性都有很高的要求。为解决不同运营商网络之间传输速率的瓶颈，以内容服务为主的移动互联网业务通常需要借助 CDN 网络将自己的内容提前推送到各个运营商网络中，提高用户访问速度体验。

（2）软件基础层

软件基础层主要包括操作系统、数据库及中间件。这些是实现电子商务平台功能所需的软件基础，通常由第三方厂商提供，平台建设者要选择各个组件并决定组件之间的协作方式。在电子商务平台发展的早期，简单的软件结构就能满足业务需求，比如，微博平台最初即采用的 LAMP 架构，即 Linux、Apache、MySQL 与 PHP 的组合，后续随着业务量的快速发展，原有的架构几乎被彻底颠覆。

① 服务器运行的操作系统已发展得相对成熟，目前主要有 Windows、

NetWare、Unix 和 Linux 四大类。由于稳定性、源代码开放、二次开发空间大等诸多优点，当前许多电子商务平台选择 Linux 操作系统。

② 即便是初级平台，建设者在数据库方面仍有许多选择，比如 MySQL、SQL Server、Oracle、DB2 等。移动互联网的海量数据要求数据库系统支持高吞吐量、高响应速度、高并发等特性，分布式数据库、非关系型数据库（NoSQL）等成为业务提供商的最佳选择，SQL Relay 等辅助软件则为数据库提供了高并发连接的处理能力。

③ 中间件是业界对软件基础设施中除操作系统和数据库的第三方软件组件的统称。今天软件产业的发展已使得我们不必从头开始亲自编码来实现我们的电子商务平台，众多的中间件为电子商务平台的建设提供了便利。中间件的类型很多，比较常见的有 Web 中间件（如 Apache、WebLogic、Tomcat 等）和通信中间件（如 ICE、ACE 等）。

（3）应用服务层

应用服务层是在底层软硬件基础上对业务逻辑与流程的实现，其核心是业务引擎。业务引擎必须由平台建设者自行开发完成，集中体现了业务流程；接受用户服务请求，按照业务流程将请求处理工作分解为底层软件所能完成的子任务。业务的发展和业务容量的不断扩大，要求建设者对业务引擎不断进行升级和改进，同时对业务引擎及平台的稳定性、安全性、可用性、可扩展性等方面提出了越来越高的要求。大型的移动互联网电子商务平台一般通过对业务进行统一的隔离与备份解决稳定性问题，通过分割与异步提高业务引擎性能，通过去中心化、负载均衡、异地容灾等措施保证高可用性，通过可伸缩的云来确保可扩展性。同时，庞大的业务支撑平台也需要配备必要的监控措施，以实时监控平台各个组件的负载情况、故障情况等。

（4）业务接口层

Web 接口与移动接口是移动互联网电子商务平台必备的基本接口，其中，Web 接口接收来自用户浏览器的普通 Web 请求，移动接口则接收运行在移动智能终端上的应用程序（App）发来的请求。对于向外提供编程接口的开发电子商务平台来说，还会提供一系列的应用编程接口（API），允许第三方开发者通过 API 访问本平台的功能，并将其整合到第三方应用当中。

业务流程越复杂、业务量和用户量越大，电子商务平台的技术架构往往越复杂。同时，不同的平台建设者即便对于同一个功能组件也往往有各自不同的设计和实现方法。这一切使得今天移动互联网电子商务平台各式各样，异彩纷呈。

9.2 移动电子商务平台的威胁模型

移动电子商务平台是一套信息系统，不可避免地会发生硬件或软件故障，甚至系统瘫痪、服务中断。移动电子商务平台也要部署在机房或数据中心或者自建、租用其他运营商提供的机房或数据中心，理论上不能排除因战争、自然灾害等不可抗因素导致的机房被毁，不能排除合作方违背服务承诺甚至损毁数据。移动电子商务平台通过接入移动互联网向用户提供业务功能，像传统的互联网业务平台一样，它们也面临着来自互联网上的恶意攻击。

本章对移动电子商务平台的安全讨论不包括平台自身故障、不可抗外界因素及违约因素引入的安全威胁，仅考虑来自互联网上的恶意攻击。

9.2.1　安全假设

根据对移动电子商务平台的一般分层结构描述，这里进一步将平台架构抽象为 3 层。

① 硬件与网络层，与前面所讲基本相同，其中，硬件指服务器硬件、机房、电源等，网络指业务平台内部通信网络及平台与互联网的接口。

② 软件基础设施层，涵盖架构模型中的软件基础层与应用服务层，主要是支撑平台功能的软件模块。

③ 应用接口层，即结构模型中的业务接口层，直接与平台外的用户或访问者进行交互。

本章的讨论中假设移动电子商务平台内部是可信的，平台的维护操作人员也是可信的，即不会恶意地对平台实时攻击。与此同时，假设平台外的用户是不可信的，恶意攻击者可能以普通用户的身份对平台发起攻击。

对移动平台来说，硬件一般处于业务提供商的控制下，通过采取相应的物理安全防护措施，硬件的安全一般可以得到保证。因此，这部分暂不列入本章的讨论范围。

本章主要讨论来自互联网的、针对移动电子商务平台的基础设施（包括网络与软件）的安全威胁。电子商务平台信任区假设如图 9-2 所示。

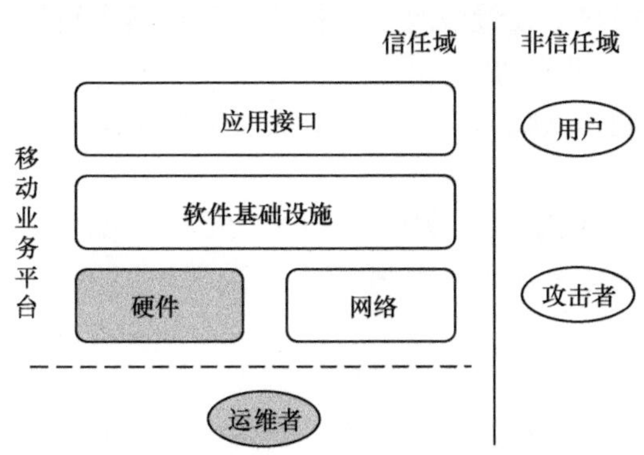

图 9-2　电子商务平台信任区假设图

9.2.2 安全威胁类型

1. 针对基础设施的威胁

（1）恶意代码类

病毒能感染并破坏系统文件或某一特定格式的文件，可导致该文件无法正常使用和访问，威胁系统文件的完整性与可用性。

蠕虫可感染文件并不断进行自我复制，同时通过网络探测其他存在漏洞的系统并发起入侵，入侵成功后，重复以上动作，直至整个网络瘫痪，破坏网络及系统的可用性。

后门通过驱动、模块或服务的方式启动自身，并且尽可能隐藏自身的进程和主文件，同时监听某一特定端口，以等待控制端连接，一旦控制端连接成功，便对系统有完全控制权。

（2）越权或滥用类

① 非授权访问资源，即在未经管理员授权或是在无访问权限的情况下，利用漏洞或配置错误，访问网络、系统或文件资源的行为，对网络、系统或文件的机密性构成威胁。

② 滥用权限过度使用系统资源，即利用自身权限，在权限允许范围内以耗费系统 CPU 和内存资源为目的的恶意行为，威胁系统的可用性。

③ 滥用权限非正常修改系统配置或数据，即在权限许可范围内，以破坏数据或配置文件为目的的恶意修改行为，威胁系统或文件的完整性。

（3）网络攻击类

① 漏洞探测。通过分析已知漏洞，对应用或系统提交特定格式的字符串，并分析返回结果，以确定应用或系统是否存在该漏洞。

② 网络探测和信息采集。结合漏洞探测和合法用户查询信息两种方式，对系统和网络设备进行漏洞和常规信息探测。

③ 嗅探。通过将网卡设置成为混杂模式以使得网卡可接受任何流经的数据，例如账号、密码、敏感数据等。

④ 用户身份伪造和欺骗。即通过构造认证信息，以获取认证系统的信任，从而以合法用户身份登录。

⑤ 用户或业务数据的窃取和破坏。即非授权或滥用权限访问和修改数据的行为。

⑥ 系统运行的控制和破坏。即非授权或滥用权限控制系统资源，并进行恶意修改。

⑦ 拒绝服务，主要包括如下两种情况。

- 通过提交大量的正常查询，使系统耗费大量的 CPU 和内存来处理这些查询，从而使系统没有空闲资源接收正常请求；

- 利用漏洞提交特定格式的数据，导致系统在接收到数据后出现崩溃，从而无法接收任何请求。

（4）系统篡改类

主要是指在非授权或在权限许可范围内修改系统配置、网络配置、安全配置或用户信息的行为，对相关信息的完整性造成威胁[2]。

2. Web 应用系统的脆弱性

针对 Web 应用系统的安全威胁主要源于 Web 应用系统自身的脆弱性，指 Web 应用软件开发在架构设计、编码阶段引入的弱点。参照国际公开 Web 应用安全组织（OWASP）的 Top 10，Web 应用系统存在的严重脆弱性如下。

（1）用户输入验证不当

- 跨站脚本漏洞。由于动态网页的 Web 应用对用户提交请求参数未做充分的检查过滤，允许用户在提交的数据中掺入 HTML 代码（最主要的是“>”“<”），然后未加编码地输出到第三方用户的浏览器，攻击者恶意提交代码会被受害用户的浏览器解释执行。攻击者可以利用 XSS 漏洞借助存在漏洞的 Web 网站转发攻击其他浏览相关网页的用户，窃取用户浏览会话中诸如用户名和密码（可能包含在 Cookie 里）的敏感信息，通过插入挂马代码对用户执行挂马攻击。
- 数据注入漏洞。主要是 SQL 注入漏洞，问题的成因在于对用户提交 CGI 参数数据未做充分检查过滤。用户提交的数据可能会被用来构造访问后台数据库的 SQL 指令，从而非授权操作后台的数据库，导致敏感信息泄露、破坏数据库内容和结构、甚至利用数据库本身的扩展功能控制服务器操作系统。
- 未验证的重定向。Web 应用程序经常重定向至其他的网页和网站，并使用不受信任的数据来确定目标网页。如果没有适当的验证，攻击者可以将用户重定向至钓鱼网站或恶意网站，或者访问未经授权的网页。

（2）认证授权等自身安全管理漏洞

- 不安全地直接访问对象。由于网页应用实现上的问题，动态网页对用户提交的参数对应的后台数据是否具有访问权限未做充分验证，用户可以通过手工设置猜测其他用户的数据索引值（一般就是数据库中某个表的主键）及非授权地访问数据库中其他用户相关的存储信息。
- URL 访问控制不当。Web 站点可能包含一些不在正常应用系统数据目录树内的 URL 链接。攻击者可能通过猜测尝试访问可能的链接来获取非授权访问。

（3）会话管理漏洞

- 动态网页认证与会话管理不当。Web 系统对用户访问的会话凭据处理可能存在漏洞，比如，单纯通过 Cookie 来标记识别用户会话，使用容易猜测的会话 ID，允许暴力猜测会话 ID，会话超时设置过长不自动撤销会话等。这类漏洞可能允许用户冒充其他用户获取非授权的访问。

- 跨站请求伪造。应用系统有 XSS 漏洞时，CSRF 可以对 XSS 漏洞进行更高级的利用。利用的核心在于通过 XSS 漏洞在用户浏览器上执行功能相对复杂的 JavaScript 脚本代码来劫持用户浏览器访问存在 XSS 漏洞网站的会话，攻击者可以与运行于用户浏览器中的脚本代码交互，使攻击者以受攻击浏览器用户的权限执行恶意操作。

（4）数据机密性隐患

- 不安全地进行数据存储。Web 应用相关的一些敏感数据未进行安全存储，比如，密码数据以明文方式存放在数据库表里，通过利用 SQL 注入之类的漏洞就可以很容易地列举出来。
- 不安全的网络通信。HTTP 协议本身是明文的，敏感数据，比如认证信息，安全传输只能借助外加的加密机制，而目前大多数的 Web 应用都不是加密的，只要攻击者可以嗅探网络数据分组就能获取大量的敏感信息，即使传输的是加密后的密码信息，也还存在重放攻击的威胁。

（5）异常处理漏洞

主要包括信息泄露和不恰当的错误处理。很多基于后台数据库的 Web 应用在出现错误时会输出过于丰富的信息，比如错误类型、出现错误脚本的绝对路径、网页主目录的绝对路径、出现错误的 SQL 语句及参数、软件的版本、系统的配置信息等。信息泄露漏洞本身可能并不太重要，但结合其他漏洞（比如 SQL 注入）可能会极大地提高攻击入侵的效率。

（6）安全审计漏洞

主要是指安全审计功能存在缺陷，包括缺乏有效的安全审计功能，无法对应用程序重要安全事件进行审计以及审计记录内容不完整等。

（7）配置管理脆弱性

- 服务配置不当。存在可能被攻击者利用的服务配置缺陷，例如存在不必要的默认文件和示例文件，使用默认账号和密码，文件目录权限设置不当，SSL 设置错误等。
- 应用配置不当。存在可能被攻击者利用的应用配置缺陷，如启用了不安全的调试功能，导致攻击者绕过认证机制访问敏感信息或提升权限。

3. 针对 Web 应用的威胁

参照国际公开组织 Web 应用安全性协会（Web Application Security Consortium，WASC）的威胁分类 WASC TC，Web 类应用系统面临的主要威胁有如下几类。

（1）逻辑攻击

- 拒绝服务。攻击者可以编写脚本和程序，生成大量子进程，请求同一个 URL 并保持，消耗服务器的 CPU、内存和连接数资源，使得合法用户无法正常访问。

- 功能滥用。攻击者滥用 Web 应用提供的功能（如邮件发送、密码恢复等）导致资源耗尽、访问控制机制被绕过、信息泄露等。最为常见的攻击方式有利用网站搜索功能访问不在正常网站数据目录树内的访问受限文件。
- 自动表单提交。攻击者使用表单提交工具，向登录、注册服务、邮件、账号维护等表单自动提交信息的恶意行为。
- URL 跳跃。对 Web 程序不恰当的状态管理可能导致攻击者绕过页面正常访问顺序的攻击。

（2）认证绕过

- 暴力破解。因认证强度低于业务安全要求，攻击者可以通过穷举方式自动猜测用户登录身份凭证、会话凭证以及未公开目录及文件名。
- 认证绕过。绕过认证对敏感内容或功能进行非授权访问。
- 不安全的密码恢复机制。应用系统采用了不安全的密码恢复机制，攻击者可以通过暴力破解、安全问题猜测等手段绕过密码恢复机制，从而非法获得、更改或恢复他人的密码。

（3）授权绕过

- 非授权访问。因用户账号设计不合理，Web 应用未能有效执行授权检查，攻击者可以违反安全策略，执行权限之外的功能或者访问权限之外的数据或功能。
- 身份凭证/会话预测。攻击者推断或猜测出会话凭证，劫持用户会话或仿冒用户，从而获得非授权访问。
- 会话重用。Web 应用程序允许重复使用会话凭证或会话 ID，导致攻击者冒充其他用户身份。
- 跨站请求伪造。攻击者挟持用户在当前已登录的 Web 应用程序执行非本意的操作。

（4）客户端攻击

主要包括跨站脚本攻击和 URL 重定向攻击。原理如前面所述。

（5）基于用户输入的攻击

- 溢出攻击。其主要原理是向应用程序提交恶意参数，以求写入或访问缓冲区之外的内存信息。主要包括整数溢出、格式化字符串攻击、缓冲区溢出。
- 注入攻击。主要包括 SQL 注入、SSL 注入、XPath 注入、LDAP 注入。

（6）信息泄露

主要包括目录遍历攻击和 URL 猜测。还包括指纹泄露，指攻击者在实施攻击前收集应用程序信息，包括 Web 服务器软件类型及版本、Web 应用程序编程语言（如 ASP、.NET、PHP 或 Java 等）、数据库类型及版本、Web 服务等信息。

（7）恶意代码

恶意代码主要是指后门程序。

9.3 移动电子商务平台的安全防护

9.3.1 移动电子商务平台的安全需求

移动电子商务平台的安全需求由平台的性质决定，也就是由业务性质决定[3]。比如，电子支付类业务平台对数据的机密性、完整性、认证性要求较高。

移动电子商务平台主要的安全需求包括如下几项。

① 认证及单点登录安全。应采用强身份认证的方式（如短信、指纹、虹膜、证书、动态口令卡等方式）对客户登录进行身份认证。单点登录是指在多个应用系统中，用户只需要登录一次就可以访问所有相互信任的应用系统。业务平台应对单点登录用户的会话进行监控和及时验证，防止登录过期和认证欺骗。

② 内容安全。应确保应用系统发布信息（包括文字、图片、视频、音乐、游戏、Flash、链接以及可执行文件等）的合规性。内容应符合国家相关法律及法规，不能涉及国家机密、商业机密、个人隐私、淫秽色情等问题。

③ 数据存储安全。涵盖机密性和完整性两个方面的需求。对于数据机密性，应对企业机密数据、用户隐私及敏感数据进行加密存储，且加密算法的安全强度应达到行业要求。对于数据完整性，要求系统自身的业务数据（如发布的信息、系统配置、操作行为轨迹等）应进行本地备份及异地备份，数据备份范围和时间间隔、数据恢复能力应符合行业及国家相关管理与应急要求。

④ 通信安全。在业务平台与用户交互过程中，应确保客户端与应用系统通信的完整性与机密性，传输涉及客户信息或客户隐私数据须加密处理，以免被恶意人员非法窃取。

⑤ 外链控制。应确保应用系统信息引导的准确性，禁止应用系统直接提供对非本企业相关单位的网站链接。

⑥ 上传下载安全。对于应用系统为客户提供的文件上传功能，应防止客户上传过大文件、恶意脚本或应用程序；对于为客户提供的下载功能，应防止客户非法下载敏感资源文件。

⑦ 日志记录。应记录信息发布人员和审核人员的登录与退出、信息发布、信息审核等操作行为，确保信息发布行为的可追溯与可审计。

9.3.2 移动电子商务平台的安全目标

根据上述安全需求，可概括得出移动电子商务平台设计与实现的安全目标，主要包括以下几个方面。

- 机密性，即平台设计与实现应确保用户信息、系统信息在存储、传输过程中不被窃取。
- 完整性，即业务平台应确保用户和系统数据的完整性，抵抗恶意篡改及自然灾害等不可抗力对数据完整性的攻击。
- 认证性，即业务平台应确保仅系统管理员和用户能访问自身权限范围内的数据，并确保系统和数据的操作是可追溯、可问责、不可否认的。
- 可用性，即应确保业务平台在一台或少量的服务器发生故障失效后仍能继续有效提供服务，对拒绝服务攻击等滥用业务功能的行为具备有效的抵抗能力。
- 合规性，即平台上的业务和内容应符合国家相关管理规定，不能涉及传播国家机密、危害社会稳定及淫秽色情的信息。

9.3.3　移动电子商务平台的安全架构

以上述安全目标为指引，结合移动电子商务平台的分层架构，其安全防护架构也可按照分层的逻辑进行阐述[4]，如图 9-3 所示。

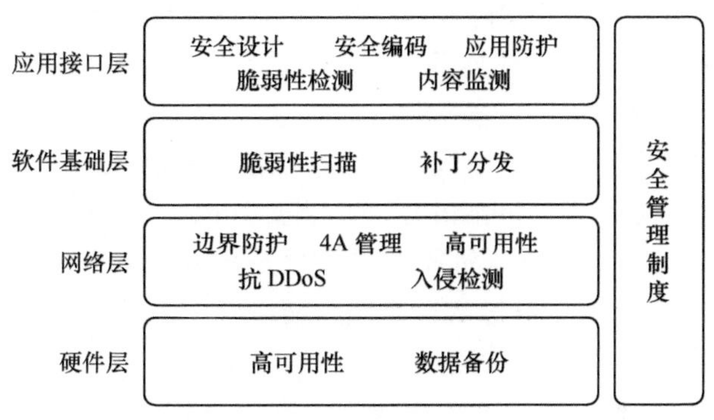

图 9-3　电子商务平台分层架构图

移动电子商务平台的安全架构可分为硬件层、网络层、软件基础层、应用接口层 4 个层次。在每个层次采取相应的安全措施来实现前文所述的安全目标。安全管理制度贯穿于各个层次之中，制度与手段共同构成完整的安全架构。

1. 硬件层

硬件层安全措施的目标主要是可用性与完整性，即防止因硬件设备的单点故障造成业务运行中断，防止设备故障可能引起的数据丢失等。应采取的主要措施包括高可用性机制（High Availability，HA）和数据备份机制。

① 高可用性指的是通过尽量缩短因日常维护操作和突发的系统崩溃所导致的停机时间，以提高系统和应用的可用性。在系统硬件层，常用的高可用性措施有双机热备和负载均衡。双机热备相当于两台服务器中有一台是另一台的备机或者互为备机。当主机在运行服务时，备机处于检测状态，主机发生故障后，备机

将接管主机的服务。负载均衡则是在两台或者多台服务器上增加了一个负载均衡服务器，其作用是把用户的请求平均分配到每个节点，增加集群整体的处理能力。

② 数据备份是容灾的基础，是指为防止系统出现操作失误或系统故障导致数据丢失，而将全部或部分数据集合从应用主机的硬盘或阵列复制到其他存储介质的过程。传统的数据备份主要是采用内置或外置的磁带机进行冷备份。其缺点是只能防止操作失误等人为故障，而且其恢复时间也很长。随着技术的不断发展，数据的海量增加，网络备份被越来越多地采用。网络备份一般通过专业的数据存储管理软件结合相应的硬件和存储设备来实现。云计算、数据中心的发展为移动电子商务平台的数据备份与容灾提供了更好的可用性，数据的完整性也得到更好的保障。

2. 网络层

网络层安全防护的主要目标包括系统的网络边界防护、网络访问控制与认证、网络的高可用性、网络入侵检测及抵抗分布式拒绝服务攻击。主要应采取如下措施。

① 边界防护。其主要思路是控制入侵者的必然通道，设置不同层面的安全关卡，建立容易控制的贸易缓冲区，在区域内架设安全监控体系，对进入网络的每个人进行跟踪、审计其行为等。实际业务系统中，通常利用交换机、路由器、防火墙、网闸等设备进行安全域划分和边界隔离，形成具有不同安全级别和访问权限的安全区，比如传统的“内网—外网—非军事区（DMZ）”的划分模式。边界防护应使得不同安全域之间的暴露面尽量小，即只开放必需的对外服务端口，其余端口均应关闭。

② 4A 管理。4A 是指 Authentication、Account、Authorization、Audit，即将身份认证、账号、授权和审计（即不可否认性及数据完整性）定义为网络安全的四大组成部分，从而确立了身份认证在整个网络安全系统中的地位与作用。业务平台对内对外的各项访问功能均应纳入归属运维部门的 4A 平台进行统一账号、认证、授权和审计管理。

③ 高可用性。这里主要是指网络的高可用性，即通过匹配冗余的网络设备实现网络设备的冗余，达到高可用的目的，比如冗余的交换机、冗余的路由器等。

④ 网络入侵检测。网络入侵检测系统（Network Intrusion Detection System，NIDS）主要用于检测攻击者通过网络进行的入侵行为，是在一台单独的机器上运行以监测所有网络设备的通信信息，比如 Hub、路由器。网管人员对网络运行状态进行实时监控，以便随时发现可能的入侵行为，并进行具体分析，及时、主动地进行干预，从而取得防患于未然的效果。

⑤ 抗 DDoS。通过部署专业的抗 DDoS 设备以防范基于 TCP、UDP、NTP、DNS 等协议类型的流量或中间人攻击。

3. 软件基础层

与业务平台的分层架构一致，安全架构中的软件基础层包括构成及支撑平台上层应用的所有软件及组件，如操作系统、中间件、数据库等第三方软件。本层的具体目标是防范第三方软件漏洞向业务平台引入的安全风险，主要措施包括漏洞扫描和补丁分发。

① 脆弱性扫描。这里主要是采用专门的漏洞扫描设备对第三方软件固有的安全漏洞即脆弱性进行扫描。

② 补丁分发。其主要作用是将第三方软件发布的安全更新及时地应用到业务系统，修补安全漏洞。补丁分发与漏洞扫描的密切互动是实现业务系统安全防护的重要保证。

4. 应用接口层

应用接口层的安全防护内容比较丰富，广泛涉及业务系统的设计、实现与安全运维。主要包括如下方面。

① 内容监测。为确保业务平台上内容的合规性，平台应用层应该建立相应的内容监测措施，对用户发布到平台上的内容进行及时、准确的审核，对不合规的内容及时屏蔽。

② 脆弱性扫描。这里主要采用专门的漏洞扫描设备对业务应用编码实现中引入的安全漏洞即脆弱性进行扫描。例如，Web 应用漏洞扫描器可以对 Web 页面中的 SQL 注入、跨站脚本攻击、目录遍历、管理后台暴露等类型 Web 漏洞进行扫描和发现。

③ 应用防护。在应用接口层，也需要采取一定的措施防范恶意分子针对 Web 应用的攻击。比如，Web 应用防火墙（Web Application Firewall，WAF）可以阻断恶意分子发起的 SQL 注入、跨站脚本等类型的攻击尝试；木马监测设备通过旁路形式部署在网络出口、抓取并分析流量，可以对内网系统感染木马或被植入后门的情况进行监测分析。

④ 安全编码。编码是将设计文档中描述的处理过程转换为基于某种计算机语言（如 JSP、PHP、ASP.NET 等）的程序，即应用系统的最终实现过程。编码实现过程中，除应严格满足设计的安全要求外，还应注重使用安全的编码方法，确保软件的交付质量，避免因为编码缺陷给应用系统引入安全漏洞。在业务系统编码实现中，应从输入验证、数据库访问、文件操作、内存管理、异常管理、输出处理等方面注意编码的安全。

⑤ 安全设计。安全设计是指在业务系统的设计阶段充分考虑并引入一系列安全机制来确保安全性。安全设计中可采用的安全机制将在下一部分进行阐述。

5. 安全管理制度

人是业务系统安全防护架构中最关键、最薄弱的环节。有了科学合理的制度，上述各个层次的安全手段才能被放在其应有的位置，发挥其应有的效能。相反，没有科学合理的安全管理制度，再高端的防护手段也是“马奇诺防线”。业务系统安全管理制度包括但不限于如下几个方面。

① 安全规范。系统维护和使用人员的操作方式应符合安全规范。例如，禁止

使用弱口令，禁止让系统的管理后台页面暴露于互联网，维护人员对客户信息的访问应遵从“金库模式”等。

② 操作流程。系统维护与使用人员对系统安全配置的修改应遵照统一、规范的流程，不能擅自修改配置，确保安全规范得以贯彻。例如，对边界防火墙策略的修改应事先通过一定的审批、备案、失效流程。

③ 巡检制度。应定期对业务系统的安全漏洞等情况进行巡检，综合利用各种扫描工具，并结合第三方信息安全专业服务及时发现安全隐患；建立完善的安全风险闭环处置流程，确保发现的安全问题得到及时加固。

④ 应急制度。应制订并不断丰富应急预案，建立完善的安全应急处置流程与机制，确保在发生安全风险或事件时能够及时响应，恰当处置，降低风险，举一反三。

9.3.4 移动电子商务平台的安全防护技术

常见的安全防护技术主要有以下几点。

- 基础网络防护；
- 漏洞扫描系统；
- 安全基线检查系统；
- 网络流量管理系统；
- 防病毒系统（防病毒网关）；
- 入侵检测系统（IDS）；
- 入侵防御系统（IPS）；
- 防 DDoS 攻击系统；
- 网页防篡改系统；
- Web 应用防火墙（WAF）。

根据现有的安全防护技术，结合移动电子商务平台的实际情况和需求，移动电子商务平台的防护技术手段见表 9-1。

表 9-1　移动电子商务平台的防护技术手段

类别	特点	具体手段
基础防护类	属于必选的防护技术手段，缺失会带来较大的安全风险，甚至直接影响业务	基础网络防护、防病毒系统、入侵检测系统等
增强防护类	属于推荐的防护技术手段，可以用于解决某些类型的安全问题，缺失不至于造成严重后果，但是对安全防御有较大提升	入侵防御系统（IPS）、防病毒网关系统、流量管理系统、防 DDoS 攻击系统、网页防篡改系统、Web 应用防火墙等
仪器仪表类	对安全工作起辅助作用，可灵活移动。受损对系统无直接影响	各类系统漏洞扫描器、Web 漏洞扫描器、安全基线检查系统

9.3.4.1 基础网络防护

基础网络防护是指在边界部署路由器、交换机及防火墙等网络设备隔离不同

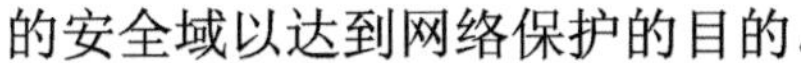

的安全域以达到网络保护的目的。

1. 交换机的使用

网络中的一些信息系统可能含有敏感和重要的数据而防止其他用户的访问。这时可以通过交换机加以控制，以分隔用户和信息系统。

一种控制大型网络的方法是把它们分隔成各个逻辑的域，以控制这两个域之间的信息流。一般在安全域内部需要继续细化子域时，会使用交换机进行网络保护。交换机应能过滤两个域之间的数据流，并阻止违背访问控制规则的非授权访问，例如可通过访问控制列表（ACL）来实现。

把网络分隔成域的标准应基于业务的访问要求，并考虑相应的成本和性能影响，采用合适的网络路由。

为了加强安全保护，通过交换机的配置可以实现如下功能。

- 核心交换机和分布式交换机实施包过滤技术；
- 只有合法的用户 IP 才能访问服务器；
- 限制和控制访问关键服务器应用的流量，例如，只允许 FTP、Telnet 等从某个授权地点到某个关键服务器应用的流量。

2. 路由器的使用

一般在广域网边界，例如，Internet 出口会部署路由器隔离内外网之间的数据流。路由器可作为网络安全的第一道屏障。通过路由器可以实现如下安全功能。

- 通过 ACL 进行数据分组过滤；
- 使用 NAT 网络地址转换隐藏内部主机地址。

3. 防火墙上的控制

防火墙一般部署在路由器后方，作为第二道防线阻挡来自非信任区域的攻击。由于它具备状态检测功能，其提供的安全保护要远强于路由器。在 Internet 的出口处也可以部署双层异构的防火墙提高安全保护能力。

（1）防火墙的管理要求

- 防火墙的部署应由 IT 部门根据安全域划分统一规划。任何防火墙的建立都需要 IT 维护部门安全组织的批准。
- 防火墙的任何变更都必须由安全组织正式批准。未经批准，任何人员都不得私自关闭、拆除、更换、修改防火墙。
- 所有与防火墙相连接的网络部分的更改、设备的变更，都需经过安全组织正式批准。
- 在对防火墙进行变更后，必须经过健康检查。建议通过一些可靠的工具对防火墙进行完整测试。测试是否你所希望允许的网络联机真的被允许通过。测试是否其他的网络联机如期望地被拒绝（Rejected）或丢弃（Dropped）。检查所有的变更、记录及告警功能是否可以正常运作。例如，业界的工具有 ISS、Nessus、绿盟极光等。

- 只有安全管理员和防火墙管理员才可访问防火墙。其他人员访问防火墙需经过安全管理员的批准，且访问时防火墙的管理员需在场。
- 防火墙管理者账号不得与其他使用者共享，针对每一个特定的使用者建立一个单独的管理者账号。每个管理者以各自的账号登录。
- 防火墙必须位于 IT 控制区域，且需上锁。
- 防火墙架构应属于机密、敏感信息，其信息只有基于业务的需要才可透露。
- 所有在防火墙空间里的组件包括硬件、软件、防火墙策略、文档必须被明确地贴上标签，上面有它们的使用目的和防火墙管理员的名字以及具体联系方式。

（2）防火墙的功能要求

防火墙是内部网各安全区域的安全屏障，可以强化企业网的安全策略，对进出网络的流量进行监控和告警，对违反策略的访问行为进行控制。其主要功能如下。

- 能防范常见的网络攻击，例如 IP 欺骗攻击、TCP 序列号猜测攻击、RIP 攻击、ICMP 攻击、域名服务攻击、分片攻击、会话劫持攻击、数据完整性的攻击等；
- 实现分组过滤，支持 IP 层以上所有数据分组的过滤和状态检测；
- 实现对各种网络服务的访问控制，包括对 HTTP、FTP、SMTP、Telnet、NNTP 等服务类型的访问控制；
- 可实现地址转换功能，支持静态地址转换、动态地址转换及 IP 地址与 TCP/UDP 的端口转换；
- 可实现信息过滤，包括 HTTP、FTP、SMTP、NNTP 等协议的信息过滤；
- 审计日志功能，支持对日志的统计分析和实时存储；
- 实时告警功能，对防火墙本身和受保护网络的非法攻击支持多种告警方式（声光、日志等）以及多种级别的告警。

9.3.4.2 漏洞扫描系统

IT 资产（包括网络、主机、应用/产品等）的安全问题，仅通过事后的安全补救措施是不能挽回安全损失的，也不能弥补企业外部形象的损害。因此，建立常态化的漏洞扫描系统成为信息安全的一个迫切需求。

漏洞扫描系统根据预先设定的策略，使用内嵌的漏洞扫描系统或以软件接口方式驱动第三方漏洞扫描系统，定期对所管辖设备进行漏洞扫描，及时发现存在的安全风险并协助进行漏洞修补。

建立漏洞扫描系统，形成自动化主动评估工具，可改变以往人工、半自动化网络（系统）评估活动，实现对网络智能化评估工作，系统按照设定策略定期进行安全扫描，发现网络、系统中存在的安全漏洞。定期对所关注的信息安全资产进行漏洞管理，尽可能缩小未知风险带来的威胁。

漏洞扫描系统的主要功能需求如下。

- 资产管理：产品（系统）支持信息资产管理功能，用户可以手动输入资产属性，也可以通过任务管理中的地址导入功能加入。资产的管理支持对象化操作，功能易于使用。
- 漏洞分析：根据风险评估模型，从资产、漏洞和威胁 3 个维度对资产风险进行评估，并将分析结果以一定方式（报表输出等）展示给使用者，使用户及时、全面了解业务系统中存在的风险。
- 安全管理：系统（产品）可将所发现的隐患和漏洞依照风险等级进行分类，向用户发出不同的警告提示，提交风险评估报告，并给出详细的解决办法。系统支持对可扫描 IP 地址进行了严格限定，防止系统被滥用和盗用。
- 策略管理：可针对不同使用者的需求，对扫描项进行合理组合，更快、更有效地帮助不同使用者构建自己专用的安全策略。系统中预装了多种常见的策略，可根据不同的安全需求，选取或自定义不同的扫描策略，对相应的设备进行扫描分析。
- 系统升级：产品支持系统升级功能，通过网络或者本地数据分组，可以随时随地对系统特征库进行升级，实现与国际最新标准同步。
- 高级功能：除具备上述主要功能外，漏洞扫描系统还具备安全管理访谈、文档查阅、问卷调查等功能，支持定制开发，预留未来即将要使用的 SOC 接口等功能。

9.3.4.3　Web 应用漏洞扫描系统

Web 应用漏洞扫描系统可自动获取网站包含的所有资源，并全面模拟网站访问的各种行为，比如按钮点击、鼠标移动、表单复杂填充等，通过内建的安全模型检测 Web 应用系统潜在的各种漏洞，为用户构建了从急到缓的修补流程，以及易读易懂、权威有效的分析报告，并通过与 WAF 的联合形成了漏洞自动修补机制，能够有效解决网站安全管理面临的挑战，也能较好地满足安全检查工作中所需的高效性和准确性，以实现网站安全管理水平的提升。网页安全漏洞扫描系统须能够检测出常见的网页系统漏洞，主要包括以下几个方面。

（1）SQL 注入漏洞

网页安全漏洞扫描系统须能够检测网页中存在的基于 GET、POST 方式提交的至少包括字符、数字、搜索等的注入漏洞，同时，应支持各种注入语句的变形及其编码形式。网页安全漏洞扫描系统应能绕过网页系统中实现的基本 SQL 注入过滤检测机制。

（2）Cookie 注入

网页安全漏洞扫描系统要能够检测网页中存在的基于 Cookie 方式提交的至少包括字符、数字、搜索等的注入漏洞，同时应支持各种注入语句的变形及其编码形式。网页安全漏洞扫描系统应能绕过基本的 Cookie 注入过滤检测机制。

（3）跨站攻击

网页安全漏洞扫描系统要能够检测网页中存在的基于 GET、POST 方式的跨站攻击漏洞，并能检测其各种变种形式及编码形式。

（4）CSRF

网页安全漏洞扫描系统要能够检测网页中存在的 CSRF 漏洞。

（5）目录遍历

网页安全漏洞扫描系统要能够检测常见的由于 Web Server 管理配置不当而存在的网页目录遍历漏洞。

（6）敏感信息泄漏

网页安全安全漏洞扫描系统要能够检测常见的由于 Web Server 管理配置不当而存在的网页目录遍历漏洞。

（7）管理后台泄漏

网页安全漏洞扫描系统要能够检测各种常见的 Web Server 管理后台是否对外开放，如 Tomcat、WebLogic 等。

（8）认证方式不健壮

网页安全漏洞扫描系统要能够检测一些常见的认证方式不健全漏洞，包括但不限于各种登录绕过、常见的账号、密码等。

（9）隐藏字段操控

网页安全漏洞扫描系统要能够检测网页中存在的可以操控并能伪造数据的隐藏字段。

9.3.4.4 安全基线检查系统

安全基线即最小的安全标准，一般包含大量的检查项，纯手工的操作检查是极大的工作量，并且容易因为人为失误导致检查结果错误，甚至可能因为在重要系统上的误操作导致目标系统的配置被修改等。因此，有必要结合安全基线规范建立自动化安全基线检查工具，进行本地或者远程的批量化安全检查。

IT 设备安全基线自动检查工具是一款用于 IT 基础设备脆弱性检查的扫描工具，也是我们整个信息安全体系中的重要组成部分。工具具有远程和本地对 IT 设备进行安全配置检查的能力，能够检查信息系统中的主机操作系统、数据库、网络设备等，具有友好的人机界面和丰富的报表系统，实现了安全检查工作的智能化、自动化。无论是本地还是远程方式，均可对目标系统进行扫描，其应有如下功能。

- 能够自动识别本地、远程目标的系统类型，采用相应安全基线规范进行检查，无需人工干预；
- 能够同时支持单个或批量目标系统的安全检查任务，并有相应的任务创建、暂停、中止、保存等基本任务管理功能；
- 能够生成符合信息系统安全基线规范的安全检查报表，同时可以导出为常用的格式，如 Excel 报表；
- 支持对多任务的合并、比较等操作；
- 支持多种主机操作系统、数据库、网络设备及中间软件。

9.3.4.5 网络流量管理系统

网络流量管理系统主要用于实时监控网络中的异常流量，进行带宽限制。通过部署异常网络流量管理系统，可实时、高效地检测链路上的各种业务和应用，进行业务统计，并将出口带宽按照不同部门、不同员工或不同应用类型进行精确划分，确保重点部门、员工或应用能够获得充足的带宽，提高移动电子商务平台内部网络的整体质量。

网络流量管理系统可实现对网络异常流量的监控和带宽管理，及时发现异常流量并进行预警，对攻击流量进行限制，保证网络带宽的正常使用。其需要支持的功能如下。

（1）业务识别

- 支持 P2P 下载、P2P 流媒体、流媒体、Web、FTP、E-mail、即时通信、网络游戏等多种业务分类；
- 支持 BitTorrent（BitComet、BitSpirit、uTorrent、GreedBT 等）、eDonkey、eMule、POCO、VaGaa、KaZaA、DC、Gnutella、KuGoo、迅雷、FlashGet 等主流的各类 P2P 下载软件的识别和控制；
- 支持 PPLive、QQLive、PPStream、UUSee、NetAnts、沸点等主流的各类 P2P 流媒体软件的识别和控制；
- 支持 H.323、SIP、MGCP、RTP、Skype 等标准和私有 VoIP 协议的识别和控制；
- 支持 QQ、MSN、Yahoo、Google Talk 等主流的各类即时通信软件的识别和控制。

（2）流量统计

- 支持各类流量统计和分析功能，包括互联网全局的流量统计、各类用户和业务的流量统计、各类流控策略的流量统计、指定 IP 地址或端口的流量统计。
- 支持各类用户和业务的流量统计，支持按指定 IP 地址、用户、用户群、用户组的流量统计，支持基于用户的大类业务和具体业务的分类流量统计。
- 支持实时流量分析，根据灵活定义的汇聚条件进行即时的组分和流量分析。

- 支持历史流量分析：按链路流量历史曲线、大类业务历史曲线、各类业务组分叠加曲线、P2P 分协议历史曲线等，应提供 1 年以内任意时间段的回溯分析。
- 支持各类排名：按大类业务出入境流量排名、小类业务出入境流量排名、用户和用户群组出入境流量排名等。
- 支持组分和时间比较图：按负载分担链路、大小类业务组分、区域流量组分等进行比较分析，按不同时间段进行对比和趋势分析。
- 支持各种过滤和查询条件，支持各类图形和表格，支持文件格式输出。

（3）流量控制

- 能根据业务、部门或员工的重要程度进行互联网带宽分配和业务管控，保证重要应用系统或管理层优先占用出口带宽。
- 支持基于各类组合条件的黑白名单策略流控：匹配白名单的流量优先通过，而黑名单中的流量被限制或抑制。
- 支持基于大小类业务、用户（群组）、用户业务组合以及基于多元组的流量管控策略。
- 支持按用户、用户群或用户组分别实施总量控制。
- 支持用户、用户群组和业务的组合控制能力，按用户实施针对性的流量控制。
- 支持各种组合条件下的多元灵活流量控制，包括用户、业务、IP 五元组和 TOS，支持源/目的 IP、协议类型、源/目的端口的任意组合，适应各种复杂多变的用户流控需求。
- 提供支持针对异常和未知业务的控制能力。

9.3.4.6 网络防病毒网关

大部分企业在终端上部署网络版防病毒系统后，在内部的终端上仍然经常受到病毒的侵扰，企业终端或用户终端用户在上网浏览时，无意间点击恶意链接，导致病毒下载到本地，并在特定条件下触发感染，造成病毒在内部网络扩散，这种威胁导致终端病毒感染率居高不下。据统计，80%的病毒和恶意程序来自互联网。

互联网的垃圾邮件、病毒、间谍软件、网络钓鱼和不适内容会中断业务运行、降低生产效率。这些快速演变的威胁隐藏在电子邮件和网站页面中，通过网络迅速传播，它们消耗网络和系统资源，让企业增加支持费用。由于没有采取安全防护措施，各种恶意程序就可以对企业网络正常运行形成极大威胁，企业也要为此付出大量不必要的人力、财力。

由于现在都是多种病毒同时爆发，病毒样本难以搜集，所以无法针对流行的

Web 威胁进行防护，防护效果十分被动，并且滞后性严重。

为了能有效地完善用户的防病毒体系，补充现有企业版防病毒系统的不足，达到主动、立体的防护效果，同时实现防病毒体系异构，在互联网出口处（DMZ区）部署防病毒网关是十分必要的。

在互联网入口部署防病毒网关，可有效防止 Web 附带威胁（如间谍软件、不适当 Web 内容、网络钓鱼诈骗攻击、病毒、蠕虫和木马）的侵扰，帮助提高员工生产力，提高带宽可用性，实现对内网病毒的纵深防御。

防病毒网关在网络出口处对 HTTP 及 FTP 等数据传输进行安全扫描，将病毒爆发生命周期管理理念扩展到网关处，大大提高了网关处的病毒防护效果。

防病毒网关可实现多种防病毒扫描技术、反间谍软件技术及 URL 过滤技术等多项内容安全防护。另外，还可有效完善用户的防病毒体系，补充现有防病毒系统的不足，达到主动、立体的防护效果。

网络防病毒网关一般应满足以下功能。

- 防病毒网关一般为硬件设备，支持透明桥、代理方式、ICAP 协议、WCCP 协议等部署方式，不需要改变现有网络架构；
- 防病毒网关必须支持对 HTTP/FTP/Web Mail 应用的病毒扫描和清除；
- 支持对间谍软件/灰色软件的扫描和清除；
- 应支持 URL 分类过滤功能，可以控制工作时间、非工作时间不同分类站点的访问；
- 支持管理员定制 URL 访问的黑白名单；
- 防病毒网关防护策略应支持能够基于不同网段或特定 IP 进行个性化配置，满足不同部门、不同人员的配置要求；
- 应支持对网络钓鱼欺骗行为的侦测与阻断；
- 防病毒网关应支持断点续传连接下的扫描与清除；
- 当用户访问到恶意程序时，防病毒网关可以自动将该恶意程序的 URL 加入阻挡列表中，使得当有其他人访问同样路径时，直接阻断对恶意程序的访问，提高防护效率；
- 防病毒网关必须能够自动生成日报、周报、月报等图形化报表，分析给出在 HTTP/FTP 访问中的各种风险数据；
- 防病毒网关需支持与代理服务器、缓存服务器、L4 交换机进行互动透明工作。

9.3.4.7　入侵检测系统

入侵检测系统（IDS）是常见的安全防护手段之一，被称为防火墙之后的第二道安全闸门。它能在不影响网络性能的情况下对网络进行监听，从而提供对内部攻击、外部攻击和误操作的实时保护；在网络和系统受到危害前进行报警、拦截和响应。

其主要功能如下。

- 对黑客攻击（缓冲区溢出、SQL 注入、暴力猜测、拒绝服务、扫描探测、非授权访问等）、蠕虫病毒、木马后门、间谍软件、僵尸网络等进行实时检测及报警。
- 行为监控：可对网络流量进行监控，对 P2P 下载、IM 即时通信、网络游戏、网络流媒体等严重滥用网络资源的事件提供告警和记录。
- 流量分析：可对网络进行流量分析，实时统计出当前网络中的各种报文流量。
- 通过检测和记录网络中的违规行为，惩罚网络犯罪，防止网络入侵事件的发生。
- 检测黑客在攻击前的探测行为，预先给管理员发出警报。
- 提供有关攻击的信息，帮助管理员诊断网络中存在的安全弱点，利于其进行修补；在大型、复杂的网络中布置入侵检测系统，可以显著提高网络安全管理的质量。

9.3.4.8 入侵防御系统

较 IDS 而言，入侵防御系统（IPS）功能较强大，主要包括以下几个方面。

- 实时检测进出网络的数据流量，发现各类攻击行为，并进行告警、自动阻断等响应；
- 保障网络出口可用性，且对网络出口性能仅产生较小影响；
- 支持多种攻击检测手段，以提高检测准确率；
- 支持基于流量的五元组（源地址、源端口、目的地址、目的端口、协议类型）配置 IPS 策略；
- IPS 设备支持对特定特征流量的限速，而不是单纯的阻断，比如对 BT 流量或任一种匹配了某种特征的流量进行限速。
- 支持 In-Line 模式与 Sniffer 模式并存的混合模式部署；
- 自动的攻击特征在线升级和自动的报表生成服务；
- IPS 设备应支持内置 Bypass 功能。

9.3.4.9 防 DDoS 攻击系统

对外部用户提供服务的服务器、采用动态交互式网页的网站容易遭到黑客攻击，特别是 DDoS 攻击而造成系统宕机。通过部署防 DDoS 攻击系统，可有效监测 DDoS 攻击行为，并及时清洗 DDoS 攻击流量，防止黑客对敏感区的 DDoS 攻击行为。

防 DDoS 攻击系统应具备如下功能。

- 应能够抵抗 SYN Flood、UDP Flood、ICMP Flood、ACK Flood、DNS Query

Flood 以及混合攻击等多种机理的拒绝服务攻击或分布式拒绝服务攻击。

- 应对各类 DoS/DDoS 攻击事件和系统操作事件进行详细记录。用户可以进行基于 Web 的日志管理，比如查看详细的日志信息、查询分类的日志信息、通过图表实时监控网络流量、查看网络事件的统计等。用户可以设定定期发送报表的策略，可根据用户设定的策略把相关报表发送到指定的邮箱，方便用户及时了解网络状况。
- 支持 Web 方式的管理，支持用户权限管理。
- 应具有良好的产品升级运维能力。

9.3.4.10　网页防篡改系统

当前，Web 应用系统日益复杂，部署越来越广泛，在促进信息化的工作中发挥了重要作用。与此同时，由于网页篡改事件频繁发生，既损害了 Web 系统建设单位的形象，也可能直接导致经济上的损失，甚至产生严重的政治影响。网页篡改防护系统（Anti-Defacement System，ADS）是一种针对 Web 系统网页内容的安全防护系统，依据一定的策略，对网页内容进行安全监控，阻止网页内容被篡改或者在网页内容被篡改后对网页内容进行及时恢复，避免用户浏览到非法的网页内容。

网页防篡改系统主要实现如下功能。

- 网页篡改检测：网页篡改防护系统须能够检测各种网页篡改行为，对网页内容的完整性进行实时监控，监控其发生变化的合法性。应能发现通过后台篡改网页文件或者通过 HTTP 会话修改网页文件及动态网页数据的攻击企图。须发现成功篡改网页的攻击，并进行告警。
- 网页篡改防护：网页篡改防护系统须对用户可访问的网页内容进行保护，确保网页不能被篡改或者在篡改后进行及时恢复，确保用户访问不到篡改后的网页。
- 网页恢复：能将非法更改的受保护的静态网页文件、动态脚本文件及目录自动恢复到合法网页的过程。

对用户可以访问的内容，既要保障网页内容的完整性，又要保障用户不能通过各种基于 Web 的攻击方式在网页内显示用户无权限直接或间接访问的内容，例如，通过 SQL 注入攻击在网页内显示数据库相关信息。

两类网页篡改防护系统必须做到阻止网页内容被篡改或者在网页内容被篡改后能够及时恢复，确保用户访问不到篡改后的网页内容。两类网页篡改防护系统须实现下述功能要求。

（1）组合类网页篡改防护系统

须保障静态网页、动态网页脚本及其他可以访问的网页文件内容不能被篡改或者被篡改后能够及时恢复，确保用户访问不到篡改后的网页内容。

须能够主动阻断针对动态网页数据的篡改。

（2）单一会话保护类网页篡改防护系统

静态网页、动态网页脚本及其他可以访问的网页文件一旦被篡改，在用户访问时，网页篡改防护系统须能发现，并能及时用备份文件自动进行恢复。在恢复过程中，应支持用管理员指定的网页统一响应用户的访问请求。

单一会话保护类网页篡改防护系统须能够主动阻断针对动态网页数据的篡改。

两类网页篡改防护系统在网页恢复的过程中，须保证用户访问不到被篡改后的内容，并须将篡改后的网页保存以备后续查证。

9.3.4.11 Web应用防火墙

Web 应用防火墙是通过执行一系列针对 HTTP/HTTPS 的安全策略来专门为 Web 应用提供保护的一款产品。WAF 的出现是由于当前 Web 应用越来越为丰富时，Web 服务器以其强大的计算能力、处理性能及蕴含的较高价值逐渐成为主要攻击目标。

WAF 的基本功能如下。

① HTTP 协议异常检测。Web 应用防火墙会对 HTTP 的请求进行异常检测，拒绝不符合 HTTP 标准的请求，并且它也可以只允许 HTTP 协议的部分选项通过，从而减少攻击的影响范围。甚至一些 Web 应用防火墙还可以严格限定 HTTP 协议中那些过于松散或未被完全制定的选项。

② 对 Web 应用的访问进行控制，在 HTTP 层上对数据分组进行检测和访问控制。能完整地解析 HTTP，包括报文头部、参数及载荷。支持各种 HTTP 编码（如 Chunked Encoding）；提供严格的 HTTP 协议验证；提供 HTML 限制；支持各类字符集编码；具备 Response 过滤能力。

③ 运行在反向代理模式时，可以被用来分配职能、集中控制和虚拟基础结构等。

④ 加固 Web 应用。通过屏蔽 Web 应用具有的弱点和漏洞，使得攻击者无法访问到具体的漏洞。

9.3.5 移动电子商务平台的网络安全域边界防护

9.3.5.1 安全域边界防护原则

移动电子商务平台的安全域重要性等级主要从业务规模与范围、业务重要性两方面进行赋值判断[5]。业务规模与范围是指此安全域所含业务的用户数与用户级别、提供服务的范围等指标；业务重要性是指此安全域内所含业务的关键程度、遭受破坏后给公司合法权益带来的影响。上述两个指标可以按照 1～4 级予以划分，4 级为最高。针对移动电子商务平台的重要性，确定的指标见表 9-2。

根据上面资产价值和安全需求的赋值可以得出，移动电子商务平台各个安全域的重要性从高到低依次为核心安全区、安全区、半安全区、内部业务区、公共区。

表 9-2　　重要性等级确定的指标列表

安全域名称	重要性等级综合指标	业务规模与范围与业务重要性
公共区	1	Internet 区、VPN 用户区和合作伙伴区等
半安全区	2	DMZ、合作伙伴互联区和内部互联区等
内部业务区	3	其他的 IT 支撑系统、网管系统、非移动电子商务平台管控范围
安全区	3	移动电子商务平台办公终端、维护终端等
核心安全区	4	移动电子商务平台重要的应用服务器、数据库服务器、管理控制台和服务器等

9.3.5.2　一级安全域边界防护

根据安全域等级划分原则，不同等级间必须采取相应的安全防护策略。对于可控子域之间的互访，安全设施的部署尽量在高安全等级侧。对于不可控子域间的互访，不同等级侧均须部署安全防护措施。在进行等级保护的同时，要定期对各子域进行风险评估并及时更新安全防护措施。

1. 核心安全区边界防护

总体上看，核心安全区与半安全区、安全区及内部业务区都有边界。对于从半安全区、安全区及内部业务区到核心安全区的数据访问，在边界整合的基础上，结合安全域的威胁可能性和保护等级，在核心安全区边界统一部署防火墙，也可根据实际需求，给不同核心安全子区部署防火墙。在安全策略的设置上，要确保各个核心子区的安全，只允许向特定的半安全子区、安全子区、内部子区开放必须对其提供的业务访问需求，对各子区按照最小授权原则设置安全策略，不允许其他安全域直接访问核心域，必须通过特定子区访问核心安全区，要求考虑各种安全防护手段，并对安全策略最大化。

在核心安全区边界网络层访问控制上，必须细化到某个子区对外提供业务的 IP 地址和服务端口范围。在保护方式上可以采取接口服务器与路由策略控制、防火墙策略控制和物理隔离的方式。在技术实现上，可以在核心安全区与半安全区、安全区及内部业务区之间部署路由模式或透明模式的单层双机防火墙，具体视网络结构改造的复杂程度而定，尽量减少对业务系统的影响。

在系统层面上，对核心安全区必须进行定期的安全评估和系统加固，规范并建立统一账号管理、严格的认证和授权管理机制，只允许来自半安全区的运维终端子区的运维终端对系统进行维护管理操作。在技术实现上，可以采用 4A 技术。

在完整性方面，必须考虑核心安全区各系统主机、数据库的完整性检查和保护，数据传输的完整性保护，定期稽核应用系统数据的一致性和完整性。

在内容安全上，考虑部署入侵检测或入侵防护设备，对核心安全区内的主机系统安装防病毒软件，并进行集中的防病毒管理。

在安全审计上，必须记录主机系统、数据库、网络设备、应用软件以及数据交互的日志信息，并对日志信息进行安全审计。在技术实现上，可以使用 Syslog、SNMP、入侵检测、网络流量监控、内容审计等手段进行日志收集，在安全管理平台上进行安全审计和风险分析。

同时，也可在管理区部署漏洞扫描系统和安全基线检查系统，作为等级保护的补充安全措施。

2. 安全区边界防护

安全区的安全等级仅次于核心安全区。它与半安全区和核心安全区都有边界。如图 9-4 所示。

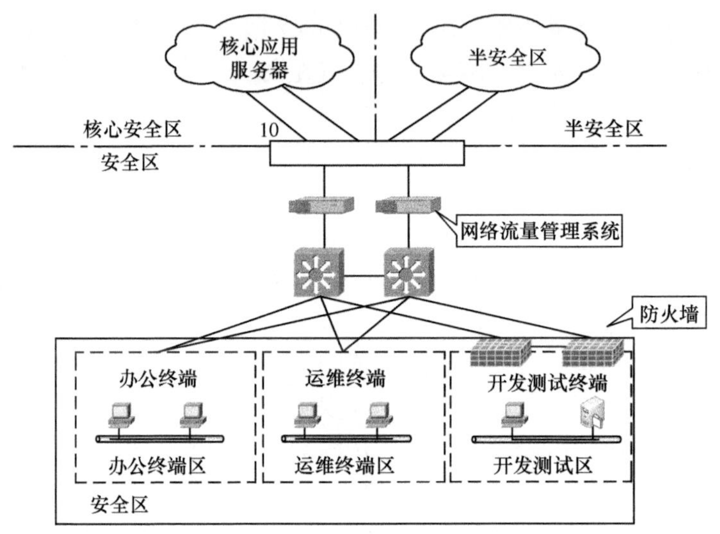

图 9-4　电子商务平台边界安全示意图

对于半安全区与安全区之间的数据访问，可参看后面半安全区各子区与安全区之间的防护策略。对于安全区边界 10 的安全防护，建议部署以下的策略和防护手段。

① 在边界处部署网络流量管理系统，实时监控网络中的异常流量，进行带宽限制。

② 内部 Windows 或 Linux 主机应该部署主机防病毒软件。

③ 部署防火墙隔离开发测试区。

④ 部署终端管理软件，实现对终端的安全防护。

⑤ 在该接口边界核心安全区和半安全区侧的网络设备上部署 IDS，并及时进行策略更新，监控异常网络行为，实现安全内容审计。

3. 半安全区边界防护

半安全区在移动电子商务平台控制范围内是安全等级最低的安全域。它与其他安全域均有边界。考虑到各半安全区子区存在的安全威胁不尽相同，而且各个子区之间难于做边界整合，在安全防护上，将根据各子区边界的具体情况分别给予详细说明。

9.3.5.3　二级安全域边界防护

等级内各子区的安全防护主要考虑从其他子区访问该子区的特定安全防护需求。对于核心子区而言，需要考虑从其他核心子区和来自安全子区、半安全子区及内部子区的数据访问和安全威胁。除在核心安全区边界上已部署的防火墙外，各个子区还应根据具体的安全防护需求，补充完善其个性化的安全防护策略。由于各个安全区可能同时存在对内或对外边界，在安全防护上均要采取安全策略，尤其是半安全区的对外边界。

1. 半安全区子域边界防护

（1）DMZ 区边界防护

DMZ 区对外是与公共区的边界，对内有与安全区和核心安全区的边界。对于 Internet 与 DMZ 区的数据访问，在边界整合的基础上结合安全域的威胁可能性和保护等级，在 Internet 边界部署外部和内部两级异构防火墙，如图 9-5 所示。

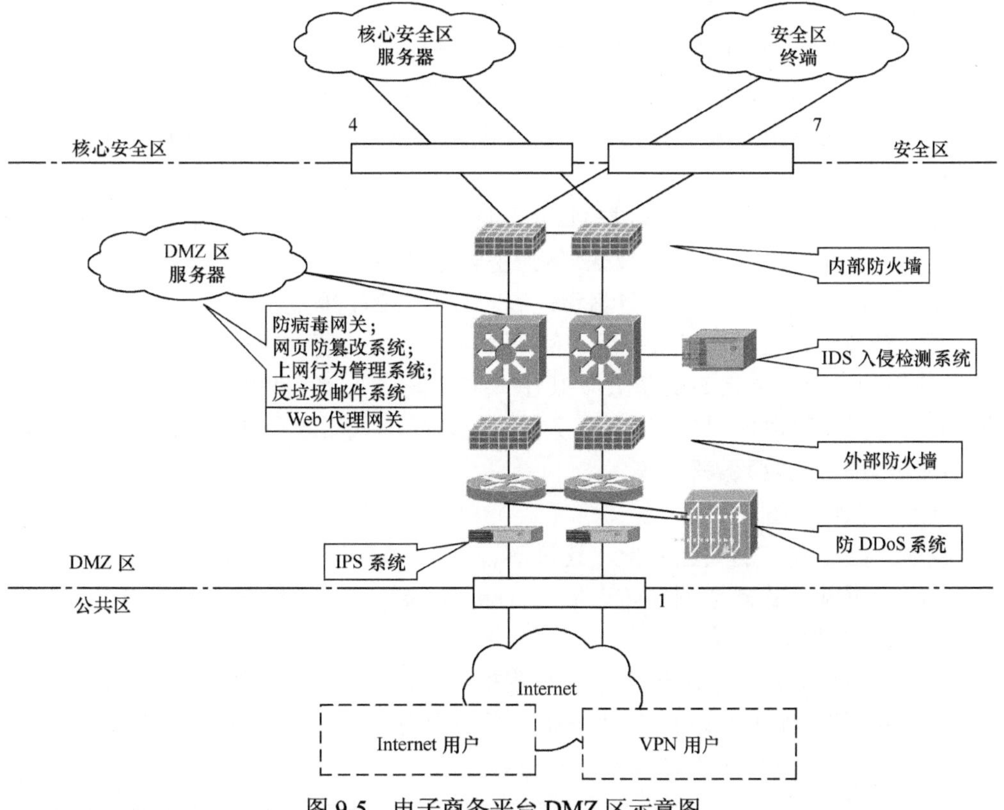

图 9-5　电子商务平台 DMZ 区示意图

（2）边界 1 的防护

对于 DMZ 区边界 1 的安全防护，建议部署以下的策略和防护手段。

① 在互联网出口处部署基于路由模式的状态检测防火墙进行安全访问控制。

② 部署 IDS 并及时进行策略更新，监控异常网络行为，实现安全内容审计。

③ 部署应用代理保护用户终端上网的安全性。

④ 外层防火墙外部接口对内安全策略只允许开放对外所必需的服务端口。一般只需要开放 HTTP、HTTPS、邮件、DNS 等服务端口。另外，需明确只允许互联网区域访问第一层防火墙内提供 Web 或指定服务（如邮件系统）的负载均衡设备的虚拟 IP 地址和服务端口。

⑤ 在安全策略的设置上，禁止核心安全区内各子区主动发起互联网访问。

⑥ 用户（员工及维护人员）如果需要通过互联网接口边界对移动电子商务平台进行维护管理，则必须考虑采用 VPN 接入方式，数据的传输通道必须进行安全加密，建立统一的账号管理策略，在认证机制上可采用 4A 技术，进行严格的操作权限控制。

⑦ 内部 Windows 或 Linux 主机应该部署主机防病毒软件。

⑧ 反垃圾邮件系统。

以下策略和防护手段可以根据各种实际情况选择部署。

① 防拒绝服务攻击设备。对进出互联网的流量进行清洗。

② 防病毒网关设备。作为企业版防病毒的补充，防止 Web 访问带来的安全威胁。

③ IPS 系统。对 Internet 的出口进行防护。

④ 网页防篡改系统。对 DMZ 区服务器进行保护。

⑤ 上网行为管理系统。监测和控制对互联网的访问。

⑥ 负载均衡设备。可以采用软件或硬件的方式实现。对于采用硬件设备进行负载均衡的，要求负载均衡器上虚拟 IP 端口（与防火墙互联的端口）和实际服务器的端口分属不同的区域。如果服务器通过软件方式实现负载均衡，尽量把负载均衡服务器与业务服务器分离。

（3）边界 4 的防护

DMZ 区边界 4 的安全防护，建议部署以下策略和防护手段。

① 部署基于状态检测的防火墙进行访问控制。该防火墙与边界 1 防火墙共同构成双层异构架构。

② 在该边界的防火墙安全策略设置中，只允许该 DMZ 区访问核心安全区特定子区的服务，如只允许 B2B 代理服务器访问对外应用区的 B2B 应用服务器。

以下策略和防护手段可以根据各种实际情况选择部署。

在该接口边界核心安全区侧的网络设备上部署 IDS 并及时进行策略更新，监控异常网络行为，实现安全内容审计。

（4）边界 7 的防护

DMZ 区边界 7 的安全防护，建议部署以下策略和防护手段。

① 部署基于状态检测的防火墙进行访问控制。该防火墙与边界 1 防火墙共同构成双层异构架构，可与边界 4 的防火墙共用。

② 在该边界的防火墙安全策略设置中，只允许该 DMZ 区访问核心安全区特定子区的服务，如只允许 B2B 代理服务器访问对外应用区的 B2B 应用服务器；DMZ 区不能主动访问安全区的终端；安全区的运维终端子区能够对 DMZ 区的设备进行维护管理，防火墙策略必须严格限制可以管理 DMZ 区设备的 IP 地址和管理端口。

③ 在该接口边界核心安全区和安全区侧的网络设备上部署 IDS 并及时进行策略更新，监控异常网络行为，实现安全内容审计。

（5）合作伙伴互联区边界防护

合作伙伴互联区对外是与合作伙伴的边界，对内有与安全区和核心安全区的边界。对于合作伙伴对该区域的数据访问，可在边界部署防火墙进行防护，如图 9-6 所示。

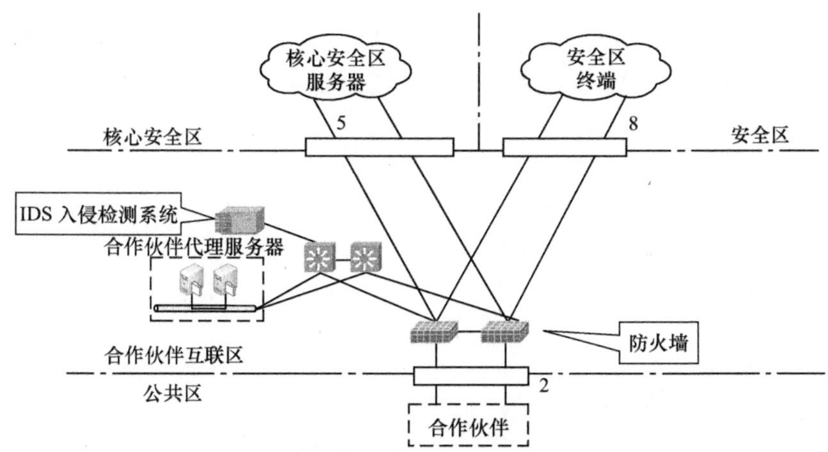

图 9-6　电子商务平台互联区示意图

（6）边界 2 的防护

对于合作伙伴互联区边界 2 的安全防护，建议部署以下的策略和防护手段。

① 在合作伙伴边界处部署基于状态检测的防火墙进行安全访问控制。

② 防火墙外部接口对内安全策略只允许开放对外所必需的服务端口。

③ 在安全策略的设置上，禁止核心安全区内各子区主动发起对合作伙伴的访问，合作伙伴也不能直接访问核心安全区和安全区。

④ 内部 Windows 或 Linux 主机应该部署主机防病毒软件。

⑤ 部署 IDS 并及时进行策略更新，监控异常网络行为，实现安全内容审计。

（7）边界 5 的防护

合作伙伴区边界 5 的安全防护，建议部署以下策略和防护手段。

① 可使用边界 2 的防火墙加强安全策略。只允许该合作伙伴互联区访问核心安全区特定子区的服务，如只允许合作伙伴代理服务器访问对外应用区的合作伙伴应用服务器。

② 部署入侵检测类（IDS 类）产品，提供对数据流的内容进行检测、发现、报警等功能。

（8）边界 8 的防护

合作伙伴互联区边界 8 的安全防护，建议部署以下策略和防护手段。

① 可使用边界 2 的防火墙加强安全策略。策略应禁止合作伙伴互联区主动访问安全区。对于安全区的运维终端子区需要管理维护该区域，需要在防火墙上对管理端口的源 IP 地址做严格的限制，不允许安全区的其他子区访问该区域。

② 在该接口边界核心安全区和安全区侧的网络设备上部署 IDS 并及时进行策略更新，监控异常网络行为，实现安全内容审计。

（9）内部系统互联区边界防护

内部系统互联区对外是与其他 IT 支撑系统的边界，对内有与安全区和核心安全区的边界。对于其他 IT 支撑系统对该区域的数据访问，可在边界部署防火墙进行防护，如图 9-7 所示。

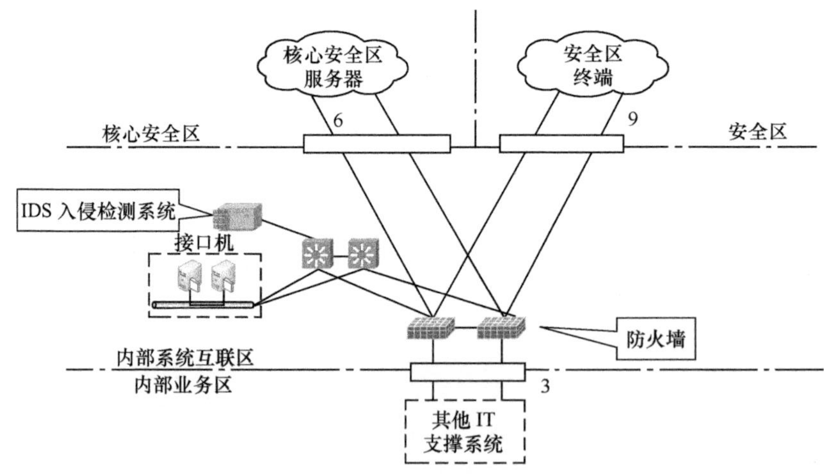

图 9-7　内部系统互联区示意图

（10）边界 3 的防护

对于内部系统互联区边界 3 的安全防护，建议部署以下的策略和防护手段。

① 在与其他 IT 支撑系统边界处部署基于路由模式部署基于状态检测的防火墙进行安全访问控制。

② 防火墙外部接口对内安全策略只允许开放对外所必需的服务端口。

③ 内部 Windows 或 Linux 主机应该部署主机防病毒软件。

④ 部署 IDS 并及时进行策略更新，监控异常网络行为，实现安全内容审计。

（11）边界 6 的防护

内部系统互联区边界 6 的安全防护，建议部署以下策略和防护手段。

① 可使用边界 3 的防火墙加强安全策略。只允许内部系统互联区与核心安全区特定子区的互访，如只允许接口机访问对内应用区的应用服务器。

② 部署入侵检测（IDS）类产品，提供对数据流的内容进行检测、发现、报警等功能。

（12）边界 9 的防护

内部系统互联区边界 9 的安全防护，建议部署以下策略和防护手段。

① 可使用边界 3 的防火墙加强安全策略。策略应禁止内部系统互联区主动访问安全区。对于安全区的运维终端子区需要管理维护该区域，需要在防火墙上对管理端口的源 IP 地址做严格的限制，不允许安全区的其他子区访问该区域。

② 在该接口边界核心安全区和安全区侧的网络设备上部署 IDS 并及时进行策略更新，监控异常网络行为，实现安全内容审计。

2. 安全区内部边界防护

安全区内部的 3 个子区之间安全威胁和安全策略各不相同，因此，它们之间应划分清晰的边界，并做好防护。3 个子区之间的边界防护如下。

（1）办公终端区与运维终端区的边界

由于运维终端有较高的权限，能通过管理端口访问内网的设备，一旦被控制，则会形成较大的安全隐患，因此，这两个子区之间应严格禁止数据互访，在汇聚交换机上以不同的 VLAN 作为边界，通过在交换机上部署 ACL 对 VLAN 之间的互访进行限制。

（2）办公终端区与开发测试区的边界

原则上开发测试区不需要与办公终端通信，如果两个子区在同一个三层交换机汇聚，则可在汇聚交换机上以不同的 VLAN 作为边界，通过在防火墙上部署策略禁止子区之间的互访。

（3）运维终端区与开发测试区的边界

仅允许在防火墙上开放运维终端区对开发测试区的访问，如果测试需要开通与其他系统，如分支机构测试终端区的通信，则需要提出申请，开通相应安全策略。测试结束后，关闭该安全策略。

3. 核心安全区内部边界防护

如果核心安全区需要将某些应用系统与其他通用服务器核心应用区分开来

（例如 MIS 系统与 OA 系统），可以对内应用区或对外应用区进一步划分安全子域，可以在内部防火墙的多个端口，设置安全控制策略，从而实现多个应用区的划分。也可在核心交换机上，通过 VLAN 作为边界，部署 ACL 设置安全控制策略实现。

参考文献

[1] 张昆. 移动电子商务安全解决方案[EB/OL]. 百度文库 2013.

[2] 余伟. 移动电子商务面临的威胁[J]. 移动电子商务安全，2012,(4).

[3] 鲁倩南，史廷辉. 移动电子商务安全支付方案的探讨[A]. 中国通信协会“移动增值业务与应用”学术年会[C]. 2007.

[4] 池瑞楠. 移动电子商务系统及其安全解决方案应用研究[J]. 电脑编程技巧与维护，2007, 9:80-84.

[5] 中国移动. 中国移动管理信息系统安全域边界防护技术要求[S]. 2009.

第 10 章 电子商务反诈骗

据我国警方公布的数据显示，2014 年上半年共发生 408 起电子商务欺诈案，比 2013 年同期的 96 起增 3 倍有余。此外，网络爱情骗局和敲诈案件也增加约两倍半。电子商务欺诈案中，主要以多次付款网购骗局和贝宝（Paypal）电邮骗局的增加最为显著。就多次付款网购骗局而言，2014 年上半年共 302 起，比 2013 年同期的 13 起增 22 倍，受骗金额从 2.8 万元增至 23.7 万元[1]。

这说明我国电子商务市场的诈骗行为较为严重，已经影响了消费者对电子商务的信任，对我国电子商务的长远发展起到了一定的阻碍作用。因此，在满足现代网络带来极大便利性的同时，不能忽视电子商务中存在的诈骗行为。

10.1 电子商务诈骗的形成原因

电子商务的主要优势在于商家的管理成本较低、消费者较为便利、市场信息较易获取等。但相较传统商务，电子商务领域的诈骗问题不但存在，而且更加严重，主要原因可概括为下述几个方面[2]。

1. 网络自身的局限性

网络交换过程中，消费者和商家相互不见面，交易过程完全利用网络实现，消费者在无法见到实物的情况下，只能通过文字、图片介绍信息了解商品。这使得商家欺骗消费者的现象成为可能，因此，消费者只能依靠自己的分析，对信息真伪进行判断，进而决定是否购买相关的商品。同时，电子信息成本低廉、传播便利，也是不法分子利用其盈利的主要原因。

2. 网络交易的局限性

相较传统交易，网络交易行为具有时效性、风险性以及广泛性等特点。依托大型商业平台，消费者能够向全球用户发布商品相关信息，进而利用网络进行诈骗。对于物美价廉的商品，诸多消费者均难以抵挡低价诱惑，防范意识也会相对下降。同时，网络欺诈行为具备较强的伪装性，较多消费者难以识别。

3. 网上交易方与商品难以审查

由于从事网上经营的商家较多，销售的商品更是数量庞大，相关部门难以对所有商家的资质、商品质量进行审查。同时，网站也缺乏可靠的鉴别技术和鉴别手段。

4. 法律法规尚未健全

世界各国的电子商务犯罪立法均不够完善。根据联合国下属的一家互联网政策调查公司的调查，大多数国家尚未在遏制电子商务犯罪方面制定较为严厉的法律条款，其现有的法律不足以对互联网犯罪起到真正的震慑作用。

10.2 电子商务诈骗案例

10.2.1 钓鱼网站及山寨应用的诈骗案例

钓鱼网站仿冒运营商 WAP 官网，诱骗用户下载安装恶意应用，拦截用户短信，通过从钓鱼网站上获取的账号信息加上恶意软件从手机上获取的短信验证码，不法分子就可以完成银行卡盗刷，让用户损失惨重[3]，总体流程如图 10-1 所示。

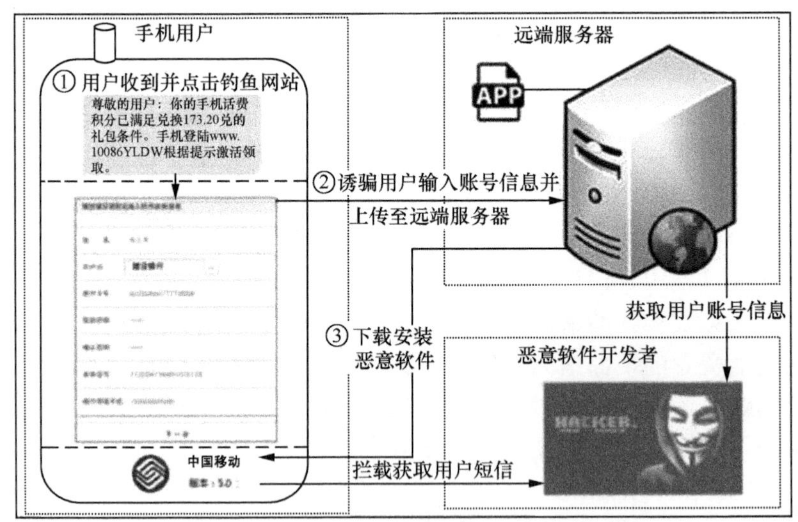

图 10-1 钓鱼网站及山寨应用总体流程图

① 仿冒运营商官网：利用包含“10086”的域名仿冒运营商官网，例如 10086gt.com。

② 诱导用户输入银行账户信息：提示用户输入姓名、银行卡号、银行密码、身份证号和手机号码，将以上信息上传到远端服务器 10086gt.com（该服务器位于中国香港地区）。

③ 诱骗用户下载安装恶意应用：以“激活提款”为名，诱骗用户下载名为 10086.apk（或积分兑换.apk 或 chinamobile.apk），该软件实为恶意木马病毒。

④ 恶意软件安装后自动激活：静默发送短信到指定号码，告知已安装和已激活。

⑤ 恶意软件拦截短信：拦截用户短信，并将短信内容转发到指定号码。

⑥ 恶意软件激活设备管理器：无法对恶意软件进行停止和卸载。

1. 钓鱼网站特点

① 与官网页面几乎相同：钓鱼网站与 wap.10086.cn 移动官网页面几乎相同，甚至在钓鱼网站点击充值按钮或者其他按钮都会跳转到正规移动官网。

② 与官网域名相似：钓鱼网站与移动官网域名相似，在网址中基本会含有“10086”，不仔细识别很容易误认为是移动官网。

钓鱼网站与官网对比如图 10-2 所示。

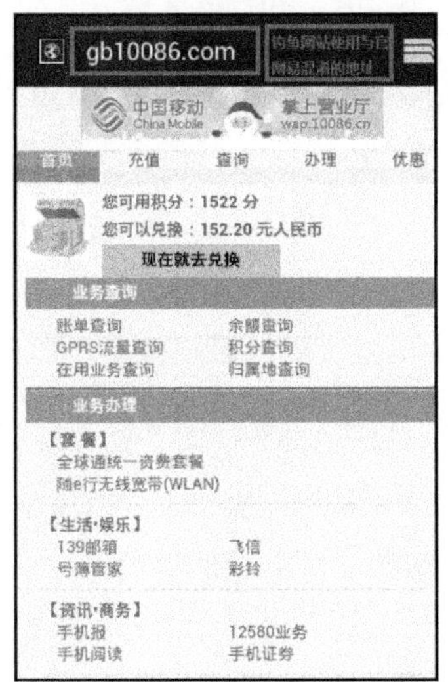

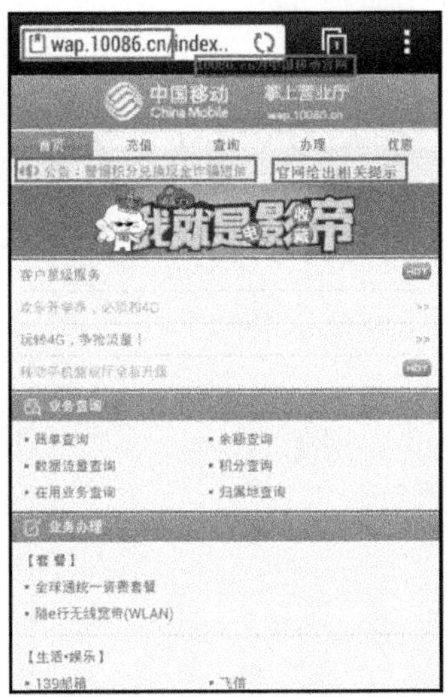

图 10-2 钓鱼网站与官网对比图

2. 钓鱼过程

① 打开钓鱼网站首页可见，明显的位置标出了可用积分以及可兑换的人民币

金额，积分兑换如图 10-3 所示。

② 点击“现在就去兑换”，则会出现填写收款信息的页面，如图 10-4 所示，填写后个人的银行账号、手机号以及身份证号等重要信息就会因此泄露。用户信息上传如图 10-5 所示。

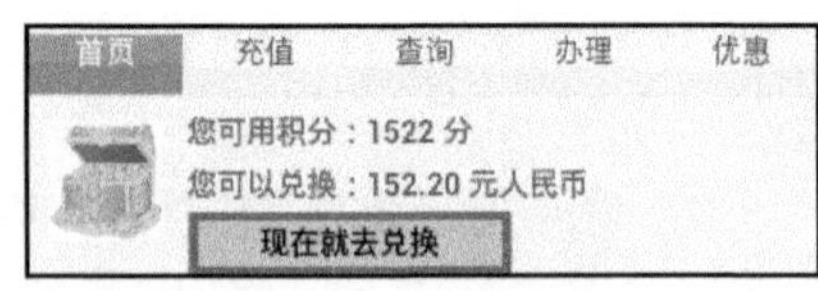

图 10-3 积分兑换图

图 10-4 收款信息页面图

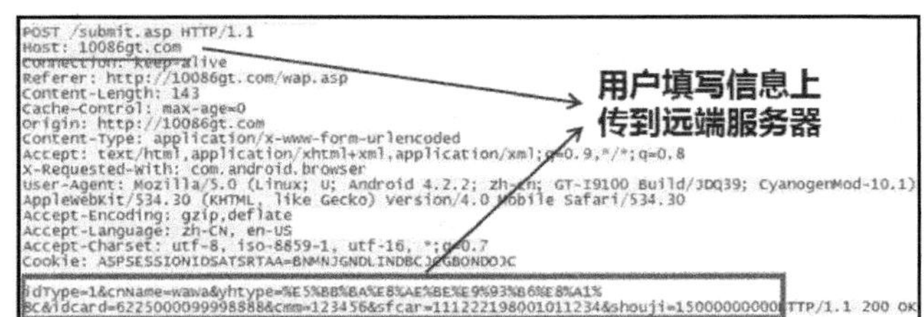

图 10-5 用户信息上传图

经查询，该系列域名注册商均为 XIN NETTECHNOLOGY CORPORATION，服务器地址在香港地区，如图 10-6 所示。

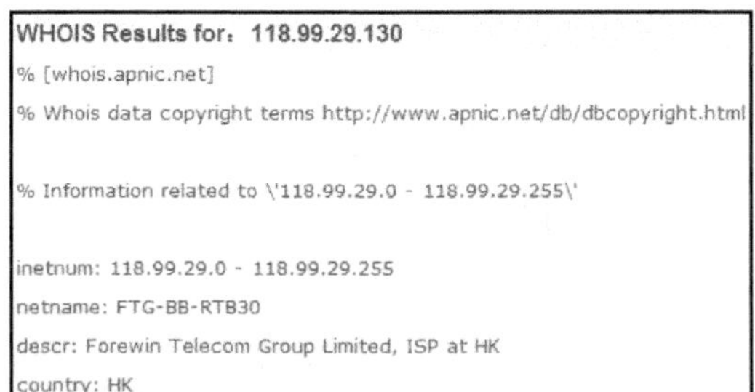

图 10-6 域名查询图

③ 输入信息后，点击“下一步”，则会出现“激活提款”的提示，诱骗用户下载安装恶意应用程序，具体如图 10-7 所示。

3. 恶意软件的行为分析

安装从钓鱼网站上下载的恶意软件后，通过恶意软件拦截和读取用户短信内容，并发送至指定手机号。

① 激活后静默发送短信到指定号码，通知指定的号码，软件已安装。

② 拦截用户短信，并将短信内容转发，如图 10-8 所示。

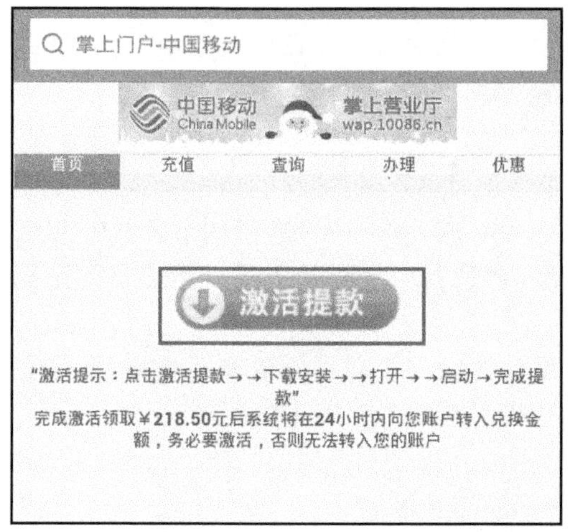

图 10-7　诱骗用户下载安装恶意应用程序图

图 10-8　拦截并转发用户短信图

③ 诱导用户激活设备管理器，激活后，在应用管理中无法对恶意软件进行停止和卸载，具体如图 10-9 所示。

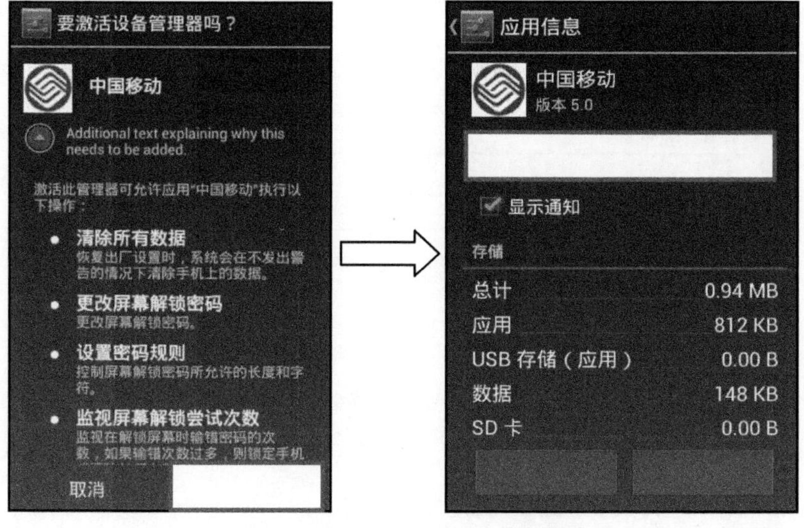

图 10-9　诱导用户激活设备管理器图

10.2.2 盗取账户案例

2012 年 8 月，手机支付账户发生多起资金被莫名消费事件。截至 8 月底，被盗投诉共涉及近百名用户，损失金额达数万元。投诉用户涉及 23 个省份。

对上述事件的具体分析如下。

（1）投诉用户近期交易验密分析

提取部分用户 2012 年 7～8 月交易验密情况分析，存在密码被多次尝试的情况，同时也存在用户密码无校验失败的情况。

（2）同一 IP 交易分析

分析各类交易 IP 情况发现，存在同一 IP 不断发起交易的情况，其中，一个 IP 进行订单支付时支付密码验密的次数达 466 次，成功 19 笔，失败率达 95.90%，存在恶意套取密码的情况。综上所述，疑似恶意使用批量号码尝试用户支付密码，导致密码泄露、用户账户资金被盗。

盗号现已形成地下黑色产业链，成员包括木马作者、流量商、盗号者、晒号者、洗号者以及廉价人工等。盗号产业链的组织构成如图 10-10 所示。

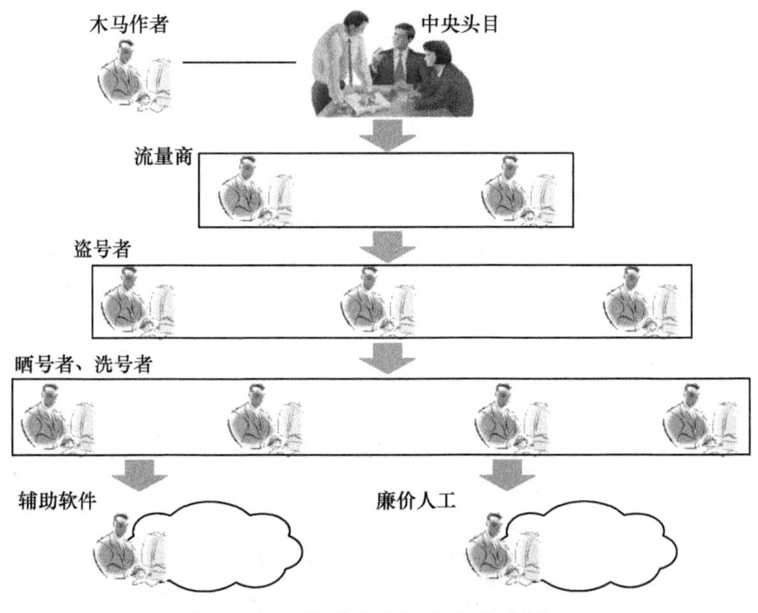

图 10-10 盗号产业链组织构成图

10.2.3 二维码支付暗藏病毒案例

二维码（Two-Dimensional Code）又称二维条码，是按一定规律在平面（二维方向）上分布的黑白相间的特定几何图形，是所有信息数据的一把钥匙。

在现代商业活动中，二维码可实现的应用十分广泛，如产品防伪/溯源、广告推送、网站链接、数据下载、商品交易、定位/导航、电子凭证、车辆管理、信息传递、名片交流、Wi-Fi 共享等。如今，智能手机的扫一扫（简称 313）功能使得二维码的应用更为普遍。

根据业务形态，二维码应用可分为被读类和主读类[4]。被读类业务是指应用方将业务信息加密并编制成二维码图像后，以短信或彩信的方式将二维码发送至用户的移动终端上，用户最终使用设在服务网点的专用识读设备对移动终端上的二维码进行识读认证，作为交易或身份识别的凭证来支撑各种应用。主读类业务则是用户在移动终端上安装可识别二维码的客户端，用它扫描印制在各种媒介上的二维码图片，在进行解码后触发相关应用，如手机上网、名片识读、拨打电话等多种关联操作，以此为用户提供多种信息服务。对于用户而言，主读类业务在实际应用中的安全风险较大，下文将对其安全隐患进行分析，并提出防范措施。

2014 年 3 月，央行紧急叫停二维码支付服务，二维码支付的安全问题被推向高潮。下面将结合几款金融类移动客户端中二维码功能的安全性分析，深入挖掘二维码支付存在的典型安全漏洞。

1. 某著名股份制银行手机客户端的二维码漏洞

该银行手机客户端中涉及二维码的功能有两个：一是“扫一扫”功能，另一个是“我要收款”中的相关功能。

接下来对这两项功能展开安全隐患分析。

（1）“扫一扫”的安全隐患

当商户的扫码逻辑暴露后，扫码劫持变得非常简单，黑客可以在用户进行扫描付款的客户端中插入恶意代码，篡改交易数据，使本该流向商户的资金流向黑客。扫码攻击的逻辑如图 10-11 所示。

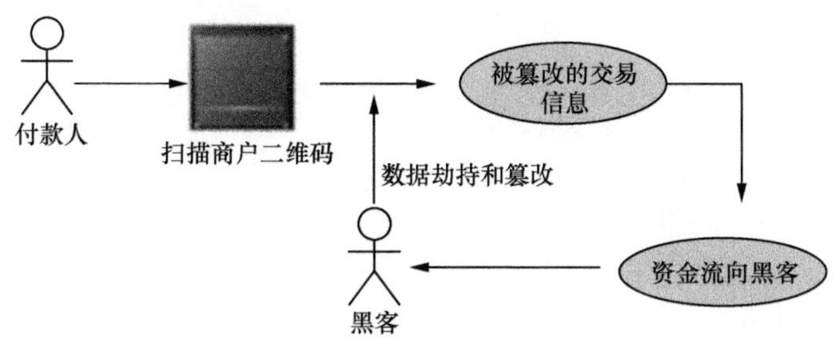

图 10-11　扫码攻击逻辑示意图

（2）“我要收款”的安全隐患

虽然该银行对收款二维码的存储信息进行了加密，但安全隐患仍然存在。黑客可以利用二维码的特性和 APK 的其他漏洞，篡改收款人信息，从而达到窃取用户资金的不良目的。如图 10-12 所示，模拟了黑客作案的逻辑。

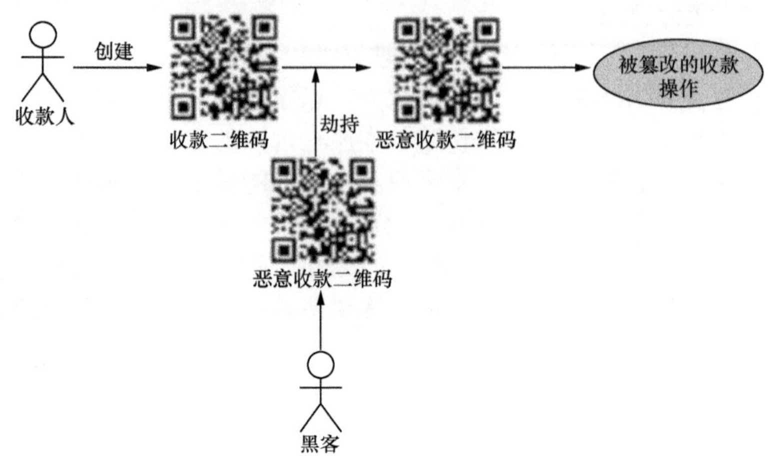

图 10-12　黑客篡改收款人信息逻辑图

2. 支付宝付款码

支付宝钱包支持两种付款码：条形码和二维码。图 10-13 揭示了支付宝二维码的生成逻辑。

图 10-13　支付宝二维码生成逻辑图

支付宝付款码主要存在两类安全隐患，即易造成二维码生成攻击和扫码攻击，如图 10-14 和图 10-15 所示。

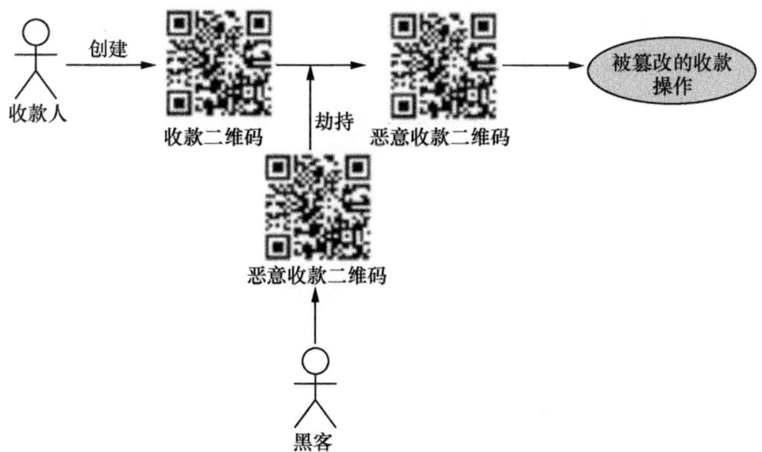

图 10-14　支付宝二维码生成攻击逻辑图

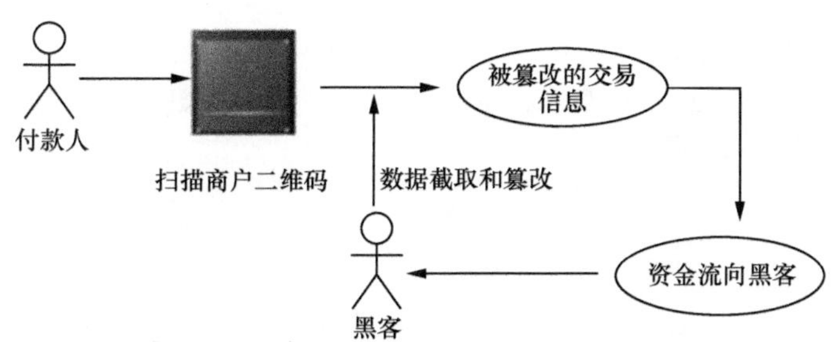

图 10-15　支付宝扫码攻击逻辑图

3. 某银行手机客户端的扫码风险

该银行手机客户端获取二维码有两种方式，一是从手机相册中获取二维码图片，二是通过扫码获取二维码信息。

10.2.4　虚拟改号诈骗

电信欺诈对用户个人信息的机密性带来巨大的挑战。电信诈骗中使用的手机号一般都是非实名制的，座机号码基本都是利用 VoIP 电话或能够显示任意号码的软件产生的虚假号码，不法分子常常将主叫号码设置为公安、银行的号码，为后续的诈骗行为提供铺垫。对用户而言，一旦接到公安、银行等特殊号码，警惕性随之下降，更易落入不法分子的陷阱。同时，虚假号码也增加了溯源的难度，因此，用户实名制亟待全面落实。

当前，运营商面临的电信诈骗风险主要包含3类。

1. 来自网内的风险

专线客户违规转租提供VoIP改号平台落地，使得诈骗分子能够在国外或国内发起呼叫，具体网络结构如图10-16所示。

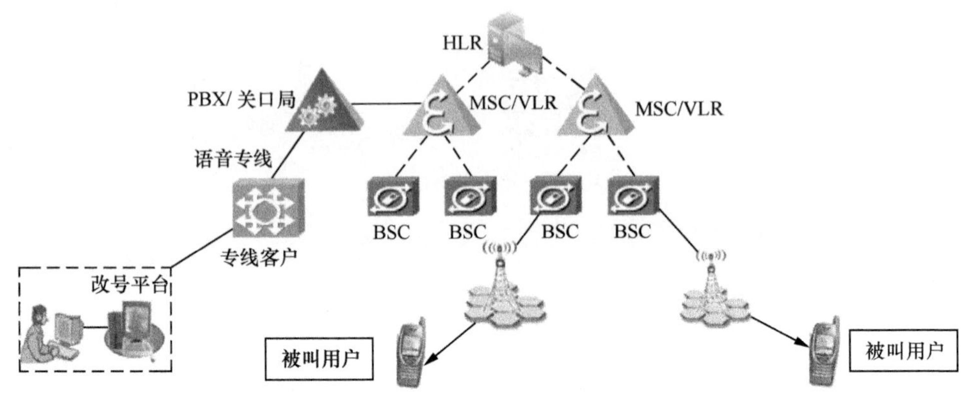

图10-16　网内虚假主叫结构图

2. 来自国际的风险

虚拟改号在国外运营商网络落地，通过国际关口局进入国内运营商网络，具体网络结构如图10-17所示。

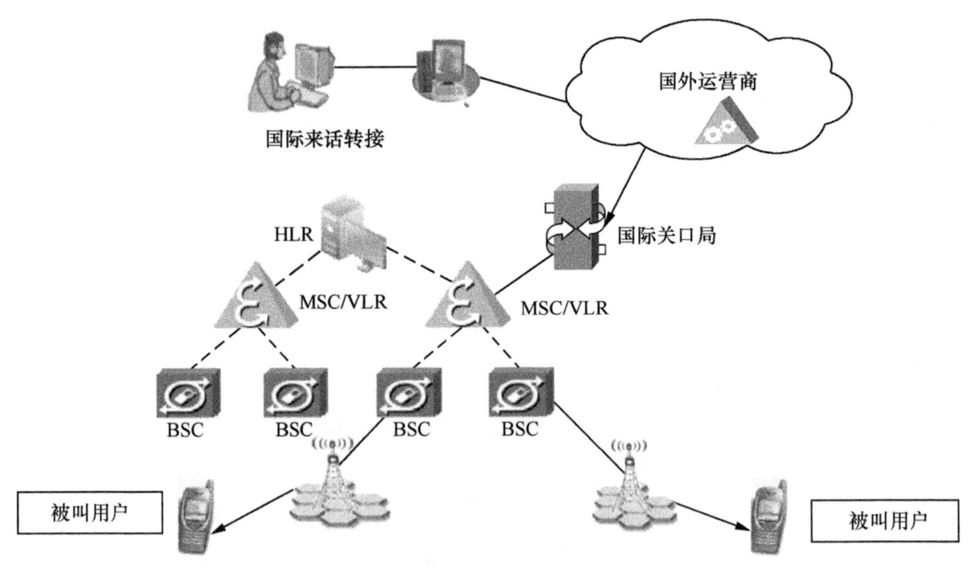

图10-17　国际虚假主叫结构图

3. 来自国内其他运营商（网间）的风险

① 虚拟改号在国外运营商落地，通过其他运营商国际局进入国内其他运营商后，经网间关口局进入本运营商网络。

② 虚拟改号平台在国内其他运营商落地，诈骗团伙在国外发起呼叫，电话通过网间关口局进入本运营商网络。

③ 虚拟改号平台在国内其他运营商落地，诈骗团伙在国内发起呼叫，电话通过网间关口局进入本运营商网络。

具体网络结构如图 10-18 所示。

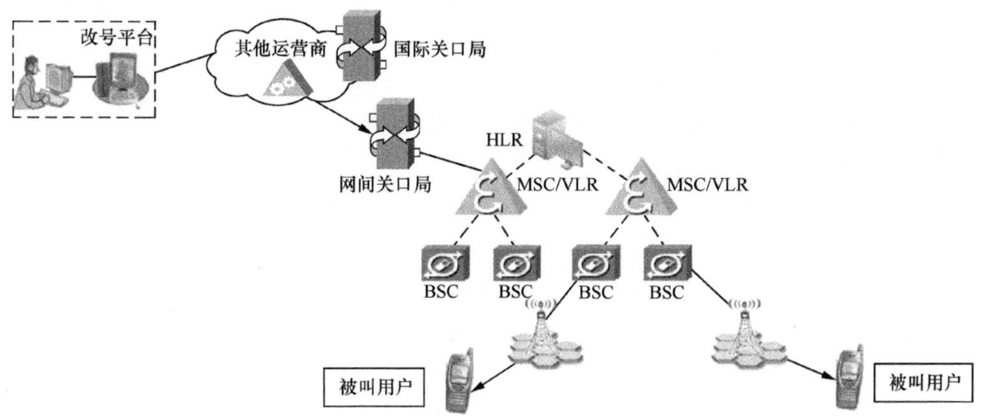

图 10-18　网间虚假主叫结构图（以情况 1 为例）

10.3　电子商务反诈骗措施

10.3.1　反钓鱼网站措施

钓鱼网站很多以大奖诱惑用户，因此，用户要对网络中奖活动提高防范意识。此外，用户在网络支付时也要小心谨慎，可以通过域名注册信息、第三方权威认证服务等多种手法来验证网站的真实性，具体可概括为以下几个方面[5]。

（1）宣传教育

加强防钓鱼知识的介绍，充分履行告知义务，提高用户的安全意识。尤其是提醒广大用户核对网站域名，只有确定对方是官方网站后，再登录。

例如，真正的中国工商银行网站域名是 http://www.icbc.com.cn，而仿冒中国工商银行的钓鱼网站则为 http://www.1cbc.com.cn。二者的差别仅是小写字母“i”和数字“1”的不同，不法分子正是利用这种障眼法来欺骗用户。

（2）硬件防护措施

如今很多网络银行都提供了 U 盾、密宝令等功能，其实就是一款加密的 U 盘，而钓鱼网站是不支持 U 盘加密功能的，所以当 U 盾在网站上不起作用时，那就说明你浏览的网站是钓鱼网站。

（3）网站自动记录功能

网站自动记录功能也很关键，很多人在淘宝上购买过东西后，淘宝网站就会自动记录你的地址，方便下次使用，而假的淘宝网站就不会有记录，当用户进入付款页面，里面的收集地址需要手动来填写的话，你就要提高警惕了。

（4）不要泄露身份资料

大家平时最好养成良好的习惯，尽量不要在网上留下自己身份的任何资料，包括手机号码、身份证号、银行卡号码、电子商务网站账户等，这些资料都很可能被一些不法分子利用。

（5）查询网站的 ICP 网站备案信息

通过 ICP 备案可以查询网站的基本情况、网站拥有者的情况等，用户可以通过工业与信息化部的网站备案管理网站（http:// www.miibeian.gov.cn/）查询该网站信息并加以确认。

（6）查看安全证书

针对大型电子商务网站或网银站点需要查看其安全证书。目前，大型的电子商务网站或网络银行站点都应用了可信证书类产品，这类网站的网址都是“https”开头的，如果发现网址信息不是“https”开头，需要谨慎对待该网站。

10.3.2 反盗取账户措施

可采取下述措施防范账户被盗。

（1）分析用户情况

对用户的验密情况及交易进行分析，以便能够进一步采取措施保障用户资金安全。

（2）对同一 IP 同一交易访问次数进行限制

可以对同一 IP 同一交易的访问次数进行限制，避免恶意用户使用工具攻击平台。

（3）提醒用户提高密码的健全性

当用户设置密码时，提醒用户密码不少于 9 位，并且应包含数字、字母、特殊符号等，提高密码健全性，进一步防范黑客盗取账户。

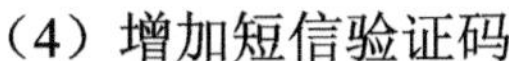

（4）增加短信验证码

针对账户被盗，商户可以增加用户支付时短信验证的要求。截至目前，对 9 家虚拟产品类商户进行了短信验证需求配置。

（5）升级密码控件

升级密码控件，避免页面可以通过外挂工具不断发起交易。

10.3.3　反二维码支付病毒措施

① 针对涉及二维码的业务制定防范措施，如对用户上传的信息进行安全审核等。

② 建立完善的风险监控体系，对风险较大的二维码业务（如二维码支付类）实施 24 h 不间断监控，发现潜在风险并确保用户信息安全和财产安全。

③ 对于移动支付产品 NFC，应加强身份认证技术，尤其应当防范用户手机被他人窃取时，保证手机钱包中的资金不为他人所用。

④ 用户不要轻易扫描有携带病毒嫌疑的小广告或不知名网站的二维码。某些饭店在餐桌上印制二维码，用以开展扫码换优惠的活动，但用户在扫码前务必仔细观察，是否只有一张桌上有此二维码，如果是，这很可能是他人恶意留下的。

⑤ 扫描二维码时应使用安全扫码软件或具备安全扫码功能的安全软件。在扫描二维码时，安全软件可自动识别是否有二维码病毒，如 360、腾讯手机管家。

10.3.4　反虚拟改号诈骗措施

针对虚拟改号诈骗，可以采取下述措施进行防范。

① 针对 00019X 开头的号码，由于诈骗电话和正常电话混杂在一起，无法针对具体号码进行拦截。从通话特征分析，由于此类诈骗电话一般会播放录音诱导用户按键转人工服务。通过对用户按键的 DTMF 信号进行监控，可实时识别拦截诈骗电话。

② 采用 USSD、闪信或短信等方式，针对国际来话对用户进行及时提醒。

首先，建立国际疑似诈骗号码库，对疑似号码发起的呼叫进行 USSD 或闪信提醒，告知用户此号码已被多少位用户投诉为诈骗电话，提醒客户加强防范意识；对非疑似国际号码发起的呼叫，则告知用户此次呼叫来自国外，需要特别警惕、谨防诈骗。提醒方案的基本技术原理如图 10-19 所示。

- 省内关口局按照预设触发原则将呼叫触发至 SCP；
- 试点 SCP 对被叫号码进行判断，确认是否需要下发用户提醒，同时下发 Continue 指示省内关口局继续接续；

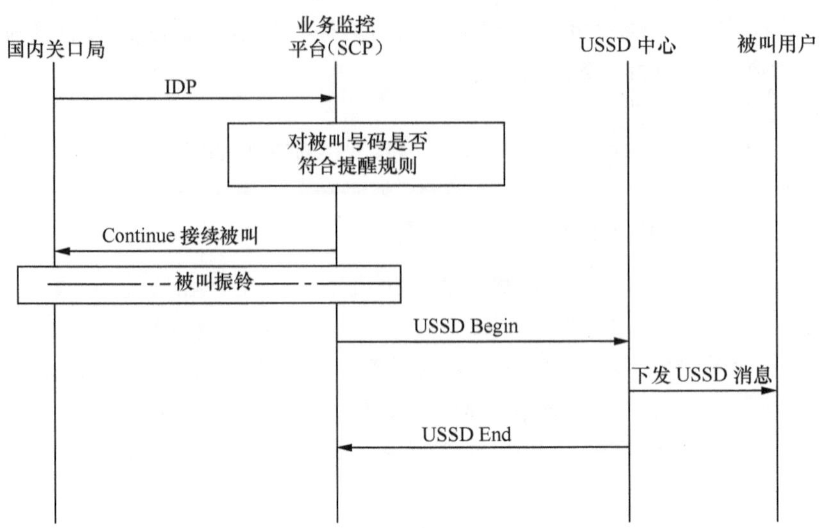

图 10-19 提醒方案基本技术原理图

- 被叫振铃，SCP 通过 USSD 中心向被叫用户下发提醒消息，被叫用户手机即时弹出提示框，提醒用户防范诈骗电话；
- 用户阅读提醒信息，点击确定按钮，即可正常接听电话。用户提醒效果如图 10-20 所示。

图 10-20 用户提醒效果图

在用户接听国际来电后，下发短信提醒用户警惕诈骗电话，用户也可回复短信对诈骗电话进行举报，网络则根据用户举报情况对相关诈骗号码实施拦截。

③ 针对网内可能出现的诈骗电话非法落地风险，可采用话音专线计费错单分析方法。正常情况下，BOSS 系统采集话音专线的网络原始话单后，会根据主叫号、交换机号、中继号等信息进行判断并计费。当网络原始话单中的用户主叫号码，与话音专线开通时在 BOSS 中登记的该集团客户的合法号码不一致时，则产生计费错单。

通过计费错单分析，可对因免白名单及白名单配置不到位而导致的虚拟改号风险进行有效稽核，同时还可防止话费流失，可作为一项防范语音专线被违规滥用的常态化监管手段。

参考文献

[1] 社论：电子商务欺诈案飙升的警示[EB/OL]. http://www.zaobao.com/forum/editorial/story20140815-377739, 2014.

[2] 萧洁. 浅谈电子商务中的诈骗与防范[J]. 现代商业，2011,(3):262-263.

[3] 每日安全播报. 小心钓鱼网站混入你的朋友圈[EB/OL]. http://s.sh.qihoo.com/ api/html/3700369594.php?dtid=1100694965&did=3700547801, 2014.

[4] 沈朝阳. 手机二维码业务分析和建议[J]. 移动通信，2008,(2):137-141.

[5] 有效防范钓鱼网站的技巧[EB/OL]. http://jingyan.baidu.com/article/a17d528524fb978098c8f2a4.html.

第 11 章 移动电子商务前景展望

11.1 移动电子商务在中国的应用和发展

在全球化信息技术革命的发展浪潮中，移动电子商务称得上是我国电信产业中势头最猛、发展速度最快的领域。由于我国有着最广泛的用户基础，移动电子商务具有非常广阔的市场前景。

电子商务在中国的发展时间不算长，但越来越多的消费者选择并喜欢这种新型购物方式——网上购物。“十一五”期间，电子商务在我国的应用范围进一步扩大，已逐步成为我国跨国贸易的重要工具之一。

与此同时，智能终端设备近年来日益普及，得到广大消费者的青睐。终端应用爆炸式的增长逐步改变着用户的生活方式与消费习惯，电子商务逐步由 PC 端向移动端演变，为我国移动电子商务的发展奠定了坚实的基础。

2008 年 2 月，原国务院信息化工作办公室授予湖南“国际移动电子商务试点示范省”称号，标志着移动电子商务在我国正式启动应用。之后，工业和信息化部、中国移动在湖南、重庆、上海、广东、湖北、内蒙古等 10 省（市）开展移动电子商务的全面商用。

2009 年 1 月，工业和信息化部为我国三大运营商发放 3G 牌照，电子商务进入崭新的时代，利用移动终端进行支付的移动电子商务模式占据了新的商机。在诸多网络服务提供商的努力下，涌现出了一批具有代表性的移动电子商务示范省、市。2013 年 12 月，工业和信息化部向三大运营商发放 4G 牌照，移动电子商务在我国的发展也将迈上新的台阶。

近些年来，我国对移动电子商务的重视度日益增强，《电子商务“十二五”发展规划》中明确指出：鼓励各类主体加强合作，拓展基于新一代移动通信、物联网等新技术的移动电子商务。推动移动电子商务应用从生活服务和公共服务领域向工农业生产和生产性服务领域延伸，积极推动移动电子商务在“三农”等重点领域的示范和推广。加强移动电子商务技术与装备的研发力度，完善移动电子商务技术体系。加快制定和完善移动电子商务相关技术标准和业务规范[1]。

我国近年来的电子商务交易额增长率一直保持快速增长势头，2013 年中国电子商务市场交易规模达 10.2 万亿元，同比 2012 年的 8.5 万亿元增长 29.9%。2014 天猫“双十一”全天交易额为 571 亿元，达到了此前预定的 500 亿元目标。其中，在移动端交易额达 243 亿元。毫无疑问，电子商务正在成为拉动国民经济保持快速可持续增长的重要动力和引擎。

信息技术的日益进步对中国移动电子商务的发展起到了极大的促进作用，有效推动了移动电子商务在中国的应用，扩展了移动电子商务产业链，其中包括了手机支付技术、位置信息服务技术、二维码、社交平台等元素的良性互动。

首先，SIMpass、NFC、RFID SIM 等手机支付技术的快速发展，为移动电子商务在中国的应用和发展提供了空间。同时，手机支付相关标准的建立和完善，对运营商和银行在移动支付中扮演的角色进行了明确，进而促进移动电子商务的迅猛发展。

其次，位置信息服务技术（LBS）使得移动电子商务线上线下实现完美对接，成为移动电子商务的主要应用。同时，全球卫星定位系统（GPS）、地理信息系统（GIS）的应用为旅游业等多种产业带来无限商机[2]。

近年来，二维码、社交平台等新兴技术在我国得以广泛应用，并受到大量用户的青睐。用户通过使用移动终端读取欲购买商品的二维码，以完成快捷支付，用户体验得以提升，对于移动电子商务的后续发展起到极大的推动作用。

移动电子商务在中国的未来发展中，移动支付与创新性的服务模式将成为整个产业链的重点。一方面，移动支付所涉及的参与方较多，包括消费者、商家、电信运营商以及银行等金融机构，同时，移动支付又包括多个环节，每个环节中参与者拥有不同的资源，多元化的合作模式随之产生；另一方面，创新性服务将呈现出多样化的发展趋势，电信运营商从传统的通道服务提供者逐步向综合性信息服务提供者转变，将在移动电子商务中发挥更大的作用。

11.2　移动电子商务的发展因素

推动移动商务发展的因素有很多，下面是一些主要的推动因素。

1. 传输技术的发展

传输技术是移动电子商务发展的基本条件，没有传输技术的进步，也就没有移动电子商务市场的前进。以往的移动通信技术造成了移动通信上的一些限制，如移动上网服务的带宽不足，而无法将内容以多媒体的形态展现于终端设备中，也因为带宽的限制，仅能提供单一通路给终端，使得终端设备仅能作业单工的工作模式，无法同时处理两个以上的工作。又如过去移动通信采用电路传输的方式运作，消费者上网必须负担起承租整条电路的费用，数据传输也仅凭此单一电路传输，使得电信业的定价方式是以承租整条电路的联机时间计费，提高了移动上网的成本，而随着传输技术的发展，第三代、第四代移动通信技术的出现，解决了上述问题。

2. 移动商务服务提供商的参与

移动商务能否成功，取决于消费者的广泛参与，而消费者参与的前提在于是否有能够吸引他们的商务应用和服务。这取决于广大的移动商务服务供应商。要充分发挥这些服务供应商的作用和热情，开发出一些有创意的新型应用和服务，才能推动移动商务的发展。

3. 更高性能移动终端设备的出现

终端设备是移动电子商务应用不可缺少的工具，且随着移动通信带宽的大幅成长，数据的流量也将大幅增加，因此，终端设备的数据处理能力、内存、输入接口能力、电池蓄电力、屏幕技术等技术都面临新的挑战。

对消费者而言，移动电子商务需要在移动终端设备中呈现，且其提供的所有服务也会由终端设备提供给消费者。如果移动终端设备不提升，势必阻碍移动电子商务技术的发展。随着各方面科技的进步、技术的突破和智能终端的出现，包括苹果、三星等，都会带给用户更好的体验，也推动着移动电子商务的飞速发展。

4. 电信业者的存在

电信业者是经营移动通信服务的核心基础，如果电信业者不存在，移动通信服务市场将无法出现，移动电子商务技术更无从谈起。当移动电子商务技术发展成熟，将使得电信业者的经营获利来源稳定，这对于必须依靠电信系统业者的经营才能够生存的移动电子商务而言，是个有利的消息。

5. 网络安全问题的解决

移动电子商务中，网络安全影响着资金流的运作，也影响着消费者的使用信心，因此，中国的移动商务市场要想稳步向前发展，必须较好地解决网络安全问题，消费者才能放心地参与移动商务。

网络安全问题影响着移动商务的发展，也是构成移动商务市场的基础条件，故对于所有经营移动商务的业者而言，都必须认真谨慎地面对此问题。

11.3 移动电子商务的发展模式

移动电子商务的发展模式可总结为六大类[3]，分别介绍如下。

1. 以传统电子商务为代表的主导模式

传统电子商务提供商推崇“品牌与运营相结合”的商业模式，这种商业模式已具备较好的经营经验，物流配送也较为成熟，因此，能够直接应用于移动电子商务平台。同时，传统电子商务提供商已拥有一定的用户群，无需改变已有的运营体系，只需将移动终端作为用户接入的通道，便能获取大量订单。但相较传统电子商务而言，移动电子商务的用户需求与之区别较大，会对原有的运营机制提出新的要求。因此，传统电子商务提供商需要发展全新的运营理念和服务模式，进而适应电子商务接入的移动化。

2. 软件提供商主导模式

软件提供商所推崇的移动电子商务模式为软件与服务相结合，其工作重心为尽可能地满足商家经营的多样化需求。但当前消费者对于移动电子商务的应用主要集中于网上购物、交易查询等方面。以软件提供商为主导的移动电子商务要想快速发展，需待移动电子商务市场进一步成熟。

3. 运营商主导模式

运营商所主导的是通道与平台相结合的商务模式。电信运营商在移动电子商务的发展中起着举足轻重的作用，大部分应用和服务都需利用运营商提供的网络接入方可完成。同时，运营商自身拥有数以亿计的客户群是参与移动电子商务的潜在客户。但运营商在对电子商务平台的运营和管理方面存在不足，因此，其应充分利用自身所具备的技术优势以及庞大的客户群，与应用提供商、商家加强合作，借鉴应用提供商的运营经验、商家的营销经验，进一步促进移动电子商务的发展。

4. 金融机构主导模式

银行等金融机构已拥有大量用户群，用户往往在金融机构直接办理移动支付业务，包括多家银行开展的手机银行业务、银行的“手付通”业务等。金融机构在大额支付中扮演着核心者的角色，并且有政府部门的支持。

5. 运营商和金融机构的合作模式

该模式中，运营商和金融机构发挥着自身优势，运营商已拥有庞大的用户群，并且对增值业务的运营较有经验；金融机构为移动支付和信用管理提供安全服务和支持，同时，能够减小对支付额度的约束，提高信用等级。

6. 新兴电子商务提供商主导模式

新兴电子商务提供商所主导的是专注与创新相结合的商务模式。该模式完全摒弃了传统电子商务的发展模式，更加关注电子商务发展模式的创新。但应用创新需要依靠多方力量共同完成，因此，新兴电子商务提供商需加强和运营商、设备商的合作，进而推动移动电子商务创新型应用的后续发展。

11.4 移动电子商务的未来发展趋势

在电子商务的基础上，移动电子商务的发展注入了新的活力，带给企业新的商机。移动电子商务凭借便捷化、个性化、信息化的特点，提供给商家高效的信息服务，缩短了商家与消费者之间的距离，降低了支付成本。移动电子商务未来的发展趋势可概括为以下 5 个方面。

1. 移动购物方式逐步普及

由于终端性能、网络速度、网络安全等因素的约束，移动购物方式之前仅停留于设想阶段。但近年来，随着 Wi-Fi、4G 的日益普及，智能终端的性能大幅度提升，越来越多的消费者选择移动购物方式进行商品交易。

移动购物方式的最大优点在于不受时间、地域的限制，能够方便、快捷地完成网上支付。同时，智能终端厂商不断优化智能终端，得到广大消费者的喜爱。未来我国移动支付与网上交易将进入高速发展阶段，购物模式亦将全面升级。

2. LBS 技术将带来更多发展商机

LBS 技术是指利用运营商的通信网络或者外部定位方式（如 GPS）获得移动终端用户的位置信息，在地理信息系统平台的支持下，提供给用户相应服务的一种增值业务。

LBS 技术能够帮助运营商凭借用户的位置信息预测用户的电子商务需求，进而从中获取利润，例如，提供广告服务给商家，提供周边信息服务给用户等。商家还可以利用移动终端对特定用户的行为进行深入研究和挖掘，有针对性地营销，并且利用短信、二维码向目标用户发送广告、代金券等内容。

LBS 的推广大大降低了用户的搜索成本，用户享受到最低的折扣，切实感受到从移动电子商务中获取的收益。随着移动电子商务业务的进一步扩展，LBS 的适用范围也将更加广泛。

3. 自动识别技术有效提高了搜索速度

现阶段，移动电子商务的商品搜索功能主要利用文字进行。虽然移动终端已有多种文字输入方式，但中文、英文、数字切换增加了搜索难度。而以二维码、图像识别技术为代表的自动识别技术的出现，大大提高了用户利用移动网络搜索商品的速度。

用户凭借智能终端内置的摄像头，利用图像识别软件，只需扫描二维码便能完成搜索，在较短时间内获知商品信息。自动识别技术的应用为用户节省了时间，缩短了商家和用户之间的距离，使交易简单化、便捷化。同时，用户通过自动识别技术快速完成信息验证、身份识别功能，加强了交易环节的安全防范。

自动识别技术的诸多应用优势，使得它将来会广泛应用于移动电子商务的各个阶段，进而为用户提供更加满意的网上交易服务。

4. 微护照验证技术促进移动电子商务的发展

微护照系统是以移动身份识别技术为基础，基于近场混行通信技术的第三方电子凭证平台。它的组成元素包括移动终端 App、后台数据认证中心、前端微印章以及微 POS 机等专用设备。该平台支持 NFC、超声波通信等近场通信技术，能够为移动支付提供具有金融等级安全加密机制的电子凭证发放与验证服务。

微护照作为专业的第三方电子凭证平台，利用不断升级的技术服务，协助合作伙伴迅速抢占移动电子商务市场。同时，通过对接微信、微博等社交应用，合作伙伴的电子凭证能够在社会化网络中发行、分享、转让，进而提高用户的使用体验[4]。

5. 安全性将成为移动电子商务的热点问题

移动电子商务的安全性一直是商家和消费者普遍关注的，目前，支付宝、财付通、网银在线等支付平台尝试将 PC 平台的安全防护措施转移至移动平台。但由于移动电子商务中蕴含着诸多经济效益，吸引了越来越多黑客的注意力，暴露出部分安全问题，是我们后期要高度重视的。如何进一步提高移动电子商务的安全性，将成为永恒的课题。

11.5　生机勃勃的移动应用市场

随着智能终端的普及，移动应用 App 的发展迅速，移动应用刮起的热潮已经席卷整个应用市场。iOS 和 Android 两大阵营涌现出了多种与电子商务有关的应用，例如购物、游戏、金融、支付等。部分应用实现了线下实体店和在线网络店的充分融合，出现了 O2O 模式，每家实体店或企业都可以在移动互联网上发布自己的终端应用，实体店主要提供产品展示和体验功能，解决服务客户的“最后一公里”问题，而交易则在网上完成。与此同时，移动支付也获得了普及，手机将取代银行卡等成为综合智能终端，移动支付和微信支付的应用带动了网络基金、P2P 网贷、众筹等线上金融服务的移动化转型。

1. 移动应用的发展

移动应用系统由于自身的特殊性在移动互联网的多个领域取得了突出的发展。

（1）电子商务领域

搭载移动应用系统的移动设备通常电量使用较慢，且能实现随时随地接入移动互联网。对于电子商务从业者来说，与顾客随时随地取得联系是十分重要的，根据这一特点，很多电子商务从业者选取了移动应用系统作为工作系统，提升了其工作效率，达成了对电子商务从业者事业的促进。

（2）车载设备领域

随着社会生活水平的提升，消费者对车辆中控台采用的操作系统也有了更高的要求。移动应用系统应用于车辆中的导航、多媒体以及无线通信等各方面，与传统GPS设备相比，以移动应用系统为基础构建的车载系统能更好地实现车辆的人性化导航，将路况、拥堵信息实时反映出来，对于车主选择正确的路径有帮助作用。

（3）股票证券投资

股票证券市场风云变幻，想要尽量多地把握好时机，对于信息传递的实时性与快捷性有较高的要求。在移动设备上使用正确相关应用程序，由于移动应用的实时性，可迅速地将各种信息传递至移动终端，帮助其做出正确的判断。

（4）版权限制的数字媒体领域

由于移动应用系统中文件的格式特点，造成其中的文件想要形成二次传播非常困难。

2. *移动支付的发展*

（1）移动支付现状

与传统互联网支付的差异：传统互联网以信息为中心，而移动互联网则多以个人为中心，它强调内容的个性化和精准提供，即移动性、即时性、广泛性、私密性、用户识别性，是手机与移动互联网非常明显且又可以深度挖掘的特征。这决定了移动互联网应用将更加贴近用户、更生活化。它带来的是随时随地、场景整合的信息和应用互联。正因如此，移动互联网将继电子商务和个人网银后带来全新的模式——移动商务和移动生活。移动商务允许人们在任何时间任何地点处理任何事务，降低了办公时间和办公成本，提高了工作效率。它能促进企业充分利用移动网络来降低运营成本，提高工作效率，从而获得更大的商业效用并带来商业模式的转变。移动生活是指客户可以随时随地通过移动终端办理各项金融业务。同时，这些业务可以很好地同社交、生活结合在一起，而非死板的金融业务。移动金融作为基础环节，例如财务管理、资金支付等，是移动商务和移动生活发展的根基。其中，手机银行更是作为移动金融的基础工具，能够降低成本，将高效率的运作模式带入企业的财务管理和客户生活中，因此备受青睐。

（2）移动支付发展挑战

我国金融移动支付系列技术标准于2012年底正式发布，此技术标准的发布为未来移动支付的发展打好了路基。自此，我国移动支付产业链开始了自上而下协同合作与转变的探索。在探索过程中，以下几个方面是移动支付业务顺利进行的重要保障。

① 移动支付的安全问题。用户在使用任何一种支付方式的过程中都存在感知风险，移动支付作为一种新的支付方式，使用过程中不可避免地存在安全风险、财务风险、时间风险等感知风险因素，具体包括个人信息的外泄、商家不法运营、

黑客篡截、密码被盗等。安全问题对移动支付发展的阻碍日益突出，目前，国内移动支付环境的安全防范较为薄弱，因此，构建可信的移动支付安全机制是未来移动支付良性发展的重要环节之一。

② 移动支付的安全标准和体系问题。在移动支付产业链上下游各方尝试解决安全问题时，经常会出现数字证书应用缺乏统一、各种高级别安全认证工具之间不兼容等问题，这将导致移动支付环境混乱、难以管理，使得我国移动支付行业缺乏统一的安全标准和体系，这成为移动支付安全问题的障碍，也对移动支付安全制度的推广造成了困难。

③ 移动支付商业模式不明确。目前主要的移动支付商业模式包括以移动运营商为运营主体的商业模式、以银联为运营主体的商业模式、以银行为运营主体的商业模式、以独立第三方服务提供商为运营主体的商业模式。复杂的产业链囊括通信业、金融业、运营商、金融机构、第三方支付商、商家、终端厂商、移动支付平台等多方主体共同参与。不同主体之间的移动支付解决方案之间利益竞争性强，缺少兼容性，产业链的配套环节推进缓慢，目前还没有出现主导市场的商业模式。

④ 移动支付的消费者使用意愿有待加强。移动支付作为一种崭新的支付方式，在欧、美、日、韩等国家已经大范围普及，而我国的移动支付服务尚处于导入期，大多数消费者还没有接受和使用这一新型的服务。当信息技术的使用障碍不存在后，使用者对信息技术的使用意愿才会成为信息技术成功的关键。因此，如何有效提升消费者对移动支付业务的使用兴趣便成了当务之急。

（3）移动支付发展建议

加强技术保障，降低支付风险。安全性对移动支付是一个很大的问题，安全性在个人移动支付中起着极其重要的作用。一方面移动支付业务需要移动运营商加强技术攻关，解决信号传播中的安全问题，如防止信号被截取等；另一方面，对于一些重要数据，银行需要在消费者的 ID 和 Password 方面做加密处理，以保护消费者的隐私权和财产权。在加强移动支付安全保障的同时，不断完善法律法规，并不断创造良好的支付环境，培养消费者的移动支付习惯。再者，建立良好的移动支付信用体系，可以使移动支付的用户消除风险顾虑，保证移动支付市场的健康发展。

保障产业链上下游协作共赢。有效整合移动支付产业链上下游各个环节的资源，平衡各方利益，共同探索成熟的商业模式和供应机制，实现跨行业的、协作共赢的移动支付产业链。移动运营商除以通信流量为主营业务收入来源外，还可以在其他环节上增加附加业务，如出租通信链路等。金融机构需要开发满足客户需求的移动支付产品来提高客户满意度和忠诚度。商家、客户端则需要以客户便利为前提来实现移动支付市场的占有。同时，移动支付市场需要加强行业监管力度，规范从业资格和行业规范、机构审批和拍照发放，确保移动支付市场的健康发展。

整合消费者需求，培养消费习惯。在移动支付业务的使用推广过程中，对不同年龄层和不同需求的消费者进行差异化营销，推出各种营销方案、优惠政策以吸引消费者，解决用户必需的日常生活问题，如手机充值、公用事业费交纳、预约医院专家门诊、订购商品、自助金融服务等，使消费者享受移动支付带来的便捷，创造良好的支付环境和氛围，实现随时随地、安全、方便、快捷的支付服务，有效促进移动支付业务的发展。

3. 移动应用的未来发展趋势

（1）移动应用的隐私保护

移动应用 App 的发展为用户带来诸多方便，也催生了很多新兴的便捷服务，但与此同时产生的隐私泄漏等问题，还是需要通过法律约束和技术手段、行业自律协议等共同来保障移动应用 App 的良性发展。

但是，基于分享的社交平台本性和定制化、个性化服务的需要，有些应用确实需要用户信息，以更好地定位服务，比如一些智能推荐、摇一摇等功能。另外，用户使用某种应用的时候，实际上已经认可或者不在乎其有可能被获取隐私了，因为用户更在乎的是该应用带来的方便和快捷，而所谓的有些隐私并不那么需要保密。比如用户出门旅游，通过移动终端能够方便地购买机票、预订座位、浏览酒店并参阅网友对该酒店的评论、查看其他网友对该地区旅游最佳路线和攻略的推荐、甚至寻找同伴、分享旅游经历等，诸如此类的信息，是用户愿意分享的。同时，如果想要得到这些信息，也必须建立在别的用户分享的基础之上。

（2）移动应用的社交化拓展

工具类应用受到大多数用户免费使用的期望和惯性影响，很难以收费方式盈利，而转向社交应用之后，可以更加容易地积累和整合一些有商业价值的信息，比如有用户给其好友推荐某地理位置的某种产品，那么该信息就被抓取为有价值的信息，经由更多好友推荐，或对这些信息进一步整合和分享，实现更多的盈利空间。

（3）移动应用的为企业化服务

荷兰应用商店分析机构 Distimo 的分析报告显示，全球前 100 强企业中，91%都在移动应用商店发布应用，大部分会选择苹果的 iTunes。86%的顶级品牌选择 App Store，66%的选择 iPad App Store，59%的选择 Android Market，26%的选择黑莓的 App World。随着智能手机、平板电脑、掌上电脑、笔记本电脑等移动终端的增加和普及以及用户对移动设备的青睐，企业正逐渐认识到移动应用无处不在的价值，比如客户通过摄像头读取二维码便可迅速获得企业的大量信息，使移动应用成为企业业务拓展和为客户提供更加贴心、实用和便捷服务的需要。

（4）移动应用的新闻传播机遇

越来越多的媒体将推出自己的移动应用 App。传统媒体在纸质版之外开发移动应用 App 版，是顺应时代发展的需要，也是顺应用户便捷的碎片化阅读需求的做法。除了媒介内容本身足够吸引用户外，还可探索更加适当的广告加载模式和收费模式，这将为传统媒体在盈利方面拓展新的空间，也为其在新媒体平台上占领了时间优势和话语空间。

更多的新闻专业人员和用户都将认识到移动应用 App 的便利。移动应用 App 为各领域记者提供了更加细分的基于不同专业化的信息内容，也汇集起来同一圈子和领域的用户，这更加便于信息的采集、汇总及即时的、更加专业化的信息共享与交流。移动应用 App 本身具有社交化的趋势，因此，用户对于感兴趣内容的即时共享与交流直接促进了人际传播，加大了用户对媒体内容的黏性，反过来也将更进一步推动 App 的发展。

移动应用 App 促进了用户更加专业化的知识积累和训练，为专业化媒体带来了冲击和挑战。移动应用 App 本身就是细分化的内容共享平台和应用，并能够即时交流和更新，通过搜索还能够便利抓取到专业化的内容等，所有这些应用都大大冲击到了传统的专业化的媒体，记者、编辑如果不紧跟最新的信息，往往容易晚于 App 发布信息，也更容易被 App 发现疏漏和漏洞。反过来看，移动应用 App 也为专业的媒体带来了竞争和鞭策，编辑和记者应该主动使用 App，抓住其带来的便捷，为自己的采编工作提供辅助，同时用更高的专业标准要求自己，无论是新闻编辑素养还是对专业化信息的了解广度和深度，都需要得到提升。

（5）移动应用的 HTML5 倾向

目前，移动应用最大的问题之一就是使用之前需要下载，下载后需要无数次更新，操作耗费流量，并且占用内存。而 HTML5 可以像 App 那样，点击便可以实现快捷访问，不需要下载、安装和更新。目前移动应用另外一个问题是研发者需要在开发 App 时考虑到其在不同移动终端的贴合性，比如 Android 做一款软件要考虑不同屏幕尺寸等因素。而 HTML5 是开放 Web 标准的基石，它是一个完整的编程环境，适用于跨平台应用程序、视频和动画、图形、风格、排版和其他数字内容发布工具、广泛的网络功能等。HTML5 还有利于搜索引擎的索引整理，同时更好地帮助小屏幕装置和视障人士使用。根据百度 2012 年第四季度的互联网发展趋势报告，互联网的大中型站点中有 47.8%提供移动网页，其中 5%使用 HTML5 技术框架开发。HTML5 技术为 Web App 开发提供了强大的工具，使得 Web App 实现本地 App 的功能和用户体验成为可能。

由于 HTML5 是一个完全开放的技术平台，也有一些对于信息安全和使用安全方面的隐患，比如 HTML5 编程语言的一个最新漏洞是，它允许网站利用垃圾数据对用户展开轰炸，甚至将会在短时间内塞满硬盘。多款主流浏览器均会受此影响，包括苹果 Safari、Google Chrome、微软 IE 和 Opera。类似的安全问题，还需要更多研发者的共同努力和技术方面的提升。

参考文献

[1] 工业和信息化部. 电子商务“十二五”发展规划[Z]. 2012.
[2] 周娇. 移动电子商务发展现状与趋势分析[J]. 互联网天地，2013,(5).
[3] 雷霄. 我国移动电子商务发展现状及前景分析[J]. 合作经济与科技，2014,(4).
[4] 龚秀芳. 移动电子商务的现状和发展前景分析[J]. E-Business Journal，2013,(9).